中国特色社会主义政治经济学 名家论丛

王立胜 主编

开拓当代中国马克思主义政治经济学新境界

KAITUO DANGDAI ZHONGGUO MAKESIZHUYI
ZHENGZHI JINGJIXUE XINJINGJIE

顾海良 著

山东城市出版传媒集团·济南出版社

图书在版编目(CIP)数据

开拓当代中国马克思主义政治经济学新境界／顾海良著.—济南：济南出版社，2017.9（2018.6重印）

（中国特色社会主义政治经济学名家论丛／王立胜主编）

ISBN 978 - 7 - 5488 - 2803 - 7

Ⅰ.①开⋯　Ⅱ.①顾⋯　Ⅲ.①中国特色社会主义—社会主义政治经济学—研究　Ⅳ.①F120.2

中国版本图书馆 CIP 数据核字(2017)第 234563 号

出 版 人　崔　刚
责任编辑　任肖琳
封面设计　侯文英

出版发行　济南出版社
地　　址　山东省济南市二环南路 1 号(250002)
编辑热线　0531 - 86131712
发行热线　0531 - 86131728　86922073　86131701
印　　刷　济南龙玺印刷有限公司
版　　次　2017 年 9 月第 1 版
印　　次　2018 年 6 月第 2 次印刷
成品尺寸　170mm×240mm　16 开
印　　张　19.5
字　　数　280 千
定　　价　78.00 元

(济南版图书,如有印装错误,请与出版社联系调换。联系电话:0531 - 86131736)

中国特色社会主义政治经济学名家论丛

北京大学　顾海良

顾海良简介

顾海良，1951年生，上海市人，教授，马克思主义理论学科、经济学、教育学博士生导师。 全国人大常委会教科文卫委员会委员，教育部社会科学委员会副主任委员，中央马克思主义理论研究和建设工程咨询委员、首席专家，北京大学中国道路与中国化马克思主义协同创新中心主任。 曾任中国人民大学马列主义发展史研究所所长，国务院学位委员会办公室副主任，教育部社会科学与思想政治工作司司长，武汉大学党委书记、校长，教育部党组成员、国家教育行政学院院长。 现主要学术兼职有全国马克思主义经济学说史学会会长、中国《资本论》研究会副会长。发表论文近300篇，主要著述有《马克思经济思想的当代视界》《马克思劳动价值论的历史与现实》《20世纪国外马克思主义经济思想史》《马克思主义发展史》《马克思经济思想史论》《百年论争——20世纪西方学者马克思经济学研究述要》等。

总　序

中国社会科学院　　王立胜

　　习近平总书记在 2016 年哲学社会科学工作座谈会"5·17"讲话中指出："这是一个需要理论而且一定能够产生理论的时代，这是一个需要思想而且一定能够产生思想的时代。我们不能辜负了这个时代。"① 中国特色社会主义政治经济学就是习近平总书记结合时代要求倡导的重要学说，其主要使命就是以政治经济学总结中国经验、创建中国理论。他指出："坚持和发展中国特色社会主义政治经济学，要以马克思主义政治经济学为指导，总结和提炼我国改革开放和社会主义现代化建设的伟大实践经验。"② 在 2017 年省部级主要领导干部"学习习近平总书记重要讲话精神，迎接党的十九大"专题研讨班"7·26"讲话中，习近平总书记提出当前的时代变迁是发展阶段的变化，指出"我国发展站到了新的历史起点上，中国特色社会主义进入了新的发展阶段"③，强调"时代是思想之母，实践是理论之源"④，要求总结实践经验，推进理论创新。在经济学领域，实现从实践到理论的提升，就是要贯彻习近平总书记在中央政治局第二十八次集体学习时提出的重要指示，"提炼和总

---

① 习近平：《在哲学社会科学工作座谈会上的讲话》，《人民日报》2016 年 5 月 19 日。
② 新华社：《坚定信心增强定力　坚定不移推进供给侧结构性改革》，《人民日报》2016 年 7 月 9 日。
③ ④ 新华社：《高举中国特色社会主义伟大旗帜　为决胜全面小康社会实现中国梦而奋斗》，《人民日报》2017 年 7 月 28 日。

结我国经济发展实践的规律性成果，把实践经验上升为系统化的经济学说"①——这就是"坚持和发展中国特色社会主义政治经济学"的历史使命和时代要求。

当前中国特色社会主义政治经济学的提出和发展也是六十余年理论积淀的结果。1955年苏联政治经济学教科书中文版②在国内出版，当时于光远③、林子力和马家驹等④学者就开始着手探讨政治经济学的体系构建问题。从1958年到1961年，毛泽东四次提倡领导干部学习政治经济学⑤，建议中央各部门党组和各省（市、自治区）党委的第一书记组织读书小组读政治经济学。他与刘少奇、周恩来分别组织了读书小组。在组织读书小组在杭州读书期间，他在信中说"读的是经济学。我下决心要搞通这门学问"⑥。在毛泽东的倡导下，20世纪50年代中后期我国出现了第一次社会主义经济理论研究高潮——正是在这次研究高潮中，总结中国经验、构建中国版的社会主义经济理论体系被确定为中国政治经济学研究的方向和目标，并被一直坚持下来。这次研究高潮因"文革"而中断。"文革"结束后的80年代，在邓小平的倡导和亲自参与下，我国出现了第二次社会主义经济理论的研究高潮。很多学者在"文革"前积累的理论成果也在这一时期集中发表。在这次研究高潮中，我国确立了社会主义公有制与市场经济相结合的发展方向，形成了社会主义市场经济理论，为改革开放以来近40年的经济繁荣提供了理论支撑。当前在习近平总书记的倡导下，从2016年年初开始，我国出现了研究

---

① 新华社：《立足我国国情和我国发展实践　发展当代中国马克思主义政治经济学》，《人民日报》2015年11月25日。

② 苏联科学院经济研究所：《政治经济学教科书》（中译本），北京：人民出版社1955年版。

③ 仲津（于光远）：《政治经济学社会主义部分研究什么？》，《学习》1956年第8期；《最大限度地满足社会需要是政治经济学社会主义部分的一个中心问题》，《学习》1956年第11期。

④ 林子力、马家驹、戴钟珩、朱声绂：《对社会主义经济的分析从哪里着手？》，《经济研究》1957年第4期。

⑤ 咸义明：《"大跃进"后毛泽东四次提倡领导干部学政治经济学》，《党的文献》2008年第3期。

⑥《建国以来毛泽东文稿》第8册，北京：中央文献出版社1993年版，第637页。此次学习期间毛泽东读苏联政治经济学教科书的批注和谈话成为我国政治经济学研究的重要文献资料。

中国特色社会主义政治经济学的新高潮，形成了中国社会主义政治经济学的第三次研究高潮。经历了六十余年的理论积淀，在中国特色社会主义新的发展阶段，中国特色社会主义政治经济学的发展正逐步汇成一股理论潮流，伴随中国特色社会主义建设事业的蓬勃发展滚滚而来！

纵观六十余年积淀与三次研究高潮，中国特色社会主义政治经济学的发展既继往开来又任重道远。

一方面，所谓"继往开来"，是指中国社会主义经济建设事业的蓬勃发展为中国版社会主义政治经济学的形成开创了越来越成熟的现实条件。20世纪50年代，毛泽东感叹"社会主义社会的历史，至今还不过四十多年，社会主义社会的发展还不成熟，离共产主义的高级阶段还很远。现在就要写出一本成熟的社会主义、共产主义政治经济学教科书，还受到社会实践的一定限制"[1]。80年代，邓小平高度评价中共十二届三中全会《中共中央关于经济体制改革的决定》提出的"在公有制基础上有计划的商品经济"，认为是"写出了一个政治经济学的初稿，是马克思主义基本原理和中国社会主义实践相结合的政治经济学"[2]。当前，习近平总书记指出，"中国特色社会主义是全面发展的社会主义"[3]，"中国特色社会主义进入了新的发展阶段"[4]，要"提炼和总结我国经济发展实践的规律性成果，把实践经验上升为系统化的经济学说"[5]。从毛泽东认为写出成熟的教科书"受到社会实践的一定限制"，到邓小平认为"写出了一个政治经济学的初稿"，再到习近平提出"把实践经验上升为

① 中华人民共和国国史学会：《毛泽东读社会主义政治经济学批注和谈话》（简本），内部资料，第804页。

②《邓小平文选》第3卷，北京：人民出版社1993年版，第83页。

③ 习近平：《准确把握和抓好我国发展战略重点　扎实把"十三五"发展蓝图变为现实》，《人民日报》2016年1月31日。

④ 新华社：《高举中国特色社会主义伟大旗帜　为决胜全面小康社会实现中国梦而奋斗》，《人民日报》2017年7月28日。

⑤ 新华社：《立足我国国情和我国发展实践　发展当代中国马克思主义政治经济学》，《人民日报》2015年11月25日。

系统化的经济学说"，历代领导人关于理论发展现实条件的不同判断表明，随着社会主义建设进入不同历史阶段，政治经济学理论发展的现实条件日益成熟，实践推动理论创新。正如习近平总书记所言："中国特色社会主义不断取得的重大成就，意味着近代以来久经磨难的中华民族实现了从站起来、富起来到强起来的历史性飞跃……意味着中国特色社会主义拓展了发展中国家走向现代化的途径，为解决人类问题贡献了中国智慧、提供了中国方案。"① 在实践的推动下，中国特色社会主义政治经济学在继往开来中不断发展。

另一方面，所谓"任重道远"，是指中国特色社会主义政治经济学从提出到成熟尚需经历曲折的探索过程。当前中国特色社会主义政治经济学的发展至少面临两个方面的艰难探索：第一，理论构建面临诸多悬而未解的学术难题。从 20 世纪 50 年代开始，国内围绕体系构建的"起点论""红线论"等问题就形成了诸多争论，同时，社会主义条件下"剩余价值规律"和"经济危机周期性"的适用性等一些原则性的问题未能获得解决，甚至在某些问题上的分歧出现了日益扩大的趋势。这在很大程度上限制了中国特色社会主义政治经济学的理论化水平，使政治经济学经典理论中的价值理论、分配理论、剩余价值理论和危机理论未能充分体现在中国社会主义政治经济学中，从而导致中国实践中涌现出的一系列具有中国特色的经济思想未能获得经典的理论化表述。破解这一难题，需要直面六十余年来形成的一系列争论，加速对政治经济学经典理论的创新应用，在中国特色社会主义经济思想理论化的道路上不断探索。第二，时代变革形成的新问题和新挑战倒逼理论探索。50 年代中后期，既是中国社会主义政治经济学的第一次研究高潮，也是我国社会主义初级阶段的起始时期。当前中国社会主义经济建设在经历了六十余

---

① 新华社：《高举中国特色社会主义伟大旗帜　为决胜全面小康社会实现中国梦而奋斗》，《人民日报》2017 年 7 月 28 日。

年的巨变后，迎来了中国特色社会主义新的发展阶段。中国特色社会主义政治经济学也需要适应新时期新阶段，加速理论创新。正如习近平总书记在"7·26"讲话中所强调的："我们要在迅速变化的时代中赢得主动，要在新的伟大斗争中赢得胜利，就要在坚持马克思主义基本原理的基础上，以更宽广的视野、更长远的眼光来思考和把握国家未来发展面临的一系列重大战略问题，在理论上不断拓展新视野、做出新概括。"① 值得注意的是，实践中的新问题与历史累积的学术难题，都将理论探索指向中国特色社会主义政治经济学理论化水平的提升：在实践方面，要形成解释社会主义初级阶段不同时期的理论体系，为新时期的经济实践指明方向，必须提升理论高度；而提高理论高度就需要在理论方面破解体系构建面临的学术难题，创新政治经济学经典理论使之适应当前现实，从而实现中国特色社会主义经济建设经验的理论化重构。理论水平的提升必须遵循学术发展的客观规律，注定是一个任重道远的探索过程，要求政治经济学研究者群策群力、积极进取、砥砺前行。

编写出版《中国特色社会主义政治经济学名家论丛》就是为了响应习近平总书记推进理论创新的时代要求，服务中国特色社会主义政治经济学的发展。纵观中国社会主义政治经济学六十余年的发展历程不难发现：政治经济学学者承担着理论创新的历史使命，学术交流质量决定理论发展水平。当前中国政治经济学界存在着一支高水平的政治经济学理论队伍，他们既是六十余年理论积淀的承载者，也是当前理论创新的承担者。及时把握这些学者的研究动态，加快其理论成果的普及推广，不仅有助于推动政治经济学界的学术交流，也有助于扩大中国特色社会主义政治经济学的社会反响，同时为后来的研究提供一批记录当代学者理论发展印迹的历史文献。"名家论丛"选取的名家学者都亲历过 20 世纪

---

① 新华社：《高举中国特色社会主义伟大旗帜　为决胜全面小康社会实现中国梦而奋斗》，《人民日报》2017年7月28日。

80 年代和当前两次研究高潮，部分学者甚至是三次理论高潮的亲历者。这些学者熟悉中国社会主义政治经济学的理论传承，知晓历次研究高潮中的学术焦点与理论分歧，也对中国特色社会主义经济建设经验具有深刻的理论洞察。在本次研究高潮中，他们的理论积淀和实践观察集中迸发，围绕中国经验的理论升华和中国特色社会主义政治经济学的体系构建集中著述，在中国特色社会主义政治经济学的发展中起到学术引领和理论中坚的作用，其研究成果值得高度关注和广泛推广。同时，从 2015 年年底习近平总书记提出"中国特色社会主义政治经济学"算起，当前这次研究高潮从形成到发展，尚不足两年，还处于起步阶段，需要学界同仁的共同参与、群策群力，使之形成更大的理论潮流。中国社会科学院经济研究所是我国重要的经济学研究机构，也是中国社会主义政治经济学六十余年发展历程和三次理论高潮的重要参与者。在 20 世纪 50 年代和 80 年代两次理论高潮中，经济研究所的张闻天、孙冶方、刘国光和董辅礽等老一辈学者是重要的学术领袖。在本轮研究高潮中，经济研究所高度重视、积极参与中国特色社会主义政治经济学的发展，决心依托现有资源平台积极服务学界同仁。策划出版《中国特色社会主义政治经济学名家论丛》的目的就在于服务学术创新，为当前的理论发展略尽绵薄之力，也是为笔者所承担的国家社科规划重大项目"中国特色社会主义政治经济学探索"积累资料。

同时，为了更加全面地展示中国特色社会主义政治经济学的理论发展动态，我们还将依据理论发展状况适时推出"青年论丛"和"专题论丛"，就青年学者的学术观点和重要专题的学术成果进行及时梳理与推广，以期及时反映理论发展全貌，推动学术交流，服务理论创新。当然，三个系列论丛的策划与出版，完全依托当前的理论发展潮流，仰赖专家学者对经济研究所工作的认可与鼎力支持。在此我们代表经济研究所和论丛编写团队，对政治经济学界同仁的支持表示衷心的感谢！同时也希望各位大家积极参与论丛的编写和出版，为我们推荐更多的高水平研究成果，提高论丛的编写质量。

目　录

中国特色社会主义政治经济学研究

中国特色社会主义经济学的时代篇章

一切划时代的理论体系的真正内容，都是由于产生这个体系的时代的需要而形成和发展起来的。中国特色社会主义经济学，作为中国化马克思主义的重要组成部分，是中国共产党在当代中国改革开放的伟大实践中，在现时代中国社会主义现代化建设历史进程中的理论创新，也是中国共产党对当代马克思主义经济学发展的伟大贡献。

一、 马克思主义经济学的理论创新与创新的中国特色社会主义经济学理论

马克思主义经济学与当代中国特色社会主义经济学的关系，表现在两个基本的方面：一是马克思主义经济学的中国化的过程，就是把马克思主义经济学基本原理运用于中国改革开放的具体实际，用以分析和解决中国社会主义经济的实际问题，如毛泽东所说的"使马克思主义在中国具体化，使之在其每一表现中带着必须有的中国的特性，即是说，按照中国的特点去应用它……"[1]。二是中国化的马克思主义经济学的过程，即把从中国社会主义经济实际发展和中国改革开放实践经验中得出的新思想、新理论马克思主义经济学化，形成具有中国特色马克思主义经济学的新的内涵和新

---

[1] 毛泽东选集：第 2 卷 [M]．北京：人民出版社，1991：534.

的形式。这就是毛泽东所称的"要使中国革命丰富的实际马克思主义化"①，或"要把马、恩、列、斯的方法用到中国来，在中国创造出一些新的东西"②。这两个方面，前者是理论运用于实践的过程，后者是实践上升到理论的过程；前者是理论运用和探索的过程，后者是理论概括和升华的过程。这两个过程交织在一起，螺旋式地发展，体现了马克思主义与时俱进的理论品质，展示了马克思主义经济学中国化的历史发展与中国特色社会主义经济学的科学体系。

历史从哪里开始，理论发展和创新也从哪里开始。就中国特色社会主义经济学发展而言，改革开放新时期的历史起点是生产力问题，中国特色社会主义经济学创新的逻辑起点是生产力范畴。以生产力问题的探索为起点，以解放生产力和发展生产力为基本理论，以经济制度、经济体制和经济运行研究为主要内容，以完善和发展社会主义经济关系为探索目标，刻画了中国特色社会主义经济学历史发展和理论逻辑的内在统一性。

生产力范畴是马克思主义经济学的基础范畴，生产力理论是马克思主义经济学的基本原理。在走向改革开放新时期的历程中，中国社会主义经济关系发展中首先遇到的就是生产力问题，即在拨乱反正过程中，怎样评价生产力在中国社会主义经济关系性质和本质中的地位问题，怎样理解生产力在中国社会主义经济增长和发展中的作用问题。1978年3月，邓小平在对生产力范畴的重新认识时指出："科学技术是生产力，这是马克思主义历来的观点。早在一百多年以前，马克思就说过：机器生产的发展要求自觉地应用自然科学。并且指出：'生产力中也包括科学'。现代科学技术的发展，使科学与生产的关系越来越密切了。科学技术作为生产力，越来越显示出巨大的作用。"③ 实际上，1975—1976年，邓小平就提到过马克思的

① 毛泽东文集：第2卷［M］．北京：人民出版社，1993：373．
② 毛泽东文集：第2卷［M］．北京：人民出版社，1993：408．
③ 邓小平文选：第2卷［M］．北京：人民出版社，1994：87．

这一论断，但当时并没有起到实际的作用。在对中国经济发展道路的新的思考中，邓小平重提马克思的这一观点，起到了振聋发聩的作用，开启了中国特色社会主义建设的探索之路。

对马克思主义生产力理论的当代诠释，是中国特色社会主义经济学形成和发展的重要标识。首先，发展生产力是马克思主义的基本原则，是中国社会主义经济发展的基础。邓小平认为："马克思主义的基本原则就是要发展生产力。马克思主义的最高目的就是要实现共产主义，而共产主义是建立在生产力高度发展的基础上的。"回顾中国社会主义经济建设的历史，邓小平指出："社会主义的首要任务是发展生产力，逐步提高人民的物质和文化生活水平。从一九五八年到一九七八年这二十年的经验告诉我们：贫穷不是社会主义，社会主义要消灭贫穷。不发展生产力，不提高人民的生活水平，不能说是符合社会主义要求的。"① 其次，要把发展生产力和解放生产力结合起来。在推进改革开放过程中，邓小平指出："过去，只讲在社会主义条件下发展生产力，没有讲还要通过改革解放生产力，不完全。应该把解放生产力和发展生产力两个讲全了。"② 解放生产力和发展生产力的"完全"，就不只是生产力本身的问题，而是与生产关系相联系的问题，是生产力和生产关系相结合的问题。"讲全"解放生产力和发展生产力，也就抓住了中国特色社会主义经济学的基本问题。再次，生产力问题是关乎社会主义本质的基础问题。在对"什么是社会主义、怎样建设社会主义"问题的探索中，解放生产力和发展生产力问题，成为检验一切改革得失成败的最主要标准。"社会主义优越性的充分发挥和吸引力的不断增强，归根结底，都取决于生产力的发展。一切有利于生产力发展的东西，都是符合人民根本利益的，因而是社会主义所要求的，或者是社会主义所允许的。一切不利于生产力发展的东西，都是违反科学社会主义的，是社会主义所不

① 邓小平文选：第 3 卷 [M]．北京：人民出版社，1993：116.
② 邓小平文选：第 3 卷 [M]．北京：人民出版社，1993：370.

允许的。在这样的历史条件下，生产力标准就更加具有直接的决定意义。"① 在对社会主义本质问题的概括中，邓小平把解放生产力和发展生产力作为最基本的前提、最根本的规定性提了出来。

解放生产力和发展生产力理论，成为中国特色社会主义经济学理论创新的最显著的成果，成为展开中国特色社会主义经济学体系的最基本的理论。在解放生产力和发展生产力理论的基础上，我们清楚了社会主义社会的主要矛盾是人民日益增长的物质文化需要同落后的社会生产之间矛盾的理论，增强了对社会主义经济关系主要矛盾和本质关系的认识；清楚了以经济建设为中心的党在社会主义初级阶段基本路线的理论，确立了以实现社会主义现代化为根本目标的经济发展战略及与其相适应的战略规划和战略步骤的基本内涵；清楚了社会主义初级阶段生产力布局和经济关系多样性现状的认识，形成了社会主义初级阶段基本纲领特别是关于所有制结构和分配体制基本格局的理论；清楚了经济体制改革目标模式的选择，明确了社会主义市场经济体制改革的路径和目标。所有这些理论观点的形成和发展，生动地刻画了解放生产力和发展生产力理论在中国特色社会主义经济学体系中的演进轨迹和重要成就。

解放生产力和发展生产力理论，是对马克思主义经济学理论视野的拓展，突破的是对马克思主义经济学的某些理论成见，而没有背离马克思主义经济学基本原理。马克思在《资本论》第一卷曾指出："我要在本书研究的，是资本主义生产方式以及和它相适应的生产关系和交换关系。"② 这里讲的"生产方式"，指的是劳动者和生产资料的结合方式和方法，也就是一定社会经济关系中的生产力要素的结合方式和生产力的社会运动方式。马克思指出："不论生产的社会的形式如何，劳动者和生产资料始终是生产的因素。但是，二者在彼此分离的情况下只在可能性上是生产因素。凡要进

---

① 十三大以来重要文献选编：上 ［M］．北京：人民出版社，1991：58.

② 马克思恩格斯文集：第 5 卷 ［M］．北京：人民出版社，2009：8.

行生产，它们就必须结合起来。实行这种结合的特殊方式和方法，使社会结构区分为各个不同的经济时期。在当前考察的场合，自由工人和他的生产资料的分离，是既定的出发点，并且我们已经看到，二者在资本家手中是怎样和在什么条件下结合起来的——就是作为他的资本的生产的存在方式结合起来的。"①《资本论》所研究的，就是资本主义生产力结合的方式和方法，即雇佣劳动和资本结合的特殊生产方式，以及与之相适应的资本主义生产关系和交换关系。在马克思主义经典作家看来，对资本主义经济关系及其运动规律的研究，同对生产力要素的结合方式和方法的研究是分不开的，因为"各个人借以进行生产的社会关系，即社会生产关系，是随着物质生产资料、生产力的变化和发展而变化和改变的"②。也因为"只有把社会关系归结于生产关系，把生产关系归结于生产力的水平，才能有可靠的根据把社会形态的发展看作自然历史过程"③。中国特色社会主义经济学确立的解放生产力和发展生产力理论的视阈，凸显了"生产力的水平"这一中国的具体实际，为中国特色社会主义经济关系的发展提供了"可靠的根据"。

二、 马克思主义经济学对象和方法的创新与创新的中国特色社会主义经济学对象和方法

"从当前的国民经济的事实出发"④，是马克思开始经济学研究时就提出的观点。这一"经济的事实"的基本内涵，就是社会经济关系的实际。中国特色社会主义经济学就是从当代中国改革开放和现代化建设的"经济的事实"出发的，进而以中国社会主义初级阶段的经济关系的实际为对象的。

---

① 马克思恩格斯文集：第6卷 [M]．北京：人民出版社，2009：44.
② 马克思恩格斯文集：第1卷 [M]．北京：人民出版社，2009：724.
③ 列宁专题文集：论辩证唯物主义和历史唯物主义 [M]．北京：人民出版社，2009：161.
④ 马克思恩格斯文集：第1卷 [M]．北京：人民出版社，2009：156.

改革开放之初，邓小平就提出："我们总结了几十年搞社会主义的经验。社会主义是什么，马克思主义是什么，过去我们并没有完全搞清楚。"[①] 搞清楚社会主义"经济的事实"的基本方法，就是把马克思主义基本原理与当代中国的实际结合起来，说出适合于中国经济关系发展实际的"新话"。1984 年，党的十二届三中全会通过的《中共中央关于经济体制改革的决定》明确提出"社会主义经济是公有制基础上的有计划的商品经济"，这是适合于当时中国经济体制改革实际的"新话"，也是马克思主义经济学的"新话"。对此，邓小平作出高度评价，认为这些"新话"，给人以"写出了一个政治经济学的初稿"的印象，"是马克思主义基本原理和中国社会主义实践相结合的政治经济学"[②]。"……解释了什么是社会主义，有些是我们老祖宗没有说过的话，有些新话。我看讲清楚了。"[③]

对这个"经济的事实"认识的基本结论，就是社会主义初级阶段论断的提出。在党的十三大前夕，邓小平提出："我们党的十三大要阐述中国社会主义是处在一个什么阶段，就是处在初级阶段，是初级阶段的社会主义。社会主义本身是共产主义的初级阶段……就是不发达的阶段。一切都要从这个实际出发，根据这个实际来制订规划。"[④] 社会主义初级阶段是当代中国最重要的国情，也是最基本的"经济的事实"；社会主义初级阶段的经济关系，就是中国特色社会主义经济学的对象和研究的出发点。

以社会主义初级阶段经济关系为对象，是对马克思主义经济学的当代运用，也是对马克思主义经济学的当代创新。对经济学对象的理解，在马克思主义经济学形成时期有两种基本的观点：一是马克思在《资本论》第一卷中提出的对象的典型性的观点；一是恩格斯在《反杜林论》中提出的对象的特殊性的观点。

---

① 邓小平文选：第 3 卷［M］．北京：人民出版社，1993：137.

② 邓小平文选：第 3 卷［M］．北京：人民出版社，1993：83.

③ 邓小平文选：第 3 卷［M］．北京：人民出版社，1993：91.

④ 邓小平文选：第 3 卷［M］．北京：人民出版社，1993：252.

在《资本论》第一卷中，马克思对资本主义经济关系的研究，主要以英国资本主义发展为"例证"的。这是因为，英国是当时资本主义经济最发达、最典型的国家。"工业较发达的国家向工业较不发达的国家所显示的，只是后者未来的景象。"① 所以对英国发达资本主义经济关系研究的理论结论，对于包括德国、法国在内的其他资本主义国家都具有普遍的意义。唯有现实的典型性，才有理论上的典型性；唯有理论上的典型性，才有现实中的普遍性。对象的典型性，是由马克思《资本论》研究的任务所决定的。

但是，值得我们注意的是，马克思晚年对《资本论》的对象及其特点有过新的思考。马克思晚年曾经指出："极为相似的事变发生在不同的历史环境中就引起了完全不同的结果，如果把这些演变中的每一个都分别加以研究，然后再把它们加以比较，我们就会很容易地找到理解这种现象的钥匙。"② 他对那些把《资本论》第一卷的一些重要论断当作"万能钥匙"的观点很不以为然，认为"一定要把我关于西欧资本主义起源的历史概述彻底变成一般发展道路的历史哲学理论，一切民族，不管它们所处的历史环境如何，都注定要走这条道路……但是我要请他原谅。（他这样做，会给我过多的荣誉，同时也会给我过多的侮辱。）"③ 因此，"使用一般历史哲学理论这一把万能钥匙，那是永远达不到这种目的的，这种历史哲学理论的最大长处就在于它是超历史的"④。显然，马克思并不认为他对英国资本主义经济关系研究得出的结论，适合于其他任何国家和地方。

马克思晚年的这些新的思考，对恩格斯肯定有重要影响。在《反杜林论》中，恩格斯对马克思的这一新的思考作出呼应，提出了对象的特殊性的观点。恩格斯认为："人们在生产和交换时所处的条件，各个国家各不相同，而在每一个国家里，各个世代又各不相同。因此，政治经济学不可能对一切国家和

① 马克思恩格斯文集：第 5 卷［M］．北京：人民出版社，2009：8．
② 马克思恩格斯文集：第 3 卷［M］．北京：人民出版社，2009：466 – 467．
③ 马克思恩格斯文集：第 3 卷［M］．北京：人民出版社，2009：466．
④ 马克思恩格斯文集：第 3 卷［M］．北京：人民出版社，2009：467．

一切历史时代都是一样的。"恩格斯还举例说明:"火地岛的居民没有达到进行大规模生产和世界贸易的程度,也没有达到出现票据投机或交易所破产的程度。谁要想把火地岛的政治经济学和现代英国的政治经济学置于同一规律之下,那么,除了最陈腐的老生常谈以外,他显然不能揭示出任何东西。"①经济学对象的特殊性,决定了经济学国别特色的必然性。

中国特色社会主义经济学的对象,强调的是中国的特殊国情和处于社会主义初级阶段经济关系的特殊性质。显然,中国特色社会主义经济学是以社会主义发展道路的多样性为前提的,是以发展中的社会主义经济关系为对象的。这就是说,中国特色社会主义经济学的对象,是对马克思和恩格斯对经济学对象探索的新的发展。

在经济思想史上,抽象的经济范畴的形成,大多包含有"极其艰难地把各种形式从材料上剥离下来并竭力把它们作为特有的考察对象固定下来"②的发展过程。"剥离下来",就是要离析市场经济对资本主义私有制的依附关系,从资本主义经济中"剥离"出市场经济这一具有体制性规定的抽象范畴;在此基础上,树立起市场经济并不是资本主义的"专利",社会主义也可以搞市场经济的新观念。这就是中国特色社会主义经济学方法创新的要义。1979 年 11 月,在我国经济体制改革初期,邓小平就提出要从"方法"的角度搞清楚市场经济和社会基本制度之间的关系。他指出:"说市场经济只存在于资本主义社会,只有资本主义的市场经济,这肯定是不正确的。社会主义为什么不可以搞市场经济,这个不能说是资本主义。"③他提出"社会主义的市场经济",就要搞清两个相互联系的问题:第一,在"方法上",即在发展社会生产力的方法上,存在于资本主义和社会主义这两种不同社会制度中的市场经济基本上是"相似"的;第二,在所有制关

---

① 马克思恩格斯文集:第 9 卷 [M]. 北京:人民出版社,2009:153.
② 马克思恩格斯全集:第 46 卷:下 [M]. 北京:人民出版社,1980:383.
③ 邓小平文选:第 2 卷 [M]. 北京:人民出版社,1994:236.

系上，存在于这两种社会制度中的市场经济又是"不同"的，社会主义市场经济中存在着全民所有制之间的关系、集体所有制之间的关系等，"归根到底是社会主义的"所有制关系。邓小平的这一理论分析，深刻揭示了市场经济作为经济运行"方法"所具有的体制性的规定。1992 年春，邓小平以更为清晰、更为简洁的语言，阐述了市场经济体制与社会基本制度之间的关系问题。他指出："计划多一点还是市场多一点，不是社会主义与资本主义的本质区别。计划经济不等于社会主义，资本主义也有计划；市场经济不等于资本主义，社会主义也有市场。计划和市场都是经济手段。"① 认定市场经济是一个体制性范畴，就从根本上破除了那种把市场经济等同于资本主义私有制的传统观念。对市场经济的体制规定"剥离下来"的方法，无疑开阔了中国特色社会主义经济学发展的视野。

作为体制性范畴，市场经济是一个抽象范畴。在马克思主义经济学看来，抽象范畴只有在思维的一定层面上才有意义。马克思曾经指出："生产的一切时代有某些共同标志，共同规定。生产一般是一个抽象，但是只要它真正把共同点提出来，定下来，免得我们重复，它就是一个合理的抽象。"② 他还指出："一切生产阶级所共有的、被思维当作一般规定而确定下来的规定，是存在的，但是所谓一切生产的一般条件，不过是这些抽象要素，用这些抽象要素不可能理解任何一个现实的历史的生产阶段。"③ 这就是说，经济运行中的抽象要素，只有在与一定的社会经济关系的结合中才有充分的、现实的意义。只有与一定的社会基本经济制度相结合的市场经济体制，才是充分的、现实的市场经济体制。邓小平关于社会主义市场经济的理论创新，一方面把市场经济从资本主义制度中"剥离下来"，形成抽象意义的市场经济体制范畴，另一方面又强调市场经济体制必然要与一定

---

① 邓小平文选：第 3 卷［M］．北京：人民出版社，1993：373．
② 马克思恩格斯全集：第 46 卷：上［M］．北京：人民出版社，1979：22．
③ 马克思恩格斯全集：第 46 卷：上［M］．北京：人民出版社，1979：25．

的社会基本经济制度"结合起来",形成建设和发展社会主义市场经济体制的新观念和新实践。这就如江泽民在党的十四大提出的"社会主义市场经济体制是同社会主义基本制度结合在一起"①的论断。在回顾改革开放 30 年经济体制改革宝贵经验时,胡锦涛指出:"必须把坚持社会主义基本制度同发展市场经济结合起来,发挥社会主义制度的优越性和市场配置资源的有效性,使全社会充满改革发展的创造活力。三十年来,我们既在深刻而广泛的变革中坚持社会主义基本制度,又创造性地在社会主义条件下发展市场经济,使经济活动遵循价值规律的要求,不断解放和发展社会生产力,增强综合国力,提高人民生活水平,更好实现经济建设这个中心任务。建立和完善社会主义市场经济体制,是我们党对马克思主义和社会主义的历史性贡献。"②这是对社会主义市场经济理论方法创新和理论创新的精辟概括。

市场经济具有的体制性特征,表现的是市场经济的一般性;市场经济与一定社会的基本经济制度的结合,反映的是市场经济的特殊性。市场经济的一般性和特殊性,是我们现实中把握市场经济整体关系的两个基本的思维层面。对这两个层面理解的相应的方法,就是"剥离下来"和"结合起来"及其有机统一。从"剥离下来"到"结合起来",不仅是运用于社会主义市场经济理论的方法创新,还是中国特色社会主义经济学诸多理论形成和发展的方法论要义。在党的十七大,胡锦涛在总结改革开放的宝贵经验时,强调了十个方面的"结合起来"。涉及中国特色社会主义经济学的"结合起来"的就有"把坚持社会主义基本制度同发展市场经济结合起来""把提高效率同促进社会公平结合起来""把坚持独立自主同参与经济全球化结合起来"等。对这些经验理解的方法论上的要义,就是以"剥离下来"为离析、为抽象过程,以"结合起来"为综合、为具体化过程,就是对两个过程有机统一性的正确理解。

---

① 江泽民文选:第 1 卷 [M]. 北京:人民出版社,2006:227.
② 十七大以来重要文献选编:上 [M]. 北京:中央文献出版社,2009:800.

三、 马克思主义经济学体系的创新与创新的中国特色社会主义经济学体系

马克思对资本主义经济学的研究，注重于对资本主义经济关系中经济制度本质的研究，这和马克思关于资本主义经济学的任务是一致的。在《资本论》第一卷，马克思从"我的观点是把经济的社会形态的发展理解为一种自然史的过程"①开始，以"资本主义生产由于自然过程的必然性，造成了对自身的否定"②为最后结论。"资本主义私有制的丧钟就要响了"③，就是马克思关于资本主义经济学研究的指向。在马克思那里，对经济体制和经济运行的研究，是从属于经济制度本质研究的，是对经济制度本质的延伸研究。因此，马克思对资本主义经济学的研究，以经济制度本质研究为主线和主体，只是在论证经济制度本质需要的范围内，才对经济体制和经济运行作出相应的探讨。

中国特色社会主义经济学集中于社会主义经济关系研究。但是，与中国社会主义经济建设和经济体制改革研究的主要任务相一致，中国特色社会主义经济学以对经济制度本质研究为基础，着力于经济体制和经济运行的探索。对经济体制和经济运行的探索，成为社会主义初级阶段经济制度研究的重要内容和必然展开形式。中国特色社会主义经济学形成了以社会主义初级阶段经济制度研究为起点，以对社会主义市场经济体制建立和完善为主体，以对社会主义市场经济体制运行为展开内容的理论体系。

中国特色社会主义经济学，除了上述探讨的三个特点——以解放生产力和发展生产力理论为基础理论、以社会主义初级阶段经济关系为研究对象、以"剥离下来"和"结合起来"为方法论要义，在理论结构上，则呈

---

① 马克思恩格斯文集：第 5 卷［M］．北京：人民出版社，2009：10.
② 马克思恩格斯文集：第 5 卷［M］．北京：人民出版社，2009：874.
③ 马克思恩格斯文集：第 5 卷［M］．北京：人民出版社，2009：874.

现出以经济制度本质、经济体制改革、经济发展和对外开放为主导理论的特点。

（一）社会主义初级阶段基本经济制度理论

邓小平在探讨"什么是社会主义、怎样建设社会主义"问题时曾经指出："一个公有制占主体，一个共同富裕，这是我们所必须坚持的社会主义的根本原则。我们就是要坚决执行和实现这些社会主义的原则。"① 这两个根本原则是社会主义初级阶段经济制度的基本内涵。

公有制为主体、多种所有制经济共同发展，是我国社会主义初级阶段的基本经济制度。生产资料公有制是社会主义经济制度的基础，公有制的主体地位主要表现在公有资产在社会总资产中占优势、国有经济控制国民经济命脉并对经济发展起主导作用。公有制实现形式可以而且应当多样化，要加快国有企业的现代企业制度的改革和发展，股份制是公有制的主要实现形式之一。毫不动摇地巩固和发展公有制经济，毫不动摇地鼓励、支持和引导非公有制经济发展，是坚持和完善社会主义经济制度的两个基本原则。放宽非公有资本市场准入的领域，为非公有制经济的进一步发展营造良好的政策环境。着力建立健全现代产权制度，坚持平等保护物权，形成各种所有制经济平等竞争、相互促进的新格局。中国特色社会主义所有制结构的确立，奠定了中国特色社会主义经济发展的坚实的、可靠的制度基础。

中国特色社会主义经济学分配理论的创新，集中于两个方面。一是坚持以按劳分配为主体、多种分配方式并存的分配制度，把按劳分配和按生产要素分配结合起来，健全劳动、资本、技术、管理等生产要素按贡献参与分配的制度。鼓励一部分人先富起来，最终实现全社会的共同富裕。二是统筹兼顾效率与公平的关系。要坚持和完善社会主义初级阶段的分配制

---

① 邓小平文选：第 3 卷 [M] . 北京：人民出版社，1993：111.

度，初次分配和再分配都要处理好效率和公平的关系，再分配更加注重公平。

（二）社会主义市场经济体制理论

社会主义市场经济体制理论是经济体制改革理论的主体内容。经济体制改革理论是以改革理论为先导的。党的十一届三中全会提出："实现四个现代化，要求大幅度地提高生产力，也就必然要求多方面地改变同生产力发展不相适应的生产关系和上层建筑，改变一切不适应的管理方式、活动方式和思想方式，因而是一场广泛、深刻的革命。"① 改革不是原有经济体制的细枝末节的修补，而是经济体制的根本性变革。要全面系统地进行农村改革、国有企业改革、市场体系建设、价格体系改革和计划、财政、金融、分配、流通体制改革等。"改革的性质同过去的革命一样，也是为了扫除发展社会生产力的障碍，使中国摆脱贫穷落后的状态。从这个意义上说，改革也可以叫革命性的变革。"② "就其引起社会变革的广度和深度来说，是开始了一场新的革命。"③

社会主义市场经济体制改革理论是中国经济体制改革目标模式选择的重大问题，其核心就是计划和市场关系问题。党的十四大之前，经历了计划经济为主、市场调节为辅，社会主义有计划的商品经济，计划与市场内在统一等体制的选择。党的十四大确立了社会主义市场经济体制的目标模式，对什么是社会主义市场经济体制、怎样建设社会主义市场经济体制问题作出了初步探索。党的十四届三中全会通过的《中共中央关于建立社会主义市场经济体制若干问题的决定》，提出了社会主义市场体制的基本框架，对建立现代企业制度、培育市场体系、转变政府职能、建立宏观调控

---

① 三中全会以来重要文献选编：上 [M]．北京：人民出版社，1982：14.
② 邓小平文选：第 3 卷 [M]．北京：人民出版社，1993：135.
③ 江泽民文选：第 1 卷 [M]．北京：人民出版社，2006：211.

体系、建立社会保障体系等多项改革作出了具体规定。

从党的十五大到十六届五中全会，中国共产党强调坚持社会主义市场经济的改革方向，把发展市场经济、实现经济的市场化同社会主义初级阶段结合起来。要推进社会主义市场经济体制改革创新，使关系经济社会发展全局的重大体制改革取得了突破性进展。

党的十七大以来，中国共产党进一步提出要深化对社会主义市场经济规律的认识，从制度上更好地发挥市场在资源配置中的基础性作用，形成有利于科学发展的宏观调控体系；加快形成统一开放竞争有序的现代市场体系，发展各类生产要素市场，完善反映市场供求关系、资源稀缺程度、环境损害成本的生产要素和资源价格形成机制，努力形成公开、公平、公正的竞争环境；规范发展行业协会和市场中介组织，健全社会信用体系，建立规范有序的市场秩序；推进金融体制改革，发展各类金融市场，形成多种所有制和多种经营形式、结构合理、功能完善、高效安全的现代金融体系等，完善社会主义市场经济体制的新要求。党的十七届五中全会再次强调，大力推进经济体制改革，要坚持和完善基本经济制度，推进行政体制改革，加快财税体制改革，深化金融体制改革，深化资源性产品价格和要素市场改革，加快社会事业体制改革。

社会主义市场经济体制改革和发展问题，是党的十四大以来中国共产党历届中央委员会全会和历次代表大会研究最多的理论和实践问题，也是中国特色社会主义经济学中最具创新性的理论和实践问题。

（三）社会主义经济发展理论

改革开放以来，中国共产党一直关注中国经济的发展问题。从邓小平提出"发展才是硬道理""中国的主要目标是发展"，到党的十三届四中全会后江泽民强调"必须把发展作为党执政兴国的第一要务"，无不体现了中国共产党对发展问题的深邃见解。党的十六大以来，以胡锦涛为总书记的党中央，紧紧围绕"实现什么样的发展，怎样发展"重大问题，提出了科学发展观的重大战略思想，强调发展是第一要义，核心是以人为本，基本要求是全面协调可持续，根本方法是统筹兼顾，阐明了发展观念、发展道路、发展战略、发展方式、发展目的和发展动力等一系列基本问题。

科学发展是中国经济发展的主题。坚持从社会主义初级阶段的国情出发，科学制定并适时完善"三步走"的发展战略，推进社会主义现代化建设。实现全面建设小康社会的新的更高的要求，必须加快转变经济发展方式。加快转变经济发展方式，经济结构战略性调整是主攻方向，科技进步和创新是重要支撑，保障和改善民生是根本出发点和落脚点，建设资源节约型和环境友好型社会是重要着力点，改革开放是强大动力。科学发展观丰富和发展了中国特色社会主义经济学，赋予中国特色社会主义经济发展理论以新的中国风格和时代特征。

（四）社会主义对外开放理论

实行对外开放是我国社会主义现代化建设的一项基本国策，也是中国特色社会主义经济学的重要组成部分。改革开放以来，中国共产党确立了实行对外开放的基本国策，形成了中国特色社会主义经济开放理论。对外开放是全方位的开放，包括对发达国家和发展中国家的开放，包括经济、科技、教育、文化等各领域的开放，包括沿海、沿边、沿江地带及内陆城市和地区的开放。要正确处理对外开放同独立自主、自力更生的关系。在坚持对外开放的同时，把立足点放在依靠自身力量的基础上，大力推进自主创新，实现自主发展。要维护国家经济安全，有效防范经济全球化带来的风险。

需要说明的是，以上的论述主要涉及中国特色社会主义经济学对马克思主义经济学的创新问题，但就理论关联性来看，中国特色社会主义经济学与改革开放之前中国社会主义经济学有着密切的联系，特别是与毛泽东思想中社会主义经济学有着既一脉相承又与时俱进的关系。中国特色社会主义经济学也与当代西方各种经济学流派有着相应的联系，对这些经济学流派的有价值的理论观点和实践探索的借鉴和利用，拓展了中国特色社会主义经济学理论创新的视野。

（原载于《经济理论与经济管理》2011 年第 7 期；副标题：新时期中国共产党对马克思主义经济学的创新）

新政治经济学的理论创新和学科建设

　　新政治经济学即中国特色社会主义政治经济学，是改革开放以后发展起来的马克思主义政治经济学的新形态，是 21 世纪中国马克思主义的重要组成部分。新政治经济学的演进既有理论创新上的建树，也有学科建设上的成就。这里的"学科"指的是由政治经济学基本原理和方法构成的知识体系和理论体系，"学科建设"的内涵，就在于对中国化马克思主义政治经济学基本原理和方法的深入研究、完整把握和科学运用，体现于新政治经济学理论体系的演进；"理论创新"的意蕴，则在于以政治经济学理论体系为支撑，密切结合当代中国和世界经济关系发展的实际，提升理论的新视界、丰富理论的新内容、提出理论的新概括、实现理论的新突破，进而为政治经济学学科发展提供新的境界。新政治经济学之"新"，最显著的就在于理论创新中国话语的形成及其对学科建设的作用力和影响力。从中国话语的视角，科学把握学科建设和理论创新的关系，是理解新政治经济学发展的基本方面。本文以改革开放以来马克思主义生产力理论中国话语的演进为线索，对新政治经济学学科建设和理论创新关系作一探讨。

一、 生产力理论中国话语和新政治经济学发凡

　　改革开放以来新政治经济学的发展，生动记录了理论创新与学科建设之间存在的密切互动关系。1978 年 3 月，在党的十一届三中全会召开前，

邓小平重提马克思主义生产力理论时认为："科学技术是生产力，这是马克思主义历来的观点。早在一百多年以前，马克思就说过：机器生产的发展要求自觉地应用自然科学。并且指出：'生产力中也包括科学'。现代科学技术的发展，使科学与生产的关系越来越密切了。科学技术作为生产力，越来越显示出巨大的作用。"① 生产力理论是马克思主义政治经济学的基本原理。在拨乱反正过程中，怎样澄清生产力理论认识中的种种偏误，怎样厘清生产力问题在中国社会主义经济关系中的意义，怎样理解生产力在中国社会主义经济增长和发展中的作用等问题，有其突出的理论和实践意义。尽管1975年至1976年间，邓小平就提到过马克思的这一理论创见，但当时未能产生很大影响。在对中国经济社会发展道路的新探索中，邓小平重提马克思的这一理论创见，起到振聋发聩的作用，开启了新政治经济学的探索之路。

马克思关于"生产力中也包括科学"的理论创见形成于1858年初。从马克思主义发展史来看，之前10余年，1846年间以唯物史观创立为标识的马克思主义哲学体系已经形成；从1857年7月开始，马克思在写作《1857—1858年经济学手稿》中，劳动价值论和剩余价值论也日臻完善，政治经济学学科体系基本形成。到1858年初，马克思不仅在《1857—1858年经济学手稿》"货币章"中对劳动价值论作了体系性阐释，而且在"资本章"关于资本生产过程的阐释中，已经系统地阐明了剩余价值理论基本原理。正是在政治经济学体系基石奠定后，在"资本章"第二篇资本流通过程阐释中，马克思才作出"生产力中也包括科学"的新概括，才有马克思生产力理论的创见。邓小平在作出"科学技术是生产力"的新概括时，也是以他对政治经济学体系的理解为基础，以他对马克思主义基本原理的整体把握为支撑的。在1977年至1978年间，邓小平反复强调"必须从毛泽东

---

① 邓小平文选：第2卷［M］．人民出版社，1994：87．

思想的整个体系去获得正确的理解"①，"要花相当多的功夫，从各个领域阐明"② 马列主义和毛泽东思想理论体系。对马克思主义理论体系和基本原理的全面把握，是实现政治经济学理论创新的基础和前提。

"科学技术是生产力"的当代诠释，是马克思主义生产力理论中国话语形成的起点，也是新政治经济学发轫的显著标识。首先，发展生产力是马克思主义的基本原则，是中国社会主义经济发展的基础。邓小平认为："马克思主义的基本原则就是要发展生产力。马克思主义的最高目的就是要实现共产主义，而共产主义是建立在生产力高度发达的基础上的。"回顾中国社会主义经济建设的历史，邓小平指出："社会主义的首要任务是发展生产力，逐步提高人民的物质和文化生活水平。从一九五八年到一九七八年这二十年的经验告诉我们：贫穷不是社会主义，社会主义要消灭贫穷。不发展生产力，不提高人民的生活水平，不能说是符合社会主义要求的。"③ 中国社会主义经济关系的历史发展，为生产力理论中国话语奠定了社会历史基础。其次，在推进改革开放过程中，邓小平指出："过去，只讲在社会主义条件下发展生产力，没有讲还要通过改革解放生产力，不完全。应该把解放生产力和发展生产力两个讲全了。"④ 解放生产力和发展生产力的"完全"，就是生产力和生产关系相结合的问题。"讲全"解放生产力和发展生产力的中国话语，抓住了新政治经济学的基本问题，显示了中国新政治经济学的鲜明时代特色。再次，以解放生产力和发展生产力为最基本的前提和最根本的规定性，邓小平对社会主义本质作出了"解放生产力，发展生产力，消灭剥削，消除两极分化，最终达到共同富裕"的新概括。社会主义本质新概括是生产力理论中国话语的接续，拓展了新政治经济学发展的新境界。

---

① 邓小平文选：第 2 卷 [M]．北京：人民出版社，1994：43.
② 邓小平文选：第 2 卷 [M]．北京：人民出版社，1994：44.
③ 邓小平文选：第 3 卷 [M]．北京：人民出版社，1993：116.
④ 邓小平文选：第 3 卷 [M]．北京：人民出版社，1993：370.

邓小平关于生产力理论中国话语的创新，揭示了新政治经济学的核心问题。1979年，邓小平就"在方法上"强调，搞市场经济"是社会主义利用这种方法来发展社会生产力"①；后来，他多次强调，计划和市场结合起来"就更能解放生产力，加速经济发展"，"要坚持社会主义制度，最根本的是要发展社会生产力"，社会主义与市场经济之间不存在根本矛盾，"问题是用什么方法才能更有力地发展社会生产力"②。显然，"方法上"的生产力视界，充分展示了社会主义经济机制、经济体制乃至经济制度的根本要求，深刻把握了社会主义市场经济的理论要义。1984年，邓小平在提到十二届三中全会通过的《中共中央关于经济体制改革的决定》时认为，"社会主义经济是公有制基础上的有计划的商品经济"，这是适合于当时中国经济体制改革实际的"新话"，这些"新话"给人以"写出了一个政治经济学的初稿"的印象，这是"马克思主义基本原理和中国社会主义实践相结合的政治经济学"③，中国新政治经济学学科呼之欲出。以社会主义市场经济理论为核心的新政治经济学学科建设，就是以邓小平对生产力理论中国话语的创新为基点和基础的。

纵观改革开放之初30年新政治经济学的形成和发展过程，可以看到，正是在解放生产力和发展生产力中国话语的基础上，我们搞清了社会主义社会的主要矛盾是人民日益增长的物质文化需要同落后的社会生产之间矛盾的理论，增强了对社会主义初级阶段经济特征的把握和基本纲领的认识；延伸了对社会主义本质的新认识和新概括，确立了实现共同富裕这一社会主义的基本目标和根本价值取向；搞清了以经济建设为中心的党在社会主义初级阶段基本路线的理论，确立了以实现社会主义现代化为根本目标的经济发展战略及其相应的战略规划和战略步骤；厘清了社会主义初级阶段

---

① 邓小平文选：第2卷［M］. 北京：人民出版社，1994：236.
② 邓小平文选：第3卷［M］. 北京：人民出版社，1993：149.
③ 邓小平文选：第3卷［M］. 北京：人民出版社，1993：83.

生产力布局和经济关系多样性现状的认识，形成了社会主义初级阶段所有制结构和分配体制基本格局的理论；提升了对经济增长和发展关系的认识视野，形成了经济发展方式转型的基本思路；深化了对外开放的认识视界，形成了经济全球化背景下国际经济关系认识的新观点；等等。

揭示中国社会主义初级阶段经济关系的本质及其发展规律的新政治经济学，是由一系列理论观点构成的。它以社会主义市场经济理论为核心，以经济制度理论到经济体制理论、到经济发展理论、再到对外开放理论等为主导理论；这些核心理论和主导理论的相互联系、相互依存、相互作用，生成其他一系列衍生性理论，共同构成新政治经济学学科体系。构成新政治经济学发凡的这些基本理论，是以解放生产力和发展生产力的中国话语为理论基础的；解放生产力和发展生产力理论的中国话语，是新政治经济学学科建设的历史起点，也是新政治经济学学科体系展开的逻辑起点。

以解放生产力和发展生产力理论为基础展开的新政治经济学，是对马克思《资本论》理论和方法的继承和发展。在《资本论》第一卷序言中，马克思就指出："我要在本书研究的，是资本主义生产方式以及和它相适应的生产关系和交换关系。"① 这里讲的"生产方式"，指的是劳动者和生产资料的结合方式和方法，也就是一定社会经济关系中的生产力要素的结合方式和生产力的社会运动方式。在《资本论》第一卷中，马克思多次提到"生产方式"范畴的这一内在规定性。他在举例谈到劳动过程中劳动力作用时认为："不改变他的劳动资料或他的劳动方法，或不同时改变这二者，就不能把劳动生产力提高一倍。因此，他的劳动生产条件，也就是他的生产方式，从而劳动过程本身，必须发生革命。"② 他还认为："工农业生产方式的革命，尤其使社会生产过程的一般条件即交通运输手段的革命成为必

---

① 马克思恩格斯文集：第 5 卷 [M] . 北京：人民出版社，2009：8.
② 马克思恩格斯文集：第 5 卷 [M] . 北京：人民出版社，2009：366.

要。"①《资本论》研究的就是社会生产力的特定结合的方式和方法，即雇佣劳动和资本结合的生产方式，以及与之相适应的资本主义生产关系和交换关系。

在马克思主义经典作家看来，对资本主义经济关系及其运动规律的研究，同对生产力要素的结合方式和方法的研究是分不开的，因为"各个人借以进行生产的社会关系，即社会生产关系，是随着物质生产资料、生产力的变化和发展而变化和改变的"②；也因为"只有把社会关系归结于生产关系，把生产关系归结于生产力的水平，才能有可靠的根据把社会形态的发展看作自然历史过程"③。新政治经济学确立的解放生产力和发展生产力理论的中国话语，凸显了马克思主义政治经济学把握"生产力的水平"的基本立场和方法，为中国特色社会主义经济关系的发展提供了"可靠的根据"，为新政治经济学学科建设提供了基本滋养。

作为邓小平生产力理论中国话语的赓续，江泽民在党的十五大提出，"社会主义的根本任务是发展社会生产力。在社会主义初级阶段，尤其要把集中力量发展社会生产力摆在首要地位"④，"建设有中国特色社会主义的经济，就是在社会主义条件下发展市场经济，不断解放和发展生产力"⑤；在党的十六大进一步把"高度重视解放和发展生产力"确立为中国共产党"执政兴国"的"要务"，提出"马克思主义执政党必须高度重视解放和发展生产力"⑥。胡锦涛在党的十七大提出，改革开放这场伟大革命的首要目的就是"解放和发展社会生产力"⑦，"解放和发展社会生产力"是"中国

---

① 马克思恩格斯文集：第5卷［M］．北京：人民出版社，2009：441．
② 马克思恩格斯文集：第1卷［M］．北京：人民出版社，2009：724．
③ 列宁专题文集：论辩证唯物主义和历史唯物主义［M］．北京：人民出版社，2009：161．
④ 中共中央文献研究室．改革开放三十年重要文献选编：下［M］．北京：中央文献出版社，2008：898．
⑤ 中共中央文献研究室．改革开放三十年重要文献选编：下［M］．北京：中央文献出版社，2008：899．
⑥ 中共中央文献研究室．改革开放三十年重要文献选编：下［M］．北京：中央文献出版社，2008：1246．
⑦ 中共中央文献研究室．改革开放三十年重要文献选编：下［M］．北京：中央文献出版社，2008：1715．

特色社会主义道路"的重要内涵①；在党的十八大进一步把"必须坚持解放和发展社会生产力"确立为夺取中国特色社会主义新胜利必须牢牢把握的"基本要求"②。

二、 生产力理论中国话语对新政治经济学学科建设的拓展

党的十八大以来，习近平系列重要讲话中关于生产力理论中国话语的新探索，以马克思主义基本原理特别是政治经济学基本原理为支撑，从多方面拓展了 21 世纪中国新政治经济学学科建设的新境域。就生产力理论中国话语对新政治经济学学科建设拓展而言，突出地表现在两个方面：一是从经济建设和生态文明建设的结合上，提出了"发展生产力"和"保护生产力"关系的中国话语；二是在科学技术是第一生产力的基础上，提出了"最大限度解放和激发科技作为第一生产力所蕴藏的巨大潜能"的中国话语。

马克思在《资本论》第一卷一开始谈到生产力问题时就指出："劳动生产力是由多种情况决定的，其中包括：工人的平均熟练程度，科学的发展水平和它在工艺上应用的程度，生产过程的社会结合，生产资料的规模和效能，以及自然条件。"③ 这五个方面因素的有机组合和合理配置，对生产力作用过程和生产率的优化起着基本的也是决定性的作用。由于生产力过程的一般状况表现为"主体是人，客体是自然"，自然条件往往被当作人的劳动利用、征服和改造的对象，对自然条件的无偿占用甚至过度开发似乎成为生产力发展的必然选择，其结果就如习近平多次引述恩格斯的著名论断所说的那样："我们不要过分陶醉于我们人类对自然界的胜利。对于每一

---

① 中共中央文献研究室.改革开放三十年重要文献选编：下 ［M］.北京：中央文献出版社，2008：1717.
② 中共中央文献研究室.十八大以来重要文献选编：上 ［M］.北京：中央文献出版社，2014：11.
③ 马克思恩格斯文集：第5卷 ［M］.北京：人民出版社，2009：53.

次这样的胜利，自然界都对我们进行报复。"① 自然条件作为生产力过程的决定因素，不仅是生产力发展的条件，也是生产力得以保护的对象。只有实现发展生产力和保护生产力的结合，才能达到生产力作用过程这五个因素的有机组合和合理配置，才能实现作为主体的人与作为客体的自然之间的和谐协调发展。因此，马克思关于生产力五个因素结合方式和方法的论述，不仅体现了生产力与经济增长和发展的关系，同时也体现了人与自然之间协调的生态文明发展的意义。

马克思在《资本论》中提到的"自然条件"，最基本的是土地，因为"土地（在经济学上也包括水）最初以食物，现成的生活资料供给人类"②；最主要的也是土地，因为"经济学上所说的土地是指未经人的协助而自然存在的一切劳动对象"③。在对生态文明建设的阐释中，习近平谈到土地问题时，不仅提出"国土是生态文明建设的空间载体"的观点，而且还依据生态文明建设的新情况，高度关注资源和生态环境等自然条件，提出了"节约资源是保护生态环境的根本之策""实施重大生态修复工程，增强生态产品生产能力"等新理解④，拓展了作为生产力过程"自然条件"因素的新内涵。

习近平从"正确处理好经济发展同生态环境保护的关系"的高度，提出"牢固树立保护生态环境就是保护生产力、改善生态环境就是发展生产力"的理念⑤。如果说改革开放之初，"科学技术是生产力"判断的提出，是对马克思关于生产力过程中"科学的发展水平和它在工艺上应用的程度"理解的延伸；那么，在全面深化改革的新的进程中，对生态文明建设既是发展生产力也是"保护生产力"的判断，就是对马克思关于生产力过程中

———————

① 马克思恩格斯文集：第9卷 [M]．北京：人民出版社，2009：559 - 560.
② 马克思恩格斯文集：第5卷 [M]．北京：人民出版社，2009：208 - 209.
③ 马克思恩格斯文集：第5卷 [M]．北京：人民出版社，2009：703.
④ 坚持节约资源和保护环境基本国策　努力走向社会主义生态文明新时代 [N]．人民日报，2013 - 05 - 25 (1)．
⑤ 坚持节约资源和保护环境基本国策　努力走向社会主义生态文明新时代 [N]．人民日报，2013 - 05 - 25 (1)．

"自然条件"作用观点的拓展。习近平从"正确处理好经济发展同生态环境保护的关系"的高度，提出发展生产力和保护生产力的理念，成为实现中国特色社会主义总布局的重要思想基础和实践指向，也成为经济建设和生态文明建设关系中国话语的表达。

从发展生产力和保护生产力来看，"生态修复"作为"增强生态产品生产能力"的内在要求，是多因素组合和结合的结果，具有显著的系统性。习近平指出："山水林田湖是一个生命共同体，人的命脉在田，田的命脉在水，水的命脉在山，山的命脉在土，土的命脉在树。用途管制和生态修复必须遵循自然规律，如果种树的只管种树、治水的只管治水、护田的单纯护田，很容易顾此失彼，最终造成生态的系统性破坏。由一个部门负责行使所有国土空间用途管制职责，对山水林田湖进行统一保护、统一修复是十分必要的。"[1] 习近平从发展生产力和保护生产力的联系上对生态修复的阐释，充分显示了新政治经济学中国话语的理论感召力和实践影响力。

正是在保护生产力和生态修复意义上，恩格斯的以下告诫更显示其当代意义："我们每走一步都要记住：我们决不像征服者统治异族人那样支配自然界，决不像站在自然界之外的人似的去支配自然界——相反，我们连同我们的肉、血和头脑都是属于自然界和存在于自然界之中的；我们对自然界的整个支配作用，就在于我们比其他一切生物强，能够认识和正确运用自然规律。"[2] 因此，从社会主义经济关系特征来看，"合乎自然规律地改造和利用自然"应该成为中国特色社会主义经济发展的要义。在社会主义经济发展中，应该自觉地实现人与自然和谐发展的目标，以合乎自然发展规律、合乎人类幸福生活和美的追求的方式来改造和利用自然，保持人与自然之间动态的平衡。"同已被认识的自然规律和谐一致的生活"[3]，是社会

---

① 中共中央文献研究室．十八大以来重要文献选编：上［M］．北京：中央文献出版社，2014：507．
② 马克思恩格斯文集：第9卷［M］．北京：人民出版社，2009：560．
③ 马克思恩格斯文集：第9卷［M］．北京：人民出版社，2009：121．

主义经济关系发展的长远目标。这一长远目标的基本内涵就是，"社会化的人，联合起来的生产者，将合理地调节他们和自然之间的物质变换，把它置于他们的共同控制之下，而不让它作为一种盲目的力量来统治自己；靠消耗最小的力量，在最无愧于和最适合于他们的人类本性的条件下来进行这种物质变换"①。习近平关于保护生产力和生态修复的中国话语，是对马克思主义创始人关于人与自然关系思想的新的表达和阐发。

"最大限度解放和激发科技作为第一生产力所蕴藏的巨大潜能"的概括，是习近平对生产力理论的中国话语的崭新表达。

2014 年 6 月 3 日，习近平在国际工程科技大会上发表了《让工程科技造福人类、创造未来》的主旨演讲。在演讲中，他从工程科技在人类社会发展中作用的阐释入手，提出"工程科技与人类生存息息相关"，强调"人类生存与社会生产力发展水平密切相关，而社会生产力发展的一个重要源头就是工程科技"。习近平指出，20 世纪下半叶的信息技术引发的产业革命，使社会生产和消费从工业化向自动化、智能化转变，社会生产力再次大提高，劳动生产率再次大飞跃。"工程科技的每一次重大突破，都会催发社会生产力的深刻变革，都会推动人类文明迈向新的更高的台阶。"② 工程科技实现了科学发现同产业发展的直接结合，使工程科技成为经济社会发展的主要驱动力，真正成为社会生产力发展的重要源头，真正成为解放生产力和发展生产力的重要推动力，这实际上也是对新工业革命背景中科学技术是第一生产力作用的新理解。

工程科技作为社会生产力发展的重要源头，还表现为向经济文化社会各领域的辐射和扩展，即如习近平所指出的："当今世界，科学技术作为第一生产力的作用愈益凸显，工程科技进步和创新对经济社会发展的主导作

---

① 马克思恩格斯文集：第 7 卷 [M]．北京：人民出版社，2009：928 – 929.
② 习近平．让工程科技造福人类、创造未来：在 2014 年国际工程科技大会上的主旨演讲 [N]．人民日报，2014 – 06 – 04（2）．

用更加突出，不仅成为推动社会生产力发展和劳动生产率提升的决定性因素，而且成为推动教育、文化、体育、卫生、艺术等事业发展的重要力量。"在这次主旨演讲中，习近平还联系中国全面建成小康社会的战略目标，对科学技术第一生产力的作用与国家创新驱动发展战略的关系作了深刻阐释。他提出："发展是解决中国所有问题的关键。要发展就必须充分发挥科学技术第一生产力的作用。我们把创新驱动发展战略作为国家重大战略，着力推动工程科技创新，实现从以要素驱动、投资规模驱动发展为主转向以创新驱动发展为主。"① 在 2014 年 6 月 9 日召开的中国科学院第十七次院士大会、中国工程院第十二次院士大会上，习近平对工程技术和科学技术是第一生产力的观点作了新的展开论述。他提到："党的十八大作出了实施创新驱动发展战略的重大部署，强调科技创新是提高社会生产力和综合国力的战略支撑，必须摆在国家发展全局的核心位置。"实施创新驱动发展战略，"最根本的是要增强自主创新能力，最紧迫的是要破除体制机制障碍，最大限度解放和激发科技作为第一生产力所蕴藏的巨大潜能"②。显然，"最大限度解放和激发科技作为第一生产力所蕴藏的巨大潜能"，是驱动创新驱动发展战略的最有力的引擎，也是破除体制机制障碍的最强大的推动力。

"最大限度解放和激发科技作为第一生产力所蕴藏的巨大潜能"的新概括，同科学技术是第一生产力理论融为一体，是对方兴未艾的新科学技术革命的新认识，是马克思主义生产力理论中国话语的新表达，是对新政治经济学学科建设的新探索。

---

① 习近平.让工程科技造福人类、创造未来：在 2014 年国际工程科技大会上的主旨演讲［N］.人民日报，2014－06－04（2）.
② 习近平.在中国科学院第十七次院士大会、中国工程院第十二次院士大会上的讲话［N］.人民日报，2014－06－10（2）.

三、 学科建设的演进和生产力理论中国话语意蕴的提升

党的十八大以来习近平系列重要讲话中阐释的经济学思想，把生产力理论的新阐释置于马克思主义理论体系和全面建成小康社会战略目标总体之中，在推进新政治经济学学科建设过程中，形成了"实现我国社会生产力水平总体跃升""经济发展的大逻辑"等标志性成果，提升了生产力理论中国话语的意蕴。

注重从马克思主义关于社会经济运动整体理论上把握社会生产力的内涵、把握生产力和生产关系的矛盾运动，深化解放生产力和发展生产力理论在中国特色社会主义经济关系新发展中的基本动因和矛盾节点，是习近平对生产力理论中国话语探索的基本立场和根本方法。

从社会经济运动整体关系中理解和把握政治经济学理论和实践问题，是马克思政治经济学立场、观点和方法的集中体现。1859 年初，马克思在"分册"出版以"六册结构计划"为主线的《政治经济学批判》时，撰写了《〈政治经济学批判〉序言》。在《〈政治经济学批判〉序言》中，马克思一开始极为简略地阐明了《政治经济学批判》的"六册结构计划"和第一分册的关系。他指出："我考察资产阶级经济制度是按照以下的顺序：资本、土地所有制、雇佣劳动；国家、对外贸易、世界市场。""第一册论述资本，其第一篇由下列各章组成：（1）商品；（2）货币或简单流通；（3）资本一般。前两章构成本分册的内容。"[①]《〈政治经济学批判〉序言》的主要篇幅是对唯物史观的系统"表述"，那就是马克思作出的从"人们在自己生活的社会生产中发生一定的、必然的、不以他们的意志为转移的关系"，到"人类社会的史前时期就以这种社会形态而告终"的系统"表述"[②]。这

---

① 马克思恩格斯文集：第 2 卷 [M]．北京：人民出版社，2009：588．

② 马克思恩格斯文集：第 2 卷 [M]．北京：人民出版社，2009：591–592．

一"表述"，已经成为马克思对唯物史观作出的最为经典的、也是最为著名的论述。可以认为，马克思以"序言"的方式在政治经济学著作中集中阐述的唯物史观原理，体现了马克思实现政治经济学科学革命的思想精髓。理解和把握这一思想精髓，显然也成为中国新政治经济学理论创新和学科建设的基本立场和根本方法。

依据马克思在《〈政治经济学批判〉序言》中对唯物史观系统"表述"的精神实质，习近平密切结合中国经济社会发展的实际，提出"只有把生产力和生产关系的矛盾运动同经济基础和上层建筑的矛盾运动结合起来观察，把社会基本矛盾作为一个整体来观察，才能全面把握整个社会的基本面貌和发展方向"。从这一"全面性"来看，"坚持和发展中国特色社会主义，必须不断适应社会生产力发展调整生产关系，不断适应经济基础发展完善上层建筑"。也正是从这一"全面性"来看，物质生产是社会历史发展的决定性因素，"生产力是推动社会进步的最活跃、最革命的要素。社会主义的根本任务是解放和发展社会生产力"[1]。只有把生产力和生产关系的矛盾运动同经济基础和上层建筑的矛盾运动结合起来观察，把社会基本矛盾作为一个整体来观察，才能全面把握整个社会的基本面貌和发展方向，才能解释中国社会主义初级阶段经济关系的本质及其发展规律。

立足于全面建成小康社会战略目标，以谋划坚持和发展中国特色社会主义总布局为出发点和归宿点，是党的十八大以来习近平对新政治经济学学科建设以及生产力理论中国话语创新的内在根据和根本指向。

"全面建成小康社会，实现社会主义现代化，实现中华民族伟大复兴，最根本最紧迫的任务还是进一步解放和发展社会生产力。"[2] 这是党的十八大以来习近平系列重要讲话中经济思想的聚焦点和着力点。习近平强调，党领导人民全面建设小康社会、进行改革开放的"根本目的"，就是要通过

---

[1] 推动全党学习和掌握历史唯物主义　更好认识规律更加能动地推进工作［N］. 人民日报, 2013 – 12 – 05 (1) .

[2] 中共中央文献研究室. 十八大以来重要文献选编：上［M］. 北京：中央文献出版社, 2014：549.

发展社会生产力，不断提高人民物质文化生活水平，促进人的全面发展。在实现以全面建成小康社会为战略目标进程中，要坚持发展仍是解决我国所有问题的关键这个重大战略判断。深化使市场在资源配置中起决定性作用和更好发挥政府作用的社会主义市场经济体制改革，也是为了推动我国社会生产力不断向前发展，推动实现物的不断丰富和人的全面发展的统一。习近平强调："只有紧紧围绕发展这个第一要务来部署各方面改革，以解放和发展社会生产力为改革提供强大牵引，才能更好推动生产关系与生产力、上层建筑与经济基础相适应。"① 全面建成小康社会的战略目标，是对当代中国社会基本面貌和发展方向整体理解和判断的结果，解放和发展社会生产力要融于其中，并由此而激发解放和发展生产力的新势能和新作用，提升解放和发展生产力的认识视野，是新政治经济学面临的基本理论和实践问题。

从全面深化改革的整体布局和根本目标上，对解放思想、解放和发展生产力、解放和增强社会活力的结合上形成生产力理论的整体观，是党的十八大以来习近平对新政治经济学学科建设的新拓展。

十八届三中全会通过的《中共中央关于全面深化改革若干重大问题的决定》，提出"进一步解放思想、进一步解放和发展社会生产力、进一步解放和增强社会活力"② 这"三个进一步解放"的重要思想。习近平认为，这一重要思想"既是改革的目的，又是改革的条件"，在"三个进一步解放"中，"解放思想是前提，是解放和发展社会生产力、解放和增强社会活力的总开关"。没有解放思想，我们党就不可能在"文化大革命"结束不久作出把党和国家工作中心转移到经济建设上来、实行改革开放的历史性决策，开启我国发展的历史新时期；没有解放思想，我们党就不可能在实践中不断推进理论创新和实践创新，有效化解前进道路上的各种风险挑战，把改革开放不断推向前进，始终走在时代前列。同时，应该看到，"解放思想，

① 推动全党学习和掌握历史唯物主义　更好认识规律更加能动地推进工作［N］.人民日报，2013－12－05（1）.
② 中共中央文献研究室.十八大以来重要文献选编：上［M］.北京：中央文献出版社，2014：512.

解放和增强社会活力，是为了更好解放和发展社会生产力"。因此，"解放和发展社会生产力、解放和增强社会活力，是解放思想的必然结果，也是解放思想的重要基础。"①

我们要在同解放思想与解放和增强社会活力的结合中，形成新政治经济学的生产力理论整体观。"我们要通过深化改革，让一切劳动、知识、技术、管理、资本等要素的活力竞相迸发，让一切创造社会财富的源泉充分涌流。"从这一整体观来看新政治经济学的发展，"我们讲要坚定道路自信、理论自信、制度自信，要有坚如磐石的精神和信仰力量，也要有支撑这种精神和信仰的强大物质力量。这就要靠通过不断改革创新，使中国特色社会主义在解放和发展社会生产力、解放和增强社会活力、促进人的全面发展上比资本主义制度更有效率，更能激发全体人民的积极性、主动性、创造性，更能为社会发展提供有利条件，更能在竞争中赢得比较优势，把中国特色社会主义制度的优越性充分体现出来"②。

以马克思主义政治经济学为指导，在对经济发展的趋势性变化和阶段性特征新的认识和判断基础上，形成"实现我国社会生产力水平总体跃升"的生产力理论的中国话语，提出"经济发展的大逻辑"新课题，是党的十八大以来习近平对生产力理论创新和新政治经济学学科建设推进的突出建树。

在正式提出经济新常态理论之前，习近平提醒我们注意："要学好用好政治经济学，自觉认识和更好遵循经济发展规律，不断提高推进改革开放、领导经济社会发展、提高经济社会发展质量和效益的能力和水平。"③ 以马克思主义政治经济学为指导，以对中国经济发展趋势性变化和阶段性特征变化的研判为基础，才能坚持问题导向、坚持底线思维，做好应对中国经济发展各种新挑战的思想理论准备。

---

① 中共中央文献研究室. 十八大以来重要文献选编：上 [M]. 北京：中央文献出版社，2014：549.
② 中共中央文献研究室. 十八大以来重要文献选编：上 [M]. 北京：中央文献出版社，2014：549 – 550.
③ 更好认识和遵循经济发展规律 推动我国经济持续健康发展 [N]. 人民日报，2014 – 07 – 09（1）.

首先，对经济发展的趋势性变化和阶段性特征问题的认识和判断，是党的十八大以来习近平对马克思主义政治经济学自觉运用和更好遵循的集中体现。

2012 年 12 月，在党的十八大后召开的第一次中央经济工作会议上，习近平就提出我国经济发展的新变化、新特征。面对经济发展的这些趋势性变化和阶段性特征，必须保持清醒头脑，增强"问题意识"，深入分析背后的原因，引导"问题倒逼"，采取有效举措解决问题。据此，习近平作出了"要继续把握好稳中求进的工作总基调"[①] 这一涉及趋势性变化和阶段性特征的准确判断。

在党的十八大以后召开的三次中央工作会议上，习近平根据经济改革和发展的新情况，对经济转型的格局作出新的阐释，可以概括为以下十个方面：一是加强和改善宏观调控，加快调整经济结构、转变经济发展方式，使经济持续健康发展建立在扩大内需的基础上；二是坚持稳中求进，促进提质增效升级，积极发现培育新增长点，保持经济增速在合理区间平稳运行；三是深化产业结构战略性调整，提高产业整体素质；四是优化经济发展空间格局，完善区域政策，促进各地区协调发展、协同发展、共同发展；五是保持物价稳定，为推进改革和调整结构创造良好环境；六是毫不放松抓好"三农"工作，加快农业发展方式转变，夯实农业基础，保障农产品供给；七是推动城乡一体化发展，积极稳妥推进城镇化，着力提高城镇化质量；八是坚持实施科教兴国战略，实施创新驱动发展战略，增强经济社会发展核心支撑能力；九是坚持把人民利益放在第一位，突出民生优先，促进社会公正，进一步做好保障和改善民生工作，使发展成果更多、更公平惠及全体人民；十是实施更加积极主动的开放战略，创建新的竞争优势，全面提升开放型经济水平等。这十个方面的阐述凸显了习近平经济思想的实践性和指导性，也是对 21 世纪新政治经济学主题的新概括，展示了新政

---

① 中央经济工作会议在北京举行［N］．人民日报，2012－12－17（1）．

治经济学学科建设的新内涵。

其次，从"实现我国社会生产力水平总体跃升"的视角，把握中国经济发展的"大逻辑"，是党的十八大以来习近平对生产力理论中国话语和新政治经济学学科建设推进的集中体现。

2014年7月，习近平在主持中共中央召开党外人士座谈会时，提出了经济"新常态"观点。他提到："正确认识我国经济发展的阶段性特征，进一步增强信心，适应新常态，共同推动经济持续健康发展。"适应"新常态"，要求我们能审时度势，"全面把握和准确判断国内国际经济形势变化，坚持底线思维，做好应对各种新挑战的准备"。适应"新常态"更要求我们，"要把转方式、调结构放在更加突出的位置，针对突出问题，主动作为，勇闯难关，努力提高创新驱动发展能力、提高产业竞争力、提高经济增长质量和效益，实现我国社会生产力水平总体跃升"①。

"实现我国社会生产力水平总体跃升"，是经济新常态思想的出发点，也是推进经济新常态的归宿点。习近平强调，经济发展进入新常态，没有改变我国发展仍处于可以大有作为的重要战略机遇期的判断，改变的是重要战略机遇期的内涵和条件；没有改变我国经济发展总体向好的基本面，改变的是经济发展方式和经济结构。以"社会生产力总体跃升"为标志的生产力理论中国话语，对经济新常态的理论和实践有着重要的意义，是党的十八大以来习近平经济思想的集中体现和深刻凝练，是习近平对新政治经济学学科的发展和创新。

在2014年12月的中央经济工作会议上，习近平从对我国经济中消费需求、投资需求、出口和国际收支、生产能力和产业组织方式、生产要素相对优势、市场竞争特点、资源环境约束、经济风险积累和化解、资源配置模式和宏观调控方式等方面变化的分析中提出："这些趋势性变化说明，我国经济正在向形态更高级、分工更复杂、结构更合理的阶段演化，经济发

---

① 就当前经济形势和下半年经济工作　中共中央召开党外人士座谈会〔N〕. 人民日报，2014-07-30（1）.

展进入新常态，正从高速增长转向中高速增长，经济发展方式正从规模速度型粗放增长转向质量效率型集约增长，经济结构正从增量扩能为主转向调整存量、做优增量并存的深度调整，经济发展动力正从传统增长点转向新的增长点。"据此，习近平作出了"认识新常态，适应新常态，引领新常态，是当前和今后一个时期我国经济发展的大逻辑"① 的判断。新常态的"经济发展的大逻辑"的判断，是对"实现我国社会生产力水平总体跃升"中国话语的延伸，也是对新政治经济学理论探索的重要概括。

从"实现我国社会生产力水平总体跃升"到"经济发展的大逻辑"，是习近平关于经济发展战略思想的基本方法和重要内涵，是他对新政治经济学发展的基本方面和主要方向的新拓展，深刻概括了习近平对生产力理论中国话语探索到新政治经济学学科建设发展的主要线索。

对学科整体的研究、理解和把握，是理论运用、发展和创新的支撑。高度重视新政治经济学学科建设，是提升中国化马克思主义理论自信的基础。在时代变化和实践发展中，实现新政治经济学理论创新的中国话语，又是学科建设的基础。基于当代中国和世界经济社会关系发展的实际，认识和把握好学科建设和理论创新之间的统一和互动关系，是 21 世纪新政治经济学发展的遵循与路径。

（原载于《中国高校社会科学》2015 年第 3 期；副标题：基于马克思主义生产力理论中国话语的思考）

---

① 中央经济工作会议在北京举行 [N] . 人民日报，2014 - 12 - 12 (1) .

开拓当代中国马克思主义政治经济学的新境界

2014 年 7 月，习近平在主持召开经济形势专家座谈会时指出："各级党委和政府要学好用好政治经济学，自觉认识和更好遵循经济发展规律，不断提高推进改革开放、领导经济社会发展、提高经济社会发展质量和效益的能力和水平。"① 2015 年 11 月，在主持以"马克思主义政治经济学基本原理与方法论"为主题的中共中央政治局第二十八次集体学习时，习近平强调："要立足我国国情和我国发展实践，揭示新特点新规律，提炼和总结我国经济发展实践的规律性成果，把实践经验上升为系统化的经济学说，不断开拓当代中国马克思主义政治经济学新境界。"② 从"学好用好政治经济学"到发展"系统化的经济学说"，体现了习近平关于马克思主义政治经济学是坚持和发展马克思主义"必修课"、要为马克思主义政治经济学新发展贡献"中国智慧"的思想，也体现了对当代中国马克思主义政治经济学发展提出的新的要求和任务。

---

① 更好认识和遵循经济发展规律 推动我国经济持续健康发展［N］. 人民日报，2014－07－09（1）.
② 立足我国国情和我国发展实践 发展当代中国马克思主义政治经济学［N］. 人民日报，2015－11－25（1）.

一、 改革开放的经济实践是当代中国马克思主义政治经济学的事实依据

马克思主义政治经济学从来就主张"从当前的国民经济的事实出发"①，即从实际的和现实的经济关系和经济问题出发。当代中国马克思主义政治经济学的建设和发展，深刻地立足于我国国情和我国社会主义经济改革的实践，是对这一实践中形成的规律性成果的揭示和提炼，是对这一实践中积累的经验和理性认识的升华。

实践是理论的源泉。三十多年筚路蓝缕、艰辛探索，为中国马克思主义的"系统化的经济学说"奠定了重要基础，形成了具有中国特色社会主义政治经济学的一系列重要理论观点。社会主义初级阶段是当代中国最重要的国情，也是最基本的经济形式和经济事实。中国的"系统化的经济学说"，就是以社会主义初级阶段背景的中国道路探索为实践基础，就是以社会主义初级阶段的经济关系及其相联系的经济制度和经济体制为对象的。中国特色社会主义政治经济学"系统化"的内在规定就在于，它是以社会主义初级阶段经济关系本质研究为前提，以社会主义初级阶段基本经济制度和经济体制探索为主题，以社会主义经济制度和市场经济体制结合、发展和完善研究为主线，以此形成中国社会主义初级阶段经济关系的总体理论。

邓小平敏锐地把握了中国政治经济学"系统化"的这一显著特征。1984 年，邓小平在提到党的十二届三中全会通过的《中共中央关于经济体制改革的决定》时认为，"社会主义经济是公有制基础上的有计划的商品经济"，这是适合于当时中国经济体制改革实际的"新话"，这些"新话"给人以"写出了一个政治经济学的初稿"的印象，这是"马克思主义基本原

---

① 马克思恩格斯文集：第 1 卷 [M]．北京：人民出版社，2009：156．

理和中国社会主义实践相结合的政治经济学"。邓小平认为："过去我们不可能写出这样的文件。写出来，也很不容易通过，会被看作'异端'。我们用自己的实践回答了新情况下出现的一些新问题。"①

由"异端"转为"正宗"，包含了当代中国马克思主义政治经济学对既有的传统理论观点的重大突破。正是在"社会主义经济是公有制基础上的有计划的商品经济"的基础上，中国特色社会主义政治经济学"初稿"不断书写出新的篇章。党的十四大提出社会主义市场经济体制改革的目标模式，党的十五大提出"使市场在国家宏观调控下对资源配置起基础性作用"，党的十六大提出"在更大程度上发挥市场在资源配置中的基础性作用"，党的十七大提出"从制度上更好发挥市场在资源配置中的基础性作用"，党的十八大提出"更大程度更广范围发挥市场在资源配置中的基础性作用"，直到党的十八届三中全会提出"使市场在资源配置上起决定性作用和更好发挥政府作用"。理论是以实践探索为依据而得以发展、完善，实践也以理论创新为指导而得以深化、前行。

以经济体制改革的实践为依据，中国政治经济学形成了市场经济体制必然要与一定的社会基本经济制度"结合起来"的创新性理论。这一"结合起来"的中国话语的意蕴就在于："我国实行的是社会主义市场经济体制，我们仍然要坚持发挥我国社会主义制度的优越性、发挥党和政府的积极作用。"② 提出处理好政府和市场的关系，实际上就是要处理好在资源配置中市场起决定性作用还是政府起决定性作用这个问题。同时，使市场在资源配置中起决定性作用，并不是排斥政府的作用，而是要认识发展社会主义市场经济，既要发挥市场作用，也要发挥政府作用，使市场作用和政府作用这"两手"各司其职又协调互助、相得益彰。显然，从理论上对政府和市场关系的进一步定位，是以中国经济改革实践为依据的，也是对这

---

① 邓小平文选：第 3 卷［M］．北京：人民出版社，1993：91.
② 中共中央文献研究室．十八大以来重要文献选编：上［M］．北京：中央文献出版社，2014：500.

一实践经验的理性提升，是当代中国马克思主义政治经济学的重要呈现。

中国特色社会主义政治经济学的这些方面的理论成就，是以中国经济事实和实际为背景和基础的，说的是中国的事情，直面的是中国的问题，提出的是办好中国的事情、解决好中国问题的理论和对策，因而形成的也是适合于中国社会主义初级阶段国情和时代特点的当代中国马克思主义政治经济学。

二、 当代中国马克思主义政治经济学与政治经济学基本原理的新研究

当代中国马克思主义政治经济学是马克思主义政治经济学基本原理与中国具体实际相结合的结果。这里讲的马克思主义政治经济学基本原理，在当代中国的运用中发生着两个方面的重要变化：一是如何科学对待的问题，二是如何丰富发展的问题。在"科学对待"上，提出了"四个分清楚"，即分清哪些是必须长期坚持的马克思主义基本原理，哪些是需要结合新的实际加以丰富发展的理论判断，哪些是必须破除的对马克思主义的教条式的理解，哪些是必须澄清的附加在马克思主义名下的错误观点。与马克思主义政治经济学基本原理相关，中央马克思主义理论研究和建设工程设立的"马克思主义经典著作基本观点研究课题组"，对"经典作家关于政治经济学一般原理的基本观点""经典作家关于劳动价值理论和剩余价值理论的基本观点""经典作家关于所有制和分配理论的基本观点"，以及"经典作家关于经济文化落后国家发展道路的基本观点""经典作家关于农业和农民问题的基本观点"和"经典作家关于全球化和时代问题的基本观点"等进行了专题研究，在"科学对待"马克思主义政治经济学原理上取得突出成效。在"丰富发展"上，对马克思主义政治经济学基本原理理解的视域更为宽广，特别是对马克思和恩格斯原来不为我们所知的一系列重要经

济思想进行了深入研究，赋予中国特色社会主义经济学以新的理论滋养，彰显马克思主义政治经济学的时代特色。

生产力理论是马克思主义理论体系的基石，也是马克思主义政治经济学最基本的范畴。1978 年 3 月，邓小平提到："科学技术是生产力，这是马克思主义历来的观点。早在一百多年以前，马克思就说过：机器生产的发展要求自觉地应用自然科学。并且指出：'生产力中也包括科学'。"① 这里提到的"科学技术是生产力"的观点，见于马克思《1857—1858 年经济学手稿》。马克思这一长期被湮没的理论观点，在中国经济改革的现实中得到显著运用，由此而形成中国政治经济学中一系列重要的理论观点。

经济的社会形态理论是马克思主义政治经济学关于社会经济制度演进的基本原理。改革开放以来，中国政治经济学深化了对马克思在《1857—1858 年经济学手稿》中提出的人的发展的三种形式理论的研究和运用。在社会经济关系演进中，由于"社会条件"的变化，作为生产主体的人的发展，以"人的依赖关系"为第一大形式的特征。这时，人的生产能力只是在狭窄的范围内和孤立的地点上发展着，人只是直接从自然界再生产自己。以物的依赖性为基础的人的独立性的形成，是第二大形式的特征。一方面生产中人的一切固定的依赖关系已经解体，另一方面毫不相干的个人之间的互相的全面的依赖，构成人们之间的社会联系，而这一联系的纽带就是普遍发展起来的产品交换关系，从而"人的社会关系转化为物的社会关系；人的能力转化为物的能力"②。正是在这种普遍的社会物质交换关系中，才形成了人们之间的"全面的关系、多方面的需要以及全面的能力的体系"。第三大形式就是以自由个性发展为特征的。这一社会形式中的"自由个性"，具有两方面的规定性：一是个人的全面的发展；二是人们共同的社会生产能力成为他们共同的社会财富。人的三大发展形式的理论，为社会主

① 邓小平文选：第 2 卷 [M]．北京：人民出版社，1994：87．
② 马克思恩格斯全集：第 46 卷：上 [M]．北京：人民出版社，1979：103 - 104．

义市场经济体制的提出作了理论铺垫，为以人的发展为主体的发展理念提供了思想方法和基本思路。

在对马克思和恩格斯关于社会主义社会发展理论的新的探索中，发掘了恩格斯关于"所谓'社会主义社会'不是一种一成不变的东西，而应当和任何其他社会制度一样，把它看成是经常变化和改革的社会"① 理论的深刻内涵。丰富了马克思和恩格斯晚年关于"跨越卡夫丁峡谷"的思想。马克思认为，对于经济落后国家来说，"正因为它和资本主义生产是同时存在的东西，所以它能够不经受资本主义生产的可怕的波折而占有它的一切积极的成果"②。像商品经济、股份资本、金融资本、虚拟资本等这样一些"积极的成果"，为中国特色社会主义经济理论和实践所"占有"。

人与自然的和谐协调发展理论，是马克思主义政治经济学重要理论原理。恩格斯指出："我们不要过分陶醉于我们人类对自然界的胜利。对于每一次这样的胜利，自然界都对我们进行报复。"他特别提出："我们每走一步都要记住：我们决不像征服者统治异族人那样支配自然界，决不像站在自然界之外的人似的去支配自然界——相反，我们连同我们的肉、血和头脑都是属于自然界和存在于自然界之中的；我们对自然界的整个支配作用，就在于我们比其他一切生物强，能够认识和正确运用自然规律。"③ 深感于此，更能理解"要构筑尊崇自然、绿色发展的生态体系。人类可以利用自然、改造自然，但归根结底是自然的一部分，必须呵护自然，不能凌驾于自然之上。我们要解决好工业文明带来的矛盾，以人与自然和谐相处为目标，实现世界的可持续发展和人的全面发展"④ 的道理。中国政治经济学关于生态文明的理论，赋予马克思和恩格斯这些重要思想以新的理论活力。对马克思主义政治经济学基本原理和主要理论的这些新的研究和运用说明，

---

① 马克思恩格斯文集：第 10 卷 [M]．北京：人民出版社，2009：588．
② 马克思恩格斯文集：第 3 卷 [M]．北京：人民出版社，2009：571．
③ 马克思恩格斯文集：第 9 卷 [M]．北京：人民出版社，2009：560．
④ 习近平．携手构建合作共赢新伙伴　同心打造人类命运共同体 [N]．人民日报，2015－09－29 (2)．

中国政治经济学在把马克思主义基本原理运用于当代中国与世界实际时，也在正本清源，厘清和深化对马克思主义政治经济学基本原理的理解；也在拓展视野，丰富并赋予马克思主义政治经济学基本原理以新的时代内涵。

三、 当代中国马克思主义政治经济学的话语特色和学术范式

恩格斯在评价马克思《资本论》的科学成就时曾指出："一门科学提出的每一种新见解都包含这门科学的术语的革命。"① 马克思十分看重《资本论》中"术语的革命"的科学价值。他曾认为，《资本论》第一卷中的三个"崭新的因素"②，就表现在剩余价值、劳动二重性、工资的"术语的革命"上。在马克思经济学中，有原始创新性的"术语的革命"，如劳动二重性、剩余价值、不变资本和可变资本等，还有更多的批判继承性的"术语的革命"，即对当时政治经济学流行的术语的扬弃，如交换价值、货币、资本等。对"术语的革命"在科学发展史上的意义，库恩在《科学革命的结构》中有过类似的说法。他认为，"科学革命就是科学家据以观察世界的概念网络的变更"，"接受新范式，常常需要重新定义相应的科学"③，"界定正当问题、概念和解释的标准一旦发生变化，整个学科都会随之变化"④。中国政治经济学的"系统化的经济学说"的发展，最显著的就在于"术语的革命"，在于中国话语的阐释。

"各个人借以进行生产的社会关系，即社会生产关系，是随着物质生产资料、生产力的变化和发展而变化和改变的。"⑤ 这是马克思提出的贯通于唯物史观和政治经济学的基本原理。改革开放之初，邓小平就提出"科学

① 马克思恩格斯文集：第 5 卷［M］. 北京：人民出版社，2009：32.

② 马克思恩格斯文集：第 10 卷［M］金吾伦，胡新和，译. 4 版. 北京：人民出版社，2009：275.

③ 库恩. 科学革命的结构［M］. 金吾伦，胡新和，译. 4 版. 北京：北京大学出版社，2012：88.

④ 库恩. 科学革命的结构［M］. 金吾伦，胡新和，译. 4 版. 北京：北京大学出版社，2012：91.

⑤ 马克思恩格斯文集：第 1 卷［M］. 北京：人民出版社，2009：724.

技术是生产力，这是马克思主义历来的观点"①，提出"社会主义的首要任务是发展生产力，逐步提高人民的物质和文化生活水平"②，后来又提出"应该把解放生产力和发展生产力两个讲全了"③ 的思想。"讲全"生产力，是对马克思主义政治经济学关于生产力和生产关系矛盾运动基本原理的科学把握和运用。在党的十六大，江泽民把"必须高度重视解放和发展生产力"，确立为中国共产党"执政兴国"的要义。在党的十八大，胡锦涛把"必须解放和发展社会生产力"，确立为夺取中国特色社会主义新胜利必须牢牢把握的"基本要求"。

党的十八大以后，习近平提到，"物质生产是社会历史发展的决定性因素"④，解放生产力是为了发展生产力，要在解放生产力中全面持续协调地发展生产力。他提出"解放和激发科技作为第一生产力所蕴藏的巨大潜能"⑤，对科学技术转化为现实生产力的当代意义作出新的论断。在推进生态文明建设中，他提出"牢固树立保护生态环境就是保护生产力、改善生态环境就是发展生产力的理念"⑥。"保护生产力"和"发展生产力"，成为谋划生态文明建设的理论基础和实践指向。在提出新常态经济中，他强调"努力提高创新驱动发展能力、提高产业竞争力、提高经济增长质量和效益，实现我国社会生产力水平总体跃升"⑦。"实现社会生产力水平总体跃升"，或如2015年12月中央经济工作会议之前重述的"推动社会生产力水平整体跃升"⑧，是对经济新常态辩证认识和全面谋划的新的概括。

从"讲全"生产力到"社会生产力水平总体跃升"，刻画了中国经济改

① 邓小平文选：第2卷［M］．北京：人民出版社，1994：87．
② 邓小平文选：第3卷［M］．北京：人民出版社，1993：116．
③ 邓小平文选：第3卷［M］．北京：人民出版社，1993：370．
④ 推动全党学习和掌握历史唯物主义　更好认识规律更加能动地推进工作［N］．人民日报，2013-12-05（1）．
⑤ 习近平．在中国科学院第十七次院士大会、中国工程院第十二次院士大会上的讲话［N］．人民日报，2014-06-10（2）．
⑥ 坚持节约资源和保护环境基本国策　努力走向社会主义生态文明新时代［N］．人民日报，2013-05-25（1）．
⑦ 就当前经济形势和下半年经济工作　中共中央召开党外人士座谈会［N］．人民日报，2014-07-30（1）．
⑧ 征求对经济工作的意见和建议　中共中央召开党外人士座谈会［N］．人民日报，2015-12-15（1）．

革实践发展的基本脉络，是对生产力范畴的"术语的革命"。在解放和发展生产力的"术语的革命"及其中国话语的阐释中，清楚了社会主义社会的主要矛盾是人民日益增长的物质文化需要同落后的社会生产之间的矛盾，提升了社会主义初级阶段经济特征的把握和基本纲领的认识；深化了对社会主义本质的新概括，确立了实现共同富裕这一社会主义的基本目标和根本价值取向；搞清了以经济建设为中心的党在社会主义初级阶段基本路线的理论，确立了以实现社会主义现代化为根本目标的经济发展战略及与其相适应的战略规划和战略步骤；厘清了社会主义初级阶段生产力布局和经济关系多样性现状的认识，形成了社会主义初级阶段所有制结构和分配体制基本格局的理论；提升了对经济增长和发展关系的认识视野，形成了经济发展方式的转型的基本思路；拓展了对外开放的认识视界，形成了经济全球化背景下国际经济关系认识的新观点；等等。

在中国政治经济学"系统化的经济学说"中，形成了诸如社会主义初级阶段、社会主义主要矛盾、经济体制改革、社会主义本质、"三个有利于"、家庭联产承包责任制、先富和共富、社会主义市场经济、国有经济、民营经济、小康社会、新常态、发展理念、对外开放等属于原始创新性的"术语的革命"，还有更多的属于批判继承性的"术语的革命"。这些自然成为中国政治经济学"系统化的经济学说"的"崭新的因素"，成为当代马克思主义政治经济学中国话语和学术范式的显著标识。

四、 当代中国马克思主义政治经济学对国外经济学说的对待方式

怎样科学地对待国外各种经济学说和经济思潮，是当代中国马克思主义政治经济学发展长久以来探索并坚持处理好、对待好的问题。对于与马克思主义政治经济学"异样""异质"的经济学理论和思潮，中国政治经济

学在发展中逐渐形成交流、交融和交锋等多种对待方式，既重于吸收和借鉴各种经济学理论的菁华之处，又善于摒弃和批判其糟粕之处。改革开放以来的中国政治经济学发展的实践证明，对于外国的各种经济学说，不应当妄自菲薄，将其视为"信条"而顶礼膜拜，也不应当妄自尊大，将其说得一无是处，拒绝加以研究和借鉴。这也是马克思政治经济学形成和发展中的基本方法和主要原则。

1857 年，马克思在《巴师夏和凯里》手稿中认为，李嘉图和西斯蒙第之后的政治经济学发展，除了作为"例外"的巴师夏和凯里"堕落的最新经济学"外，从理论上和方法上还可以析分出四种倾向：一是以约翰·穆勒的《政治经济学原理》为代表的"折衷主义的、混合主义的纲要"；二是以图克的《价格史》为代表的"对个别领域的较为深入的分析"，如在流通领域研究中的某些"新发现"；三是以论述自由贸易和保护关税政策的著作为代表，"为了更加广泛的公众和为了实际解决当前的问题而重复过去经济学上的争论"；四是"有倾向性地把古典学派发挥到极端"的著述，尽管这是一些"模仿者的著作，老调重弹"，"缺乏鲜明而有力的阐述"，但"形式较完善，占有的材料较广泛，叙述醒目，通俗易懂，内容概括，注重细节的研究"①。这四种理论倾向瑕瑜互见，难免词义芜鄙，反映了那一时代政治经济学理论和流派跌宕不定的发展态势。马克思主张，对具体的经济学家和经济思潮应该作出不同"著作和性格的比较研究"，应该作出不同国家的"政治经济学之间的民族对比的起源性叙述"②。

马克思主义政治经济学不仅在其形成过程中而且在其发展和完善过程中，从来不拒绝吸收和借鉴西方主流经济学及其他各种经济学和流派有意义和有价值的理论观点，也从来不抹杀其中存在的学术价值。在《资本论》第一卷对"剩余价值率的各种公式"的论述中，马克思在提到洛贝尔图斯

---

① 马克思恩格斯全集：第 30 卷［M］.2 版. 北京：人民出版社，1995：3 - 4.
② 马克思恩格斯全集：第 31 卷［M］.2 版. 北京：人民出版社，1998：445.

《给冯·基尔希曼的第三封信：驳李嘉图的地租学说，并论证新的租的理论》著作时提到："该著作提出的地租理论虽然是错误的，但他看出了资本主义生产的本质。"① 恩格斯后来特别提到："从这里可以看出，只要马克思在前人那里看到任何真正的进步和任何正确的新思想，他总是对他们作出善意的评价。"② 在分析约翰·穆勒《政治经济学原理》一书关于资本积累的观点时，马克思也提到："为了避免误解，我说明一下，像约·斯·穆勒这类人由于他们的陈旧的经济学教条和他们的现代倾向发生矛盾，固然应当受到谴责，但是，如果把他们和庸俗经济学的一帮辩护士混为一谈，也是很不公平的。"③

当代国外各种经济学和经济思潮，在研究和探索资本主义经济运行问题时，对其中诸如市场对资源配置作用、市场调节和市场机制作用、市场失灵和宏观经济不稳定、对微观经济和宏观经济的政府调节，以及微观经济和宏观经济政策实施等方面，阐明和积累了一些新的知识和学术观点；在对经济全球化背景下国际贸易、国际投资和国际金融等方面探索中，形成和提出了多方面的不乏实际意义的知识和积极的理论成果。就像马克思评价的那样，其中同样有"对个别领域的较为深入的研究""有些新发现的领域""材料更丰富"的成就，同样应该"看到任何真正的进步和任何正确的新思想"，并"对他们作出善意的评价"。这些基本方法和主要原则，也是当代中国马克思主义政治经济学发展的题中之意。

马克思主义政治经济学公开宣称，"经济学研究的不是物，而是人和人之间的关系，归根到底是阶级和阶级之间的关系"④，明言政治经济学中"涉及的人，只是经济范畴的人格化，是一定的阶级关系和利益的承担

---

① 马克思恩格斯文集：第5卷 [M]．北京：人民出版社，2009：608.

② 马克思恩格斯文集：第5卷 [M]．北京：人民出版社，2009：608.

③ 马克思恩格斯文集：第5卷 [M]．北京：人民出版社，2009：705.

④ 马克思恩格斯文集：第2卷 [M]．北京：人民出版社，2009：604.

者"①。马克思主义政治经济学的这一基本观点，其实也为国外其他许多经济学家所认可，英国经济学家琼·罗宾逊就认为，各经济学流派对其"进行观察的道德和政治观点，往往同所提出的问题甚至同所使用的方法那么不可分割地纠缠在一起"，如马歇尔新古典学派提出的"效用""均衡""生产要素""等待的报酬"等概念，体现的就是新古典学派"基本思想"的重要变化，它们"把重要论证集中在个人地位，它的判断标准是依据个人主义来确定的"，进而"把注意力转向交换，并把效用概念作为商品相对价格理论的基础。于是收入的阶级根源被丢弃到一边，而把市场相遇的各个个人作为经济分析的根据"②。在中国政治经济学发展中，对于国外各种经济学和经济思潮中反映其代表的社会经济关系和经济制度本质的理论观点，特别是对于像新自由主义这样的垄断资本主义意识形态的经济思潮，绝对不能"食洋不化"、照搬照抄，不能任其滋蔓，必须加以鉴别，明辨是非。

五、 当代中国马克思主义政治经济学在决胜全面建成小康社会进程中的升华

习近平在主持学习时强调："学习马克思主义政治经济学，是为了更好指导我国经济发展实践，既要坚持其基本原理和方法论，更要同我国经济发展实际相结合，不断形成新的理论成果。"③ 党的十八大以来，按照贯彻实施"四个全面"战略布局的要求，以实现全面建成小康社会为战略目标，在理解和把握当代中国经济关系的趋势性变化和阶段性特征、理解和把握当代国际经济关系变化的特点和趋向中，驾驭新常态经济，继续保持经济持续平稳发展，使中国政治经济学的"系统化的经济学说"得到新的发展。

---

① 马克思恩格斯文集：第5卷［M］．北京：人民出版社，2009：10.
② 罗宾逊，伊特韦尔．现代经济学导论［M］．北京：商务印书馆，1982：46.
③ 立足我国国情和我国发展实践　发展当代中国马克思主义政治经济学［N］．人民日报，2015 – 11 – 25 (1) .

"问题是时代的声音，人心是最大的政治。推进党和国家各项工作，必须坚持问题导向，倾听人民呼声。"① 坚持问题导向，聚焦突出问题和明显短板，倾听人民呼声，回应人民群众诉求和期盼，让人民群众有更多获得感，成了当代中国马克思主义政治经济学的根本立场。如习近平所概括的："要坚持以人民为中心的发展思想，这是马克思主义政治经济学的根本立场。要坚持把增进人民福祉、促进人的全面发展、朝着共同富裕方向稳步前进作为经济发展的出发点和落脚点，部署经济工作、制定经济政策、推动经济发展都要牢牢坚持这个根本立场。"②

创新、协调、绿色、开放、共享的新发展理念，不仅坚持问题导向，坚持以人民为中心的根本立场，而且在"问题倒逼"中形成牢牢坚持人民中心的发展战略和根本举措，形成协同发力的总体发展理念。新发展理念是对新中国成立以来特别是改革开放以来中国政治经济学的理论总结，是对"实现怎么样的发展、怎样发展"这一重大战略问题的新的回答，是近三年来全面建成小康社会进程中获得的感性认识的升华。习近平指出："要坚持新的发展理念，创新、协调、绿色、开放、共享的发展理念是对我们在推动经济发展中获得的感性认识的升华，是对我们推动经济发展实践的理论总结，要坚持用新的发展理念来引领和推动我国经济发展，不断破解经济发展难题，开创经济发展新局面。"③

当代中国马克思主义政治经济学坚持根本立场和发展理念，在建设和发展"有系统的经济学说"上作了多方面的拓展。

一是坚持和完善社会主义基本经济制度，毫不动摇巩固和发展公有制经济，毫不动摇鼓励、支持、引导非公有制经济发展，推动各种所有制取长补短、相互促进、共同发展，同时公有制主体地位不能动摇，国有经济

---

① 习近平. 在全国政协新年茶话会上的讲话 [N]. 人民日报, 2015-01-01 (2).
② 习近平. 在全国政协新年茶话会上的讲话 [N]. 人民日报, 2015-01-01 (2).
③ 习近平. 在全国政协新年茶话会上的讲话 [N]. 人民日报, 2015-01-01 (2).

主导作用不能动摇。这是保证我国各族人民共享发展成果的制度性保证，也是巩固党的执政地位、坚持我国社会主义制度的重要保证。

二是坚持和完善社会主义基本分配制度，努力推动居民收入增长和经济增长同步、劳动报酬提高和劳动生产率提高同步，不断健全体制机制和具体政策，调整国民收入分配格局，持续增加城乡居民收入，不断缩小收入差距。要使发展成果更多更公平惠及全体人民，使我们的社会朝着共同富裕的方向稳步前进。

三是发展社会主义市场经济、使市场在资源配置中起决定性作用和更好发挥政府作用，要坚持社会主义市场经济改革方向，坚持辩证法、两点论，继续在社会主义基本制度与市场经济的结合上下功夫，"看不见的手"和"看得见的手"都要用好，把两方面优势都发挥好。

四是关于我国经济发展进入新常态的理论。认识新常态，适应新常态，引领新常态，是当前和今后一个时期我国经济发展的大逻辑，对于推动经济持续健康发展，具有重大而深远的意义。在新常态下，我国发展的环境、条件、任务、要求等都发生了新的变化。新常态也创造了新的战略机遇，提供了新飞跃的要素、条件、方法和环境。积极推进各个领域的改革，切实完成转方式、调结构的历史任务，实现经济增长保持中高速、产业迈向中高端。

五是关于推动新型工业化、信息化、城镇化、农业现代化相互协调的理论。坚持走中国特色新型"四化"道路，坚持信息化和工业化深入融合、工业化和城镇化良性互动、城镇化和农业现代化相互协调、"四化"同步发展的方向。推进城乡发展一体化，是工业化、城镇化、农业现代化发展到一定阶段的必然要求，是国家现代化的重要标志。实现全面建成小康社会的目标，我国工业化基本实现，信息化水平大幅提升，城镇化质量明显提高，农业现代化和社会主义新农村建设成效显著。

六是要坚持对外开放基本国策，善于统筹国内国际两个大局，利用好国际国内两个市场、两种资源，实行更加积极主动的开放战略，发展更高层次的开放型经济，以开放的最大优势谋求中国经济社会的更大发展空间。构建更有活力的开放型经济体系，积极参与全球经济治理，同时坚决维护我国发展利益，积极防范各种风险，提高抵御国际经济风险的能力，确保国家经济安全。

习近平认为："马克思主义政治经济学是马克思主义的重要组成部分，也是我们坚持和发展马克思主义的必修课。"① 决胜全面建成小康社会的经济发展进程波澜壮阔，蕴藏着中国"系统化的经济学说"创新的难得的历史机遇，要在新的实践中揭示新的特点，讲出"老祖宗"没有讲过的"新话"，开拓当代中国马克思主义政治经济学的新境界，为马克思主义政治经济学的创新发展贡献"中国智慧"。

（原载于《经济研究》2016 年第 1 期）

---

① 立足我国国情和我国发展实践　发展当代中国马克思主义政治经济学［N］. 人民日报，2015 – 11 – 25 (1) .

马克思经济学"术语的革命"与
中国特色"系统化的经济学说"

马克思逝世后第三年的 1886 年，在为《资本论》第一卷英译本写的序言中，恩格斯从经济思想史和经济学理论体系的角度，对马克思经济学"术语的革命"作了阐释。"一门科学提出的每一种新见解都包含这门科学的术语的革命。化学是最好的例证，它的全部术语大约每 20 年就彻底变换一次，几乎很难找到一种有机化合物不是先后拥有一系列不同的名称的。政治经济学通常满足于照搬工商业生活上的术语并运用这些术语，完全看不到这样做会使自己局限于这些术语所表达的观念的狭小范围。例如，古典政治经济学虽然完全知道，利润和地租都不过是工人必须向自己雇主提供的产品中无酬部分（雇主是这部分产品的第一个占有者，但不是它的最后的唯一的所有者）的一部分、一份，但即使这样，它也从来没有超出通常关于利润和地租的概念，从来没有把产品中这个无酬部分（马克思称它为剩余产品），就其总和即当作一个整体来研究过，因此，也从来没有对它的起源和性质，对制约着它的价值的以后分配的那些规律有一个清楚的理解。同样，一切产业，除了农业和手工业以外，都一概被包括在制造业（manufacture）这个术语中，这样，经济史上两个重大的、本质不同的时期即以手工分工为基础的真正工场手工业时期和以使用机器为基础的现代工业时期的区别，就被抹杀了。不言而喻，把现代资本主义生产只看作是人类经济史上一个暂时阶段的理论所使用的术语，和把这种生产形式看作是永恒的、最终的阶段的那些作者所惯用的术语，必然是不同的。"①

恩格斯的阐释对当代中国特色"系统化的经济学说"② 建设及发展有着重要启示，"术语的革命"应该成为中国特色社会主义政治经济学学术话语体系建设的重要内涵。

一、《资本论》"崭新的因素" 与马克思经济学 "术语的革命"

1868 年 1 月，《资本论》第一卷德文第一版问世不久，马克思在给恩格斯的信中就提到，剩余价值、劳动二重性和工资这三个范畴，是《资本论》三个"崭新的因素"③。这三者是恩格斯在《资本论》第一卷英文版序言中称谓的马克思经济学"术语的革命"之标志性范畴，成为理解马克思经济学学术话语体系的要旨。

首先，作为"崭新的因素"，这些范畴是马克思实现经济学科学革命的根本所在。剩余价值理论是马克思毕生科学研究的两大发现之一。马克思自 1843 年开始研究经济学，直到撰写《1857—1858 年经济学手稿》，历经 15 年的科学探索，才在"术语的革命"意义上确立了"剩余价值"范畴④。剩余价值的术语革命，使马克思有了足够的理论自信，"我已经推翻了迄今存在的全部利润学说"⑤；也使他后来能从经济思想史的回溯中断言："所有经济学家都犯了一个错误：他们不是纯粹地就剩余价值本身，而是在利润和地租这些特殊形式上来考察剩余价值。"⑥ 恩格斯认为，剩余价值范畴的

① 马克思恩格斯文集：第 5 卷 [M]. 北京：人民出版社，2009：32 – 33.
② 立足我国国情和我国发展实践 发展当代中国马克思主义政治经济学 [N]. 人民日报，2015 – 11 – 25 (1).
③ 马克思恩格斯文集：第 10 卷 [M]. 北京：人民出版社，2009：275.
④ 马克思恩格斯全集：第 30 卷 [M]. 2 版. 北京：人民出版社，1995：286.
⑤ 马克思恩格斯文集：第 10 卷 [M]. 北京：人民出版社，2009：143.
⑥ 马克思恩格斯全集：第 33 卷 [M]. 2 版. 北京：人民出版社，2004：7.

提出，使马克思在前人认为已经有答案的地方，发现了问题所在，这"必定要使全部经济学发生革命，并且把理解全部资本主义生产的钥匙交给那个知道怎样使用它的人"①。这就是剩余价值范畴在马克思实现的术语革命中，理论力量和学术魅力之所在。

其次，作为"崭新的因素"，这些范畴是统摄马克思经济学体系的"枢纽"或主线。在《资本论》第一卷德文第一版中，马克思指出："进一步考察表明，商品中包含的劳动也具有二重性。这一点首先是由我批判地阐明了的，这是理解政治经济学的枢纽。"② 在 1873 年出版的《资本论》第一卷德文第二版中，为了对劳动二重性的"枢纽"作用"较详细地加以说明"，马克思补充了以《体现在商品中的劳动的二重性》为标题的专门论述③。作为政治经济学的"枢纽"，劳动二重性对于商品二因素、劳动力商品理论、剩余价值生产形式及其本质等问题的理解，都有着极其重要的意义。正是劳动二重性范畴所具有的"枢纽"作用，才使剩余价值成为贯穿于《资本论》理论逻辑的中心范畴，一把理解马克思经济学话语体系的"钥匙"。

再次，作为"崭新的因素"，这些范畴是马克思经济学区别于其他经济学流派的根本标识。工资范畴是当时经济学流行的用语，但马克思在批判借鉴这一范畴中，赋予其全新的内涵。马克思认为，那种把工资看作是"劳动的价值和价格"的观点，是"直接地、自发地、作为流行的思维形式再现出来的"④，其结果必然"陷入了无法解决的混乱和矛盾中，同时为庸俗经济学的在原则上只忠于假象的浅薄性提供了牢固的活动基础"⑤。马克思在"术语的革命"中提出，揭示工资是劳动力价值或价格的转化形式，

---

① 马克思恩格斯文集：第 6 卷 [M]. 北京：人民出版社，2009：21.
② 资本论：根据第一卷德文第一版翻译 [M]. 北京：经济科学出版社，1987：15.
③ 马克思恩格斯文集：第 5 卷 [M]. 北京：人民出版社，2009：54 - 55.
④ 马克思恩格斯文集：第 5 卷 [M]. 北京：人民出版社，2009：621.
⑤ 马克思恩格斯文集：第 5 卷 [M]. 北京：人民出版社，2009：617.

这需要"站在工人的立场上"①，才能科学地加以阐释，古典政治经济学只要"附着在资产阶级的皮上，它就不可能做到这一点"②。马克思第一次揭示了当时经济学流行的工资范畴背后隐藏的经济关系的本质。

二、马克思经济学 "术语的革命" 基本特征和主要形式

"一门科学提出的每一种新见解都包含这门科学的术语的革命"③，这是恩格斯对马克思经济学所作的"科学史"意义上的评价。关于术语革命在科学发展史上的意义，托马斯·库恩有过类似的说法。"科学革命就是科学家据以观察世界的概念网络的变更"，"接受新范式，常常需要重新定义相应的科学"④，"界定正当问题、概念和解释的标准一旦发生变化，整个学科都会随之变化"⑤。即"某些科学术语发生意义变革的事件"⑥。

上述恩格斯的阐释强调了两个方面。一是关于术语革命的整体方法论。恩格斯认为，当时流行的"普通政治经济学"，"完全看不到这样做会使自己局限于这些术语所表达的观念的狭小范围"，它们从来没有"就其总和即当作一个整体来研究过"⑦。马克思经济学的术语革命，是运用唯物史观整体方法论解析资本主义经济关系的结果。二是关于术语革命的社会历史观。恩格斯认为，在经济学术语的使用中，"把现代资本主义生产只看作是人类经济史上一个暂时阶段的理论所使用的术语，和把这种生产形式看作是永恒的、最终的阶段的那些作者所惯用的术语，必然是不同的"⑧。当时流行

① 马克思恩格斯文集：第5卷 [M]．北京：人民出版社，2009：620.
② 马克思恩格斯文集：第5卷 [M]．北京：人民出版社，2009：622.
③ 马克思恩格斯文集：第5卷 [M]．北京：人民出版社，2009：32.
④ 库恩．科学革命的结构 [M]．金吾伦，胡新和，译．4版．北京：北京大学出版社，2012：88.
⑤ 库恩．科学革命的结构 [M]．金吾伦，胡新和，译．4版．北京：北京大学出版社，2012：91.
⑥ 库恩．必要的张力 [M]．纪树立，等译．福州：福建人民出版社，1981：XIV.
⑦ 马克思恩格斯文集：第5卷 [M]．北京：人民出版社，2009：33.
⑧ 马克思恩格斯文集：第5卷 [M]．北京：人民出版社，2009：33.

的各种经济学，抹杀经济史不同发展时期的本质区别，往往用渔夫、猎人如漂流荒岛的鲁滨逊，当作它们研究的出发点，把经济学范畴变成没有历史和社会规定性的空洞"信条"。

恩格斯对马克思经济学术语革命的整体方法论和社会历史观的阐述，在唯物史观的基础上，准确地把握了马克思经济学"术语的革命"之精髓。以整体方法论和社会历史观为基本遵循，在马克思经济学学术话语体系中，既有原始创新性的术语革命，如劳动二重性、剩余价值，以及不变资本和可变资本、生产价格等，也有更多的批判借鉴性的术语革命，即对当时各种经济学流行术语的扬弃，如交换价值、货币、资本、工资等。马克思经济学"术语的革命"是这两种主要形式的统一。

马克思在对资本主义生产过程的阐释中，形成了不变资本和可变资本的原始创新性范畴；在对资本主义流通过程的阐释中，提出了固定资本和流动资本的批判借鉴性范畴；从经济思想史上，对这两种资本构成范畴及其经济学意义作了详尽考察。他高度评价重农学派特别是魁奈，把"固定资本和流动资本的区别表现为'原预付'和'年预付'"①的观点；指出亚当·斯密在这一问题上的"唯一进步"，就是把"范畴普遍化"，在其他方面"是远远落在魁奈后面的"②。斯密的失误在于，把"生产资本和处于流通领域的资本（商品资本和货币资本），同固定资本和流动资本根本混同起来"③。对于斯密这一"完全错误的解释"，马克思指出，"由于可变资本和不变资本流动部分在周转中具有同一形式，它们在价值增殖过程和剩余价值形成上的本质区别就被掩盖起来，因而资本主义生产的全部秘密就更加隐蔽了。在流动资本这个共同的名称下，这个本质区别被抹杀了"④。

由此可见，在马克思经济学"术语的革命"中，原始创新性经济范畴

① 马克思恩格斯文集：第6卷［M］．北京：人民出版社，2009：211.
② 马克思恩格斯文集：第6卷［M］．北京：人民出版社，2009：212.
③ 马克思恩格斯文集：第6卷［M］．北京：人民出版社，2009：215.
④ 马克思恩格斯文集：第6卷［M］．北京：人民出版社，2009：223.

注重其与流行的相似范畴之间的"本质区别";批判借鉴性范畴注重从经济思想史上严格评价原来范畴的演化过程,辩证地甄别原有范畴的合理因素和谬误成分,以赋予其在马克思经济学学术话语体系中新的内涵。

三、"术语的革命": 中国特色社会主义政治经济学的形成

马克思经济学"术语的革命"成就以及恩格斯对"术语的革命"意义的阐释,对中国特色社会主义政治经济学的形成和发展有着重要的启示。在渐次成熟的中国特色"系统化的经济学说"中,术语革命同样占有显著的学术地位。其间形成了诸如社会主义初级阶段及其基本路线、社会主义主要矛盾、经济体制、社会主义本质、"三个有利于"、家庭承包经营为基础的统分结合双层经营体制、社会主义市场经济、国有经济、民营经济、小康社会、共同富裕、经济新常态、新发展理念、对外开放等原始创新性"术语的革命"。它们自然成为中国特色"系统化的经济学说"之"崭新的因素",是中国特色社会主义政治经济学学术话语体系的重要标识。

在中国特色"系统化的经济学说"中,也有更多的批判借鉴性"术语的革命",其大多取自当代流行的各种经济学。对于与马克思主义政治经济学"异样""异质"的各种经济学理论和思潮,中国特色社会主义政治经济学逐渐形成交流、交融和交锋等多种对待方式,既重于吸收和借鉴这些理论或思潮中的菁华,又善于批判和摒弃其中的糟粕。中国特色社会主义政治经济学,在对马克思经济学整体方法论和社会历史观的基本遵循中,特别注重批判借鉴与市场对资源配置作用、市场调节和市场机制作用、市场失灵和宏观经济不稳定、对宏观经济和微观经济的政府调节、规制和政策实施,以及经济全球化背景下国际贸易、国际投资和国际金融等方面相联系的范畴和术语,赋予其适合于自己的新内涵。

高度重视原始创新性"术语的革命",是中国特色社会主义政治经济学

发展的基础工程和重要标识。1984 年，党的十二届三中全会通过的《中共中央关于经济体制改革的决定》明确提出，社会主义经济"是在公有制基础上的有计划的商品经济"①，这是中国特色社会主义政治经济学原始创新性术语革命。邓小平给予高度评价，认为这给人以"写出了一个政治经济学的初稿"的印象，是"马克思主义基本原理和中国社会主义实践相结合的政治经济学"②。这一方法和立场，最为透彻地表达了对马克思经济学整体方法论和社会历史观的遵循和运用。

循着中国经济体制改革的实践进程，中国特色社会主义政治经济学"初稿"的深化接续不断。其中最重要的是，党的十四大正式提出"社会主义市场经济"这一原始创新性范畴。"社会主义市场经济体制是同社会主义基本制度结合在一起的"③。这一本源性界定，是"马克思主义基本原理和中国社会主义实践相结合的政治经济学"的赓续，是基于马克思经济学整体方法论和社会历史观的术语革命。

社会主义市场经济理论的术语革命，贯穿于中国经济体制改革的整个历程，成为中国特色社会主义政治经济学的主题范畴。党的十四届三中全会通过的《中共中央关于建立社会主义市场经济体制若干问题的决定》，提出了社会主义市场经济体制的基本框架，丰富和完善了社会主义市场经济范畴的内涵，也伸展和衍生出一系列批判借鉴性范畴，使中国特色社会主义政治经济学的术语革命具有更为广泛和深远的理论与实践意义。从党的十五大到十六大，市场经济同社会主义初级阶段基本经济制度结合的发展路径得到坚持，并形成了有利于转变经济发展方式、有利于促进全面协调可持续发展、有利于全面提高开放水平的体制机制。党的十七大以后，市场在资源配置中的基础性作用得到更大范围的发挥，形成了有利于科学发

---

① 中共中央文献研究室. 改革开放三十年重要文献选编：上 [M]. 北京：中央文献出版社，2008：350.
② 邓小平文选：第 3 卷 [M]. 北京：人民出版社，1993：83.
③ 中共中央文献研究室. 改革开放三十年重要文献选编：上 [M]. 北京：中央文献出版社，2008：660.

展的宏观调控体系，完善了社会主义市场经济体制。

党的十八大以"加快完善社会主义市场经济体制和加快转变经济发展方式"为主题，对社会主义市场经济体制的改革和发展提出了新的理论构想和实践要求。党的十八届三中全会以来，对社会主义市场经济的认识，深化了社会主义市场经济是基本经济制度和经济体制"结合起来"的内在规定，拓展了市场在资源配置中起决定性作用和更好发挥政府作用"两点论"的内在规定，丰富了社会主义市场经济术语革命中整体方法论和社会历史观的内在规定性。

四、"术语的革命"：中国特色社会主义政治经济学体系主线的探索

在对马克思经济学整体方法论的理解中，列宁这样概括："只有把社会关系归结于生产关系，把生产关系归结于生产力的水平，才能有可靠的根据把社会形态的发展看作自然历史过程。"[①] 中国特色社会主义政治经济学术语革命的重要特征，就是把握"生产力水平"这一"可靠的根据"，以生产力的术语革命为基点，形成中国特色社会主义政治经济学体系的主线和内在逻辑。

1978 年初邓小平就提出："科学技术是生产力，这是马克思主义历来的观点。早在一百多年以前，马克思就说过：机器生产的发展要求自觉地应用自然科学。并且指出：'生产力中也包括科学'。"[②] 在中国改革开放新时期到来之际，马克思在《1857—1858 年经济学手稿》中就已提出而被长期湮没的这一观点，成为中国特色社会主义政治经济学术语革命的切入点，生产力范畴也自然成为中国特色社会主义政治经济学的始基范畴。

---

① 列宁专题文集：论辩证唯物主义和历史唯物主义 [M]．北京：人民出版社，2009：161.
② 邓小平文选：第 2 卷 [M]．北京：人民出版社，1994：87.

　　由"科学技术是生产力",到"社会主义的首要任务是发展生产力,逐步提高人民的物质和文化生活水平"①,再到提出"应该把解放生产力和发展生产力两个讲全"②的思想,成为改革开放新时期生产力范畴术语革命的基本进程。"讲全"生产力,是对马克思主义政治经济学关于生产力和生产关系矛盾运动基本原理的科学把握和运用。进入21世纪,党的十六大把"必须高度重视解放和发展生产力",确立为中国共产党执政兴国的"第一要务"③;党的十八大把"必须坚持解放和发展社会生产力",确立为夺取中国特色社会主义新胜利必须牢牢把握的"基本要求"④。

　　"应该把解放生产力和发展生产力两个讲全"的思想,作为生产力范畴的术语革命,不仅记忆了中国经济改革实践发展的基本过程,而且还刻画了中国特色社会主义政治经济学演进的脉络。在解放和发展生产力的术语革命及其中国学术话语的阐释中,清楚了社会主义社会的主要矛盾是人民日益增长的物质文化需要同落后的社会生产之间的矛盾,提升了对社会主义初级阶段经济特征的把握以及经济体制改革必然性的认识;深化了对社会主义本质的新概括,确立了消灭剥削、消除两极分化,逐步实现共同富裕这一社会主义的基本目标和价值取向;搞清了以经济建设为中心的党在社会主义初级阶段基本路线的理论,确立了以实现社会主义现代化为根本目标的经济发展战略及其相应的战略规划和战略步骤;厘清了对社会主义初级阶段生产力布局和经济关系多样性现状的认识,形成了社会主义初级阶段所有制结构和分配体制基本格局的理论;提升了对经济增长和发展关系的认识视野,形成了经济发展方式转型的基本思路;拓展了对外开放的认识视界,提出了经济全球化背景下对国际经济关系认识的新观点;等等。中国特色社会主义政治经济学的主线和内在逻辑由此得以呈现。

① 邓小平文选:第3卷 [M].北京:人民出版社,1993:116.
② 邓小平文选:第3卷 [M].北京:人民出版社,1993:370.
③ 中共中央文献研究室.改革开放三十年重要文献选编:下 [M].北京:中央文献出版社,2008:1246.
④ 中共中央文献研究室.改革开放三十年重要文献选编:上 [M].北京:中央文献出版社,2014:11.

党的十八大以来，生产力范畴"术语的革命"，仍然是写就中国特色社会主义政治经济学新篇章的重要标识。以"科学技术是生产力"为基础，习近平提出"最大限度解放和激发科技作为第一生产力所蕴藏的巨大潜能"① 的思想，对科学技术转化为现实生产力的当代意义作出了新的阐述。在解放生产力是为了发展生产力，在全面持续协调地发展生产力的基础上，习近平提出推进生态文明建设，"牢固树立保护生态环境就是保护生产力、改善生态环境就是发展生产力的理念"②。"保护生产力"和解放、发展生产力，成为经济建设和生态文明建设协调发展的理论基础和实践指向。在对经济新常态的辩证认识和全面谋划中，习近平提出"实现我国社会生产力水平总体跃升"③ "推动社会生产力水平整体跃升"④ 的论断，集中体现了新发展理念的政治经济学精髓。在对供给侧结构性改革理论与实践的阐释中，习近平提出"坚持解放和发展社会生产力"是中国特色社会主义政治经济学"重大原则"⑤ 的思想，更是升华了生产力范畴术语革命在其学术话语体系中所具意义的理解。

五、"术语的革命"：新发展理念的新境界

以中国经济发展的社会性质和历史性质的变化为根据，创新、协调、绿色、开放、共享的新发展理念，是对中国社会主义经济建设关于发展实践的理论和学说的提炼和总结，开辟了术语革命对中国特色"系统化的经济学说"意蕴提升的新境界。

新发展理念是从"学术的革命"意义上，对"实现什么样的发展、怎

① 中共中央文献研究室. 十八大以来重要文献选编：中［M］. 北京：中央文献出版社，2016：21.
② 坚持节约资源和保护环境基本国策 努力走向社会主义生态文明新时代［N］. 人民日报，2013 - 05 - 25（1）.
③ 就当前经济形势和下半年经济工作 中共中央召开党外人士座谈会［N］. 人民日报 2014 - 07 - 30（1）.
④ 征求对经济工作的意见和建议 中共中央召开党外人士座谈会［N］. 人民日报，2015 - 12 - 15（1）.
⑤ 中央经济工作会议在北京举行［N］. 人民日报，2015 - 12 - 22（1）.

样发展"问题作出的新阐释。改革开放伊始，邓小平就以"中国解决所有问题的关键是要靠自己的发展"①"发展才是硬道理"② 这样朴实的话语和坚定的信心，阐明了中国怎样才能体现社会主义本质和发挥社会主义经济制度优越性的重大问题。邓小平理论中的发展理念及其改革中的实践，确立了中国特色社会主义政治经济学的主导方向。

在把中国特色社会主义经济建设推向 21 世纪的进程中，江泽民继承和坚持邓小平"发展才是硬道理"的战略思想。"三个代表"重要思想突出了"发展是党执政兴国的第一要务"的重要论断，把"实现什么样的发展、怎样发展"的问题，看作是社会主义现代化建设的根本所在。进入 21 世纪，这一理念在科学发展观中得到多方面的丰富。胡锦涛在党的十八大指出，"以经济建设为中心是兴国之要，发展仍是解决我国所有问题的关键"，"决不能有丝毫动摇"③。他还明确提出，"以人为本"是科学发展观的本质和核心，体现了马克思主义关于人民群众创造历史的基本原理和人的全面发展的根本价值追求。

党的十八大以来，以习近平同志为核心的党中央，以全面建成小康社会为奋斗目标，以实现中华民族伟大复兴的中国梦为历史使命，对中国特色社会主义的发展问题作出了多方面的新阐释。习近平提出："我们要坚持发展是硬道理的战略思想，坚持以经济建设为中心，全面推进社会主义经济建设、政治建设、文化建设、社会建设、生态文明建设，深化改革开放，推动科学发展，不断夯实实现中国梦的物质文化基础。"④"发展理念是发展行动的先导，是管全局、管根本、管方向、管长远的东西，是发展思路、发展方向、发展着力点的集中体现。"⑤ 面对中国经济社会发展的新趋势、

① 邓小平文选：第 3 卷 [M]．北京：人民出版社，1993：265.
② 邓小平文选：第 3 卷 [M]．北京：人民出版社，1993：377.
③ 中共中央文献研究室．十八大以来重要文献选编：上 [M]．北京：中央文献出版社，2014：15.
④ 中共中央文献研究室．十八大以来重要文献选编：上 [M]．北京：中央文献出版社，2014：236.
⑤ 中共中央文献研究室．十八大以来重要文献选编：中 [M]．北京：中央文献出版社，2014：774.

新机遇和新矛盾、新挑战，新发展理念已成为"'十三五'乃至更长时期我国发展思路、发展方向、发展着力点的集中体现，也是改革开放三十多年来我国发展经验的集中体现，反映出我们党对我国发展规律的新认识"①。在新发展理念中，创新是引领发展的第一动力，协调是持续健康发展的内在要求，绿色是永续发展的必要条件，开放是国家繁荣发展的必由之路，共享是中国特色社会主义的本质要求。五大发展理念构成全面建成小康社会的决战纲领和决胜攻略的核心内容与主导方向，是对"实现什么样的发展、怎样发展"问题作出的术语革命意义上的提炼和升华，成为中国特色社会主义政治经济学的主导理念和发展方向。

（原载于《中国社会科学》2016 年第 11 期）

---

① 中共中央文献研究室．十八大以来重要文献选编：中［M］．北京：中央文献出版社，2014：774－775.

新发展理念的马克思主义政治经济学探讨

党的十八届五中全会通过的《中共中央关于制定国民经济和社会发展第十三个五年规划的建议》是今后五年经济社会发展的行动指南,是决战决胜全面建成小康社会的纲领性文件。这一纲领性文件提出的创新、协调、绿色、开放、共享的新发展理念,成为制定国民经济和社会发展"十三五"规划的指导思想和中心线索,也是马克思主义政治经济学基本原理与中国经济社会发展实际结合的新成果。2015 年 11 月,习近平在主持中共中央政治局第二十八次集体学习时指出,"党的十一届三中全会以来,我们党把马克思主义政治经济学基本原理同改革开放新的实践结合起来,不断丰富和发展马克思主义政治经济学,形成了当代中国马克思主义政治经济学的许多重要理论成果"①,关于树立和落实创新、协调、绿色、开放、共享的新发展理念就是这些重要理论成果之一。

一、"实现什么样的发展、怎样发展"问题的赓续和升华

"实现什么样的发展、怎样发展"是贯穿中国特色社会主义道路探索全过程的重大课题,是当代中国马克思主义政治经济学的根本论题。创新、协调、绿色、开放、共享的新发展理念,正是在对"实现什么样的发展、

---

① 立足我国国情和我国发展实践 发展当代中国马克思主义政治经济学 [N]. 人民日报, 2015 – 11 – 25 (1).

怎样发展"问题新的回答中，凸显其马克思主义政治经济学的意蕴。

在邓小平理论中，"中国解决所有问题的关键是要靠自己的发展"①"发展才是硬道理"②，这样一些朴实的话语和坚定的信心从思想理念和政治意识上阐明了中国为什么需要发展、怎样持续稳定发展的深刻内涵。邓小平强调："要善于把握时机来解决我们的发展问题"③，"现在世界发生大转折，就是个机遇"④。邓小平明确指出，改革开放是决定中国命运的一招，改革开放才能解放和发展生产力，才能满足人民群众日益增长的物质文化需要。他提出我国经济建设分"三步走"的发展战略和战略步骤，提出要以农业、交通能源、教育科学为发展的重点，以重点带动全局的思想；提出"台阶式"的发展理念，认为"在今后的现代化建设长过程中，出现若干个发展速度比较快、效益比较好的阶段，是必要的，也是能够办到的"⑤；他还提出让一部分人、一部分地区先富起来，大原则是共同富裕的思想，由此形成"两个大局"的统筹协调发展思想，认为"沿海地区要加快对外开放，使这个拥有 2 亿人口的广大地带较快地先发展起来，从而带动内地更好地发展，这是一个事关大局的问题。内地要顾全这个大局。反过来，发展到一定的时候，又要求沿海拿出更多力量来帮助内地发展，这也是个大局。那时沿海也要服从这个大局"⑥。他还创造性地提出物质文明和精神方面"两手抓""两手都要硬"的全面发展思想，提出"不加强精神文明的建设，物质文明的建设也要受破坏，走弯路"⑦，强调"经济建设这一手我们搞得相当有成绩，形势喜人，这是我们国家的成功。但风气如果坏下去，经济搞

① 邓小平文选：第 3 卷［M］．北京：人民出版社，1993：265.
② 邓小平文选：第 3 卷［M］．北京：人民出版社，1993：377.
③ 邓小平文选：第 3 卷［M］．北京：人民出版社，1993：365.
④ 邓小平文选：第 3 卷［M］．北京：人民出版社，1993：369.
⑤ 邓小平文选：第 3 卷［M］．北京：人民出版社，1993：377.
⑥ 邓小平文选：第 3 卷［M］．北京：人民出版社，1993：277－278.
⑦ 邓小平文选：第 3 卷［M］．北京：人民出版社，1993：144.

成功又有什么意义?"① 邓小平理论中的发展理念及其在中国经济改革中的实践，奠定了当代中国马克思主义政治经济学的坚实基础。

在把中国特色社会主义经济建设推向 21 世纪的进程中，"三个代表"重要思想突出了"发展是党执政兴国的第一要务"的重要论断，把"实现什么样的发展、怎样发展"的问题，看作是社会主义现代化建设的根本所在，把发展问题同党的性质、党的执政基础紧密联系起来。江泽民继承和坚持邓小平的发展思想，强调"发展是硬道理，这是我们必须始终坚持的一个战略思想"②，指出，无论国际国内形势如何变化，无论遇到什么样的困难，只要正确坚持和贯彻发展思想，我们就能够从容应对挑战，克服困难，不断前进，"中国解决所有问题的关键在于依靠自己的发展"③。社会主义经济制度的优越性集中体现于牢牢把握发展这个主题，"只有经济大大发展了，全国的经济实力和综合国力大大增强了，人民生活才能不断改善，国家才能长治久安，我们的腰杆子才能更硬，我们在国际上说话才能更有分量，我们的朋友才能更多"④。他还提出："创新是一个民族进步的灵魂，是国家兴旺发达的不竭动力。如果自主创新能力上不去，一味靠技术引进，就永远难以摆脱技术落后的局面。一个没有创新能力的民族，难以屹立于世界先进民族之林。"⑤ 在走以信息化带动工业化的新型工业化道路中，必须高度重视科技创新，"没有创新，就没有发展，没有生命力"⑥。他还强调，"要使科技进步和创新始终成为建设有中国特色社会主义事业的强大动力，成为中华民族屹立于世界先进民族之林的坚实基础"⑦。为了解决我国发展中的不平衡问题，他还提出实施可持续发展战略，阐述了正确处理经

---

① 邓小平文选：第 3 卷 [M]. 北京：人民出版社，1993：154.
② 江泽民文选：第 3 卷 [M]. 北京：人民出版社，2006：118.
③ 江泽民文选：第 2 卷 [M]. 北京：人民出版社，2006：16.
④ 江泽民文选：第 1 卷 [M]. 北京：人民出版社，2006：307.
⑤ 江泽民文选：第 1 卷 [M]. 北京：人民出版社，2006：432.
⑥ 江泽民文选：第 2 卷 [M]. 北京：人民出版社，2006：439.
⑦ 江泽民文选：第 3 卷 [M]. 北京：人民出版社，2006：262.

济发展同人口、资源、环境的关系问题的重要意义，提出西部大开发战略、对"三农"问题的高度重视等协调发展理念，而关于正确处理改革、发展、稳定相互关系的论述则是协调发展理念的集中体现。

进入新世纪，"发展才是硬道理"的理念在科学发展观中得到多方面的丰富。胡锦涛明确提出"以人为本"是科学发展观的本质和核心，体现了马克思主义关于人民群众创造历史的基本原理和人的全面发展的根本价值追求。科学发展观以"全面""协调""可持续"为发展的主题思想，特别是在"协调"发展问题上，提出了"五个统筹"的思想，强调统筹城乡发展，着力于破解"三农"难题，逐步改变城乡二元结构；统筹区域发展，着力于缩小地区差距，形成促进区域经济协调发展的机制；统筹经济社会发展，着力于解决经济和社会发展不协调、社会建设相对滞后的问题，实现经济社会协调发展和人的全面进步；统筹人与自然的和谐发展，着力于克服人口资源环境制约发展的突出矛盾，切实优化产业结构、转变经济增长方式，努力坚持可持续发展战略；统筹国内发展和对外开放的要求，着力于全面提高对外开放水平，充分发挥国内外两个市场、两种资源的作用，在全球范围内实现优势互补，进一步拓宽发展空间，维护国家经济安全。胡锦涛在党的十八大上概述新世纪以来发展理念时认为："以经济建设为中心是兴国之要，发展仍是解决我国所有问题的关键。只有推动经济持续健康发展，才能筑牢国家繁荣富强、人民幸福安康、社会和谐稳定的物质基础。必须坚持发展是硬道理的战略思想，决不能有丝毫动摇。"[1] 在阐释发展理念的政治经济学意义时，他特别注重创新的意义，提出"要坚持走中国特色自主创新道路，以全球视野谋划和推动创新，提高原始创新、集成创新和引进消化吸收再创新能力，更加注重协同创新"[2]。

党的十八大以来，以习近平同志为核心的党中央以全面建成小康社

---

[1] 中共中央文献研究室．十八大以来重要文献选编：上 [M]．北京：中央文献出版社，2004：15．

[2] 中共中央文献研究室．十八大以来重要文献选编：上 [M]．北京：中央文献出版社，2004：17．

为奋斗目标，以实现中华民族伟大复兴的中国梦为历史使命，对中国特色社会主义的发展问题作出了多方面的新阐释。习近平提出，实现中国梦要坚持中国道路、弘扬中国精神和凝聚中国力量，中国梦归根到底是人民的梦，必须坚持以人为本，坚持依靠人民，为人民造福，"我们要坚持发展是硬道理的战略思想，坚持以经济建设为中心，全面推进社会主义经济建设、政治建设、文化建设、社会建设、生态文明建设，深化改革开放，推动科学发展，不断夯实实现中国梦的物质文化基础"[①]。在这一过程中概括和凝练地以创新、协调、绿色、开放、共享为核心内容的新发展理念，赋予"实现什么样的发展、怎样发展"问题以更为深刻的中国特色社会主义新内涵，赋予其当代中国马克思主义政治经济学的新意蕴。

二、 马克思主义政治经济学理论的当代运用和丰富

新发展理念是对马克思主义政治经济学理论的当代运用和丰富，特别是对马克思恩格斯关于经济的社会发展理论和人的全面发展理论的当代阐释与现实应用。

在人的本质的意义上，马克思恩格斯认为，人的全面发展是随着经济社会的发展而发展的，共产主义作为实现人的主观性与自然的客观性真正统一的新社会，最根本的就在于实现了人的自由而全面的发展，也就是"已经生成的社会创造着具有人的本质的这种全部丰富性的人，创造着具有丰富的、全面而深刻的感觉的人作为这个社会的恒久的现实"[②]。马克思以人的发展的三大形式理论，从政治经济学意义上阐明了这一过程的必然性及其内涵。他在《1857—1858 年经济学手稿》中指出，在社会经济关系演进中，由于"社会条件"的变化，作为生产主体的人的发展，以"人的依

---

① 中共中央文献研究室. 十八大以来重要文献选编：上［M］. 北京：中央文献出版社，2004：236.
② 马克思恩格斯文集：第 1 卷［M］. 北京：人民出版社，2009：192.

赖关系"为第一大形式的特征。这时，人的生产能力只是在狭窄的范围内和孤立的地点上发展着，人只是直接从自然界再生产自己。以物的依赖性为基础的人的独立性的形成，是第二大形式的特征。这时，一方面生产中人的一切固定的依赖关系已经解体，另一方面毫不相干的个人之间的互相的全面的依赖，构成人们之间的社会联系，而这一联系的纽带就是普遍发展起来的产品交换关系，从而"人的社会关系转化为物的社会关系；人的能力转化为物的能力"①。正是在这种普遍的社会物质交换关系中，才形成了人们之间的"全面的关系、多方面的需要以及全面的能力的体系"。第三大形式以自由个性发展为特征，这一社会形式中的"自由个性"具有两方面的规定性：一是个人的全面的发展；二是人们共同的社会生产能力成为他们共同的社会财富。第三大形式的发展是以第二大形式的发展为基础的。实现人的发展的第二大形式到第三大形式的演进，成为当代马克思主义政治经济学关于发展问题探讨的根本课题。

马克思在对社会经济关系发展问题的探讨中，虽然没有直接使用过"创新"概念，但他对创新的政治经济学意义还是作过多方面的论述。马克思特别注重从生产力的根本变革意义上，探讨生产力作为经济社会"创新"的源泉和动力问题。他认为，"蒸汽、电力和自动走锭纺纱机甚至是比巴尔贝斯、拉斯拜尔和布朗基诸位公民更危险万分的革命家"②。他提出："随着一旦已经发生的、表现为工艺革命的生产力革命，还实现着生产关系的革命。"③ 由生产力发展和科学技术革命为根本牵引力的创新理念，既强调了科学技术作为社会生产力要素的根本驱动力量，而且强调了这种驱动力量对经济运行、经济体制乃至经济制度变迁的根本推动力量。恩格斯在评价马克思这一理论取向时认为："任何一门理论科学中的每一个新发现——它

---

① 马克思恩格斯全集：第 46 卷：上［M］．北京：人民出版社，1979：103-104.

② 马克思恩格斯文集：第 2 卷［M］．北京：人民出版社，2009：579.

③ 马克思恩格斯全集：第 47 卷［M］．北京：人民出版社，1979：473.

的实际应用也许还根本无法预见——都使马克思感到衷心喜悦，而当他看到那种对工业、对一般历史发展立即产生革命性影响的发现的时候，他的喜悦就非同寻常了。例如，他曾经密切注视电学方面各种发现的进展情况，不久以前，他还密切注视马塞尔·德普勒的发现。"①

创新位于新发展理念之首位，是涵盖科学技术、经济运行、经济体制及经济制度的创新的总体理念，如习近平所指出的："实施创新驱动发展战略，最根本的是要增强自主创新能力，最紧迫的是要破除体制机制障碍，最大限度解放和激发科技作为第一生产力所蕴藏的巨大潜能。面向未来，增强自主创新能力，最重要的就是要坚定不移走中国特色自主创新道路，坚持自主创新、重点跨越、支撑发展、引领未来的方针，加快创新型国家建设步伐。"② 创新发展理念彰显了马克思主义政治经济学关于创新思想的深刻内涵，展示了当代中国马克思主义政治经济学关于创新理念的新境界。

在马克思恩格斯的经济思想中，经济运行和经济关系的协调，在根本上就是通过人类自身社会性的实践和交往方式，合理改变人与物和人与人之间的关系，使物质财富和对生产资料的占有不再是使人和人类社会"异化"的物质力量，而成为每个人自由而全面发展的现实条件。在《资本论》中，马克思在"自由人联合体"的概述中认为，社会对资源的分配方式，"会随着社会生产有机体本身的特殊方式和随着生产者的相应的历史发展程度而改变"③，社会对社会经济过程的协调功能显著增长，人与自然的物质变换过程也真正成为人与自然"调节"发展的"自觉"的过程。在《资本论》中，马克思还对社会化大生产条件下社会生产的部门和部类之间的协调发展理论作出了系统分析。

习近平在谈到协调发展理念时提到，"坚持协调发展、着力形成平衡发

① 马克思恩格斯文集：第3卷［M］．北京：人民出版社，2009：602.

② 习近平．在中国科学院第十七次院士大会、中国工程院第十二次院士大会上的讲话［N］．人民日报，2014－06－10（2）.

③ 马克思恩格斯文集：第5卷［M］．北京：人民出版社，2009：96.

展结构,从推动区域协调发展,推动城乡协调发展,推动物质文明和精神文明协调发展,推动经济建设和国防建设融合发展"①。这是对马克思主义政治经济学关于协调经济社会发展思想的赓续,从多方面提升了中国特色社会主义经济学关于协调理论的视界。

绿色发展在根本上就是人与自然之间物质变换中的和谐协调问题,是事关人类社会发展的基本问题。马克思指出:"自然界,就它自身不是人的身体而言,是人的无机的身体。人靠自然界生活。这就是说,自然界是人为了不致死亡而必须与之处于持续不断的交互作用过程的、人的身体。所谓人的肉体生活和精神生活同自然界相联系,不外是说自然界同自身相联系,因为人是自然界的一部分。"②马克思认为,自然界提供了人类劳动与生存的物质对象,没有自然界,人的现实的生活就失去了存在和发展的基础;人对自然界索取同人对自然界的回馈之间的协调,既体现在社会生产力的发展水平上,"整个所谓世界历史不外是人通过人的劳动而诞生的过程,是自然界对人来说的生成过程"③;更体现在社会劳动过程中,一定形式的社会劳动总是"制造使用价值的有目的的活动,是为了人类的需要而对自然物的占有,是人和自然之间的物质变换的一般条件,是人类生活的永恒的自然条件,因此,它不以人类生活的任何形式为转移,倒不如说,它为人类生活的一切社会形式所共有"④。

在马克思看来,这种"一切社会形式所共有"的人与自然的物质变化形式,在不同的经济的社会形态中有着不同的实现形式。在资本主义生产方式的历史演进中,曾经有过以牺牲生态而谋取资本利润的惨痛教训,马克思提到:"资本主义农业的任何进步,都不仅是掠夺劳动者的技巧的进

---

① 习近平. 关于《中共中央关于制定国民经济和社会发展第十三个五年规划的建议》的说明 [N]. 人民日报, 2015 – 11 – 04 (2).

② 马克思恩格斯文集:第1卷 [M]. 北京:人民出版社,2009:161.

③ 马克思恩格斯文集:第1卷 [M]. 北京:人民出版社,2009:196.

④ 马克思恩格斯文集:第5卷 [M]. 北京:人民出版社,2009:215.

步，而且是掠夺土地的技巧的进步。"① 恩格斯更是在回溯人类久远的历史过程中指出："我们每走一步都要记住：我们决不像征服者统治异族人那样支配自然界，决不像站在自然界之外的人似的去支配自然界——相反，我们连同我们的肉、血和头脑都是属于自然界和存在于自然界之中的；我们对自然界的整个支配作用，就在于我们比其他一切生物强，能够认识和正确运用自然规律。"②

习近平指出："要构筑尊崇自然、绿色发展的生态体系。人类可以利用自然、改造自然，但归根结底是自然的一部分，必须呵护自然，不能凌驾于自然之上。我们要解决好工业文明带来的矛盾，以人与自然和谐相处为目标，实现世界的可持续发展和人的全面发展。"③ 绿色作为中国发展理念的内涵，是对世纪之交中国生态文明建设实践经验的总结和理论探索的凝练，奠定了当代中国马克思政治经济学生态经济理论的坚实基础。

马克思在《资本论》中提到："一般说来，世界市场是资本主义生产方式的基础和生活环境。但资本主义生产的这些比较具体的形式，只有在理解了资本的一般性质以后，才能得到全面的说明；不过这样的说明不在本书计划之内，而属于本书一个可能的续篇的内容。"④ 因此，在马克思政治经济学体系中，《资本论》在对"资本一般"的探索中，诸如国际贸易、国际经济关系还不是直接的叙述对象。开放发展理念，是对马克思预言的《资本论》"可能的续篇"中论述的国际经济关系和世界市场理论的新的拓展。在对国际经济关系的基本判断中，习近平认为："经济全球化、社会信息化极大地解放和发展了社会生产力，既创造了前所未有的发展机遇，也带来了需要认真对待的新威胁新挑战。"⑤ 中国开放发展的基本理念就是：

① 马克思恩格斯文集：第5卷 [M]．北京：人民出版社，2009：579．
② 马克思恩格斯文集：第9卷 [M]．北京：人民出版社，2009：560．
③ 习近平．携手构建合作共赢新伙伴　同心打造人类命运共同体 [N]．人民日报，2015-09-29 (2)．
④ 马克思恩格斯文集：第7卷 [M]．北京：人民出版社，2009：126．
⑤ 习近平．携手构建合作共赢新伙伴　同心打造人类命运共同体 [N]．人民日报，2015-09-29 (2)．

"在经济全球化时代，各国要打开大门搞建设，促进生产要素在全球范围更加自由便捷地流动。各国要共同维护多边贸易体制，构建开放型经济，实现共商、共建、共享。要尊重彼此的发展选择，相互借鉴发展经验，让不同发展道路交汇在成功的彼岸，让发展成果为各国人民共享。"①

共享理念，强调共建共享相统一，注重机会公平，保障基本民生，实现全体人民共同迈入全面小康社会等观点，是对马克思主义经典作家关于社会主义生产目的和社会主义基本经济规律理论、人的自由而全面发展思想的继承，是对马克思主义政治经济学理论视野的重要拓展。

三、 当代中国马克思主义政治经济学的新成就和新境界

直面中国经济社会发展的现实问题，以强烈的问题意识致力于破解发展难题、增强发展动力、厚植发展优势，是新发展理念的根本价值和理论活力所在。新发展理念以中国经济社会发展的重大实践和理论问题为导向，紧紧扣住中国经济社会的趋势性变化和阶段性特征，以显著的中国意识、中国智慧，对"实现什么样的发展、怎样发展"问题作出新的系统阐释。

马克思主义政治经济学从来就主张"从当前的国民经济的事实出发"②，即从实际的和现实的经济关系和经济问题出发。在对党的十八届三中全会《中共中央关于全面深化改革若干重大问题的决定》的说明中，习近平指出："要有强烈的问题意识，以重大问题为导向，抓住关键问题进一步研究思考，着力推动解决我国发展面临的一系列突出矛盾和问题。"③ 2015 年新年来临之际，习近平提出："问题是时代的声音，人心是最大的政治。推进党和国家各项工作，必须坚持问题导向，倾听人民呼声。"④ 坚持问题导向，

---

① 习近平. 谋共同永续发展 做合作共赢伙伴 [N]. 人民日报, 2015 - 09 - 27 (2).

② 马克思恩格斯文集: 第 1 卷 [M]. 北京: 人民出版社, 2009: 156.

③ 中共中央文献研究室. 十八大以来重要文献选编: 上 [M]. 北京: 中央文献出版社, 2014: 497.

④ 习近平. 在全国政协新年茶话会上的讲话 [N]. 人民日报, 2015 - 01 - 01 (2).

聚焦突出问题和明显短板，回应人民群众诉求和期盼，是提出发展理念的基本方法，也是追求新发展理念的基本立场。

"要直接奔着当下的问题去，体现出鲜明的问题导向，以发展理念转变引领发展方式转变，以发展方式转变推动发展质量和效益提升，为'十三五'时期我国经济社会发展指好道、领好航。"[1] 新发展理念的问题导向主要就在于：发展方式粗放，创新能力不强，部分行业产能过剩严重，在新一轮科技革命的机遇面前，如何将我国经济发展的优势资源聚集到重点领域，力求在关键核心技术上实现突破，力求在国家创新战略上实现突破，实现社会生产力的全面跃升；在社会主义基本制度与市场经济的结合上，如何继续使市场在资源配置中起决定性作用和更好发挥政府作用这两方面优势更有彰显；在实现全面建成小康社会的决胜冲刺中，如何准确定位人民群众普遍关心的就业、教育、社保、住房、医疗等民生指标，改善基本公共服务供给不足问题，使广大人民群众最大限度地共享经济社会发展的成果；在经济社会可持续发展中，如何使生态文明的绿色指标得到切实落实和实现，使人民群众的健康水平和环境质量的提高落到实处、见到实效；在经济社会的全面发展中，城乡区域发展不平衡，如何增强不同地区发展的协调性，特别是促进中西部地区的协同发展，形成国家现代经济社会发展的合理格局；在继续实施对外开放的基本国策中，如何着力提高全面开放型经济新格局，以开放的最大优势谋求中国经济社会的更大发展空间；在实现共同富裕的过程中，如何健全有利于促进社会公平的分配体制和机制，明确精准扶贫、精准脱贫的政策举措，把更多公共资源用于完善社会保障体系；等等。

新发展理念不仅坚持问题导向，而且在"问题倒逼"中形成互为一体、协同发力的总体发展理念。党的十八届五中全会指出，"坚持创新发展、协调发展、绿色发展、开放发展、共享发展，是关系我国发展全局的一场深

---

[1] 征求对中共中央关于制定国民经济和社会发展第十三个五年规划的建议的意见 [N]. 人民日报，2015 - 10 - 31 (1).

刻变革"①。

在五大发展理念中，创新是引领发展的第一动力。习近平指出："一定要牢牢抓住发展这个党执政兴国的第一要务不动摇，在推动产业优化升级上下功夫，在提高创新能力上下功夫，在加快基础设施建设上下功夫，在深化改革开放上下功夫，扎扎实实走出一条创新驱动发展的路子来。"② 在国际发展竞争日趋激烈和我国发展动力转换的形势下，发展的基点就在于创新，特别是在深入实施创新驱动发展战略中，要拓展视野、开阔创新领域，要"推动科技创新、产业创新、企业创新、市场创新、产品创新、业态创新、管理创新等，加快形成以创新为主要引领和支撑的经济体系和发展模式"③。习近平指出："抓创新就是抓发展，谋创新就是谋未来。不创新就要落后，创新慢了也要落后。要激发调动全社会的创新激情，持续发力，加快形成以创新为主要引领和支撑的经济体系和发展模式。要积极营造有利于创新的政策环境和制度环境。"④ 创新的主体在于人才，"人才是创新的根基，创新驱动实质上是人才驱动，谁拥有一流的创新人才，谁就拥有了科技创新的优势和主导权"⑤。在推进创新发展科技驱动上，要发挥科技创新的引领作用，加强基础研究，强化原始创新、集成创新和引进消化吸收再创新，开展基础性前沿性创新研究，重视颠覆性技术创新。

在五大发展理念中，协调是持续健康发展的内在要求。协调在于把握中国特色社会主义事业总体布局，正确处理发展中的重大关系，重点促进城乡区域协调发展，促进经济社会协调发展，促进新型工业化、信息化、城镇化、农业现代化同步发展，在增强国家硬实力的同时，注重提升国家软实力，不断增强发展整体性。要把握协调创新的辩证关系，坚持工业反哺农业、城市支持农村，健全城乡发展一体化体制机制，推进城乡要素平

① 中共中央关于制定国民经济和社会发展第十三个五年规划的建议 [N].人民日报，2015 – 11 – 04 (1).
② 坚决打好扶贫开发攻坚战　加快民族地区经济社会发展 [N].人民日报，2015 – 01 – 22 (1).
③ 抓住机遇立足优势积极作为　系统谋划"十三五"经济社会发展 [N].人民日报，2015 – 05 – 29 (1).
④ 加大支持力度增强内生动力　加快东北老工业基地振兴发展 [N].人民日报，2015 – 07 – 20 (1).
⑤ 抓住机遇立足优势积极作为　系统谋划"十三五"经济社会发展 [N].人民日报，2015 – 05 – 29 (1).

等交换、合理配置和基本公共服务均等化。还要注重推动物质文明和精神文明协调发展，推动经济建设和国防建设融合发展。

在五大发展理念中，绿色是永续发展的必要条件。习近平认为："环境就是民生，青山就是美丽，蓝天也是幸福。要像保护眼睛一样保护生态环境，像对待生命一样对待生态环境。对破坏生态环境的行为，不能手软，不能下不为例。"① 绿色是人民对美好生活追求的重要体现，要坚持节约资源和保护环境的基本国策，坚持可持续发展，坚定走生产发展、生活富裕、生态良好的文明发展道路，加快建设资源节约型、环境友好型社会，形成人与自然和谐发展的现代化建设新格局，推进美丽中国建设，为全球生态安全作出新贡献。"要科学布局生产空间、生活空间、生态空间，扎实推进生态环境保护，让良好生态环境成为人民生活质量的增长点，成为展现我国良好形象的发力点。"② 坚持保护优先、自然恢复为主，实施山水林田湖生态保护和修复工程，构建生态廊道和生物多样性保护网络，全面提升森林、河湖、湿地、草原、海洋等自然生态系统稳定性和生态服务功能。

在五大发展理念中，开放是国家繁荣发展的必由之路。开放在于顺应我国经济深度融入世界经济的趋势，奉行互利共赢的开放战略，坚持内外需协调、进出口平衡、引进来和走出去并重、引资和引技引智并举，发展更高层次的开放型经济，积极参与全球经济治理和公共产品供给，提高我国在全球经济治理中的制度性话语权，构建广泛的利益共同体。习近平指出："要加快转变政府职能，发挥好试验区辐射带动作用，着眼国际高标准贸易和投资规则，使制度创新成为推动发展的强大动力。"③ 要从制度和规则层面进行改革，推进包括放宽市场投资准入、加快自由贸易区建设、扩大内陆沿边开放等在内的体制机制改革，着力营造法治化、国际化的营商环境，促进全球经济平衡、金融安全、经济稳定增长，加快培育竞争新优

---

① 习近平张德江俞正声王岐山分别参加全国两会一些团组审议讨论 [N]. 人民日报, 2015 - 03 - 07 (1).
② 抓住机遇立足优势积极作为　系统谋划"十三五"经济社会发展 [N]. 人民日报, 2015 - 05 - 29 (1).
③ 当好改革开放排头兵创新发展先行者　为构建开放型经济新体制探索新路 [N]. 人民日报, 2015 - 03 - 06 (1).

势。扩大对外开放要同实施"一带一路"等国家重大战略紧密衔接起来，同国内改革发展衔接起来。

在五大发展理念中，共享是中国特色社会主义的本质要求。共享在于坚持发展为了人民、发展依靠人民、发展成果由人民共享，作出更有效的制度安排，使全体人民在共建共享发展中有更多获得感，增强发展动力，增进人民团结，朝着共同富裕方向稳步前进。"社会建设要以共建共享为基本原则，在体制机制、制度政策上系统谋划，从保障和改善民生做起，坚持群众想什么、我们就干什么，既尽力而为又量力而行，多一些雪中送炭，使各项工作都做到愿望和效果相统一。"① 要坚持经济发展以保障和改善民生为出发点和落脚点，全面解决好人民群众关心的教育、就业、收入、社保、医疗卫生、食品安全等问题，让改革发展成果更多、更公平、更实在地惠及广大人民群众。要按照精准扶贫、精准脱贫要求，确保在既定时间节点打赢扶贫开发攻坚战。习近平强调："广大人民群众共享改革发展成果，是社会主义的本质要求，是我们党坚持全心全意为人民服务根本宗旨的重要体现。我们追求的发展是造福人民的发展，我们追求的富裕是全体人民共同富裕。改革发展搞得成功不成功，最终的判断标准是人民是不是共同享受到了改革发展成果。"②

习近平对新发展理念的系列论述，不仅是"十三五"时期而且也是更长时期我国发展思想的深刻阐释，反映着我们党对中国特色社会主义经济社会发展规律的新认识，体现了当代中国马克思主义政治经济学的新的理论贡献。

（原载于《马克思主义与现实》2016 年第 1 期）

---

① 抓住机遇立足优势积极作为　系统谋划"十三五"经济社会发展［N］. 人民日报，2015 – 05 – 29（1）.
② 征求对中共中央关于制定国民经济和社会发展第十三个五年规划的建议的意见［N］. 人民日报，2015 – 10 – 31（1）.

新发展理念与当代中国政治经济学
学术话语权的提升

　　2015 年 11 月，习近平总书记在主持以"马克思主义政治经济基本原理与方法论"为主题的中共中央政治局集体学习时强调，"要立足我国国情和我国发展实践，揭示新特点新规律，提炼和总结我国经济发展实践的规律性成果，把实践经验上升为系统化的经济学说，不断开拓当代中国马克思主义政治经济学新境界"，提出"马克思主义政治经济学是马克思主义的重要组成部分，也是我们坚持和发展马克思主义的必修课"，"为马克思主义政治经济学创新发展贡献中国智慧"①。习近平总书记提出的"新境界""必修课""中国智慧""系统化的经济学说"等思想，对当代中国马克思主义政治经济学发展，特别是对中国特色社会主义政治经济学学术话语体系发展和话语权提升有着重要的指导意义。

　　在主持这次学习会时，习近平还提出："创新、协调、绿色、开放、共享的发展理念是对我们在推动经济发展中获得的感性认识的升华，是对我们推动经济发展实践的理论总结，要坚持用新的发展理念来引领和推动我国经济发展，不断破解经济发展难题，开创经济发展新局面。"② 新发展理念坚持问题导向，在"问题倒逼"中形成牢牢坚持人民中心的发展战略和

---

①　立足我国国情和我国发展实践　发展当代中国马克思主义政治经济学［N］. 人民日报, 2015 - 11 - 25 (1).
②　立足我国国情和我国发展实践　发展当代中国马克思主义政治经济学［N］. 人民日报, 2015 - 11 - 25 (1).

根本举措，形成协同发力的总体发展思想，是对中国特色社会主义"实现怎么样的发展、怎样发展"重大战略问题的新的回答，是对新中国成立以来特别是改革开放以来中国马克思主义政治经济学的新发展，提升了当代中国马克思主义政治经济学的学术话语权和学说系统化。

一、 马克思主义经济学的术语革命与学术话语体系发展

马克思主义政治经济学的学术话语体系的建设和发展，突出体现在"术语的革命"的形成及其影响上。对于当代中国马克思主义政治经济学学术话语体系发展来说，新发展理念凸显了"术语的革命"的深刻意蕴。

恩格斯在评价马克思《资本论》的科学成就时曾指出："一门科学提出的每一种新见解都包含这门科学的术语的革命。"[1] 马克思十分看重《资本论》中"术语的革命"的科学价值。1868 年 1 月，《资本论》第一卷德文第一版出版后不久，马克思给恩格斯的信就谈到《资本论》中的三个"崭新的因素"，这就是："（1）过去的一切经济学一开始就把表现为地租、利润、利息等固定形式的剩余价值特殊部分当作已知的东西来加以研究，与此相反，我首先讲剩余价值的一般形式，在这种形式中所有这一切都还没有区别开来，可以说还处于融合状态中。（2）经济学家毫无例外地都忽略了这样一个简单的事实，既然商品是二重物——使用价值和交换价值，那么，体现在商品中的劳动也必然具有二重性，而像斯密、李嘉图那样只是单纯地分析劳动本身，就必然处处都碰到不能理解的现象。实际上，对问题的批判性理解的全部秘密就在于此。（3）工资第一次被描写为隐藏在它后面的一种关系的不合理的表现形式，通过工资的两种形式即计时工资和计件工资得到了确切的说明。"[2] 剩余价值、劳动二重性和工资这三个"崭

---

[1] 马克思恩格斯文集：第 5 卷［M］．北京：人民出版社，2009：32.
[2] 马克思恩格斯文集：第 10 卷［M］．北京：人民出版社，2009：275 - 276.

新的因素"，集中体现了马克思在政治经济学上的"术语的革命"。

剩余价值、劳动二重性和工资作为马克思经济学"术语的革命"的显著标识，是马克思主义政治经济学中的新概念、新范畴、新表述，是马克思主义政治经济学学术话语体系的核心观点、根本方法和基本立场的表达。在马克思主义政治经济学学术话语体系中，有原始创新性的"术语的革命"，如劳动二重性、剩余价值、不变资本和可变资本等，也有更多的批判继承性的"术语的革命"，即对当时政治经济学流行的术语的扬弃，如交换价值、货币、资本等。

对"术语的革命"在科学发展史上的意义，托马斯·库恩在《科学革命的结构》有过类似的说法。他认为，"科学革命就是科学家据以观察世界的概念网络的变更"，"接受新范式，常常需要重新定义相应的科学"[①]，"界定正当问题、概念和解释的标准一旦发生变化，整个学科都会随之变化"[②]。在《必要的张力》中，库恩认可，他所说的"科学革命"，指的就是"某些科学术语发生意义变革的事件"[③]。

当代中国马克思主义政治经济学学术话语体系，同样集中体现于"术语的革命"上。在渐次成熟的中国特色的"系统化的经济学说"中，形成了诸如社会主义初级阶段、社会主义主要矛盾、经济体制改革、社会主义本质、"三个有利于"、家庭联产承包责任制、先富和共富、社会主义市场经济、国有经济、民营经济、小康社会、经济新常态、发展理念、对外开放等属于原始创新性的"术语的革命"，还有更多的属于批判继承性的"术语的革命"。这些自然成为中国政治经济学"系统化的经济学说"的"崭新的因素"，成为当代马克思主义政治经济学中国话语和学术范式的显著标识。高度重视政治经济学中原始创新性的"术语的革命"，正确辨明政治经

① 库恩. 科学革命的结构 [M]. 金吾伦, 胡新和, 译. 4版. 北京: 北京大学出版社, 2012: 88.
② 库恩. 科学革命的结构 [M]. 金吾伦, 胡新和, 译. 4版. 北京: 北京大学出版社, 2012: 91.
③ 库恩. 必要的张力 [M]. 纪树生, 等译. 福州: 福建人民出版社, 1981: XIV.

济学中批判继承性的"术语的革命",是推进当代中国马克思主义政治经济学学术话语体系建设和发展的基础工程和重要标识。

创新、协调、绿色、开放、共享的新发展理念,对于中国特色的"系统化的经济学说"发展来说,最显著的就在于学术话语权上的"术语的革命"。五大发展理念,直面中国经济社会发展的实践,以强烈的问题意识,致力于破解发展难题、增强发展动力、厚植发展优势,是制定国民经济和社会发展"十三五"规划的指导思想和中心线索。同时,由创新、协调、绿色、开放、共享这五个方面构成的新发展理念,是对我们在推动经济发展中获得的感性认识的理性升华,是当代中国马克思主义政治经济学的新概念、新范畴、新表述,是对中国特色社会主义政治经济学的核心观点、根本方法和基本立场的表达,是对当代中国马克思主义政治经济学学术话语体系建设的重大成就。

二、　新发展理念是当代中国马克思主义政治经济学的显著标识

对于改革开放近40年来中国社会主义社会生产力发展和生产关系变革的巨大成就,如何作出系统化的马克思主义政治经济学的阐释,发展中国政治经济学学术话语体系,成为增强中国哲学社会科学学术话语权的重要内涵,也成为增强中国国家文化软实力的重要方面。创新、协调、绿色、开放、共享的新发展理念,正是以中国经济发展的社会性质和历史性质变化为根据,从"术语的革命"上展现了中国政治经济学学术话语体系建设的新成就。

在五大发展理念中,创新发展理念,强调培育发展新动力,形成促进创新的体制框架,塑造更多依靠创新驱动、更多发挥先发优势的引领型发展等观点,提出了"实施创新驱动发展战略,最根本的是要增强自主创新能力,最紧迫的是要破除体制机制障碍,最大限度解放和激发科技作为第

一生产力所蕴藏的巨大潜能"①的核心思想，凸显了马克思提出的"蒸汽、电力和自动走锭纺纱机甚至是比巴尔贝斯、拉斯拜尔和布朗基诸位公民更危险万分的革命家"②论断，以及"随着一旦已经发生的、表现为工艺革命的生产力革命，还实现着生产关系的革命"③思想的当代意义，展示了中国特色社会主义政治经济学关于创新理论的新境界。协调发展理念，强调区域协同、城乡一体、物质文明和精神文明并重、在协调中拓展发展空间等观点，是对马克思关于人与自然的物质变换过程也真正成为人与自然"调节"发展的"自觉"过程思想④，以及对《资本论》中关于社会化大生产中部类和部门之间平衡发展理论的新的运用，是对毛泽东在《论十大关系》中提出的统筹协调经济社会发展思想的新的阐释，是对当代中国经济社会发展中地区协调、城乡协调、产业协调等方面发展思想的集中概括，提升了中国特色社会主义关于协调发展理论的视界。绿色发展理念，强调"要构筑尊崇自然、绿色发展的生态体系。人类可以利用自然、改造自然，但归根结底是自然的一部分，必须呵护自然，不能凌驾于自然之上。我们要解决好工业文明带来的矛盾，以人与自然和谐相处为目标，实现世界的可持续发展和人的全面发展"⑤的重要思想，突出绿色富国、绿色惠民，推动形成绿色发展方式和生活方式等系列观点，这些是对世纪之交中国生态文明建设实践经验的总结和理论探索的凝练，也是对恩格斯关于我们"决不像站在自然界之外的人似的去支配自然界——相反，我们连同我们的肉、血和头脑都是属于自然界和存在于自然界之中的；我们对自然界的整个支配作用，就在于我们比其他一切生物强，能够认识和正确运用自然规律"⑥

① 习近平. 在中国科学院第十七次院士大会、中国工程院第十二次院士大会上的讲话 [N]. 人民日报, 2014 - 06 - 10 (2).
② 马克思恩格斯文集：第 2 卷 [M]. 北京：人民出版社, 2009：579.
③ 马克思恩格斯全集：第 47 卷 [M]. 北京：人民出版社, 1979：473.
④ 马克思恩格斯文集：第 5 卷 [M]. 北京：人民出版社, 2009：96.
⑤ 习近平. 携手构建合作共赢新伙伴 同心打造人类命运共同体 [M]. 人民日报, 2015 - 09 - 29 (2).
⑥ 马克思恩格斯文集：第 9 卷 [M]. 北京：人民出版社, 2009：560.

思想的新的遵循，彰显了中国特色社会主义生态经济建设理论和实践的基本方向。开放发展理念，强调开创对外开放新格局，丰富对外开放内涵，提高对外开放水平，形成深度融合的互利合作的开放新格局等观点，是对马克思关于世界历史和世界市场理论的重要发展，是对中国改革开放理论的新的概括，是中国特色社会主义关于国际经济关系和经济全球化理论的升华；共享发展理念，强调共建共享相统一，注重机会公平，保障基本民生，实现全体人民共同迈入全面小康社会等观点，是对马克思主义经典作家关于社会主义生产目的和基本经济规律理论、人的自由而全面发展思想的继承，是对社会主义本质理论的重要发展，是对中国特色社会主义开放理论视野的重要拓展。

创新、协调、绿色、开放、共享的五大发展理念，构成全面建成小康社会的决战纲领和决胜攻略的核心内容。创新是引领发展的第一动力，协调是持续健康发展的内在要求，绿色是永续发展的必要条件，开放是国家繁荣发展的必由之路，共享是中国特色社会主义的本质要求。新发展理念的这些新概念、新范畴、新表述，是当代中国马克思主义政治经济学的"术语的革命"，是中国特色社会主义政治经济学学术话语体系发展的显著标识。

三、 新发展理念对当代中国马克思主义政治经济学学术话语权的切实提升

新发展理念对中国特色社会主义经济建设关于发展实践的理论和学说的提炼和总结，为当代中国马克思主义政治经济学的"系统化的经济学说"的发展奠定了坚实基础，是对当代中国马克思主义政治经济学学术话语权的提升。

新发展理念对当代中国马克思主义政治经济学学术话语权的提升，首

先在于对"实现什么样的发展、怎样发展"这一贯穿于中国特色社会主义道路探索全过程的重大课题的科学解答。创新、协调、绿色、开放、共享的新发展理念,正是在对"实现什么样的发展、怎样发展"问题新的回答中,凸显其当代中国马克思主义政治经济学意蕴的。

在中国改革开放的伟大历史进程中,邓小平以"中国解决所有问题的关键是要靠自己的发展"①"发展才是硬道理"②这样一些朴实的话语和坚定的信心,从思想理念和政治意识上阐明了中国为什么需要发展、怎样持续稳定发展的深刻内涵。邓小平把"发展才是硬道理"看作是能否体现社会主义本质、能否解决中国社会主义初级阶段所有问题、能否充分发挥社会主义经济制度优越性的重大问题。邓小平理论中的发展理念及其在中国经济改革中的实践,奠定了当代中国马克思主义政治经济学的坚实基础。

在把中国特色社会主义经济建设推向21世纪的进程中,江泽民继承和坚持邓小平的发展思想,强调"发展是硬道理,这是我们必须始终坚持的一个战略思想"③。"三个代表"重要思想突出了"发展是党执政兴国的第一要务"的重要论断,把"实现什么样的发展、怎样发展"的问题,看作是社会主义现代化建设的根本所在,把发展问题同党的性质、党的执政基础紧密地联系起来。进入新世纪,"发展才是硬道理"的理念在科学发展观得到多方面的丰富。胡锦涛明确提出"以人为本"是科学发展观的本质和核心,体现了马克思主义关于人民群众创造历史的基本原理和人的全面发展的根本价值追求。在党的十八大上,胡锦涛对新世纪以来发展理念概述时指出:"以经济建设为中心是兴国之要,发展仍是解决我国所有问题的关键。""必须坚持发展是硬道理的战略思想,决不能有丝毫动摇。"④

党的十八大以来,以习近平同志为核心的党中央,以全面建成小康社

① 邓小平文选:第3卷[M].北京:人民出版社,1993:265.
② 邓小平文选:第3卷[M].北京:人民出版社,1993:377.
③ 江泽民文选:第3卷[M].北京:人民出版社,2006:118.
④ 中共中央文献研究室.十八大以来重要文献选编:上[M].北京:中央文献出版社,2004:15.

会为奋斗目标，以实现中华民族伟大复兴的中国梦为历史使命，对中国特色社会主义的发展问题作出了多方面的新阐释。习近平提出，实现中国梦要坚持中国道路、弘扬中国精神和凝聚中国力量，中国梦归根到底是人民的梦，必须坚持以人为本，坚持依靠人民，为人民造福，"我们要坚持发展是硬道理的战略思想，坚持以经济建设为中心，全面推进社会主义经济建设、政治建设、文化建设、社会建设、生态文明建设，深化改革开放，推动科学发展，不断夯实实现中国梦的物质文化基础"①。在这一过程中概括和凝练的以创新、协调、绿色、开放、共享为核心内容的新发展理念，赋予"实现什么样的发展、怎样发展"问题以更为深刻的中国特色社会主义的新内涵，赋予其当代中国马克思主义政治经济学的新意蕴。

新发展理念对当代中国马克思主义政治经济学学术话语权的提升，还凸显在"十三五"规划纲要制定的重要作用和影响力上。"理者，物之固然，事之所以然也。"在对《中共中央关于制定国民经济和社会发展第十三个五年规划的建议》的说明中，习近平总书记对新发展理念的作用和意义作了深刻论述。他认为："发展理念是发展行动的先导，是管全局、管根本、管方向、管长远的东西，是发展思路、发展方向、发展着力点的集中体现。"② 面对中国经济社会发展的新趋势、新机遇和新矛盾、新挑战，以新发展理念为主线，就成为"十三五"时期我国经济社会发展谋篇布局之"固然"和"所以然"。习近平认为："这五大发展理念，是'十三五'乃至更长时期我国发展思路、发展方向、发展着力点的集中体现，也是改革开放 30 多年来我国发展经验的集中体现，反映出我们党对我国发展规律的新认识。"③ 新发展理念成为决战决胜全面建成小康社会的必然的实践逻辑

---

① 中共中央文献研究室．十八大以来重要文献选编：上 [M]．北京：中央文献出版社，2004：236.

② 习近平．关于《中共中央关于制定国民经济和社会发展第十三个五年规划的建议》的说明 [N]．人民日报，2015－11－04（2）.

③ 习近平．关于《中共中央关于制定国民经济和社会发展第十三个五年规划的建议》的说明 [N]．人民日报，2015－11－04（2）.

和理论逻辑，成为续写中国特色社会主义政治经济学新篇章的主导线索和核心内容，丰富和发展了当代中国马克思主义政治经济学的学术话语体系。

用中国的理论研究和话语体系解读中国实践、中国道路，不断概括出理论联系实际的、科学的、开放融通的新概念、新范畴、新表述，打造具有中国特色、中国风格、中国气派的哲学社会科学学术话语体系，是中国学术界面临的时代课题，也是提升中国文化软实力的根本内涵。新发展理念就是当代中国马克思主义政治经济学学术话语体系建设和发展的重要体现和示范例证。

（原载于《文化软实力》2016 年第 1 期）

治国理政与中国特色"系统化的经济学说"

建设和发展中国特色"系统化的经济学说"①，是习近平总书记 2015 年 11 月在主持以"马克思主义政治经济学基本原理与方法论"为主题的中共中央政治局第二十八次集体学习时，对中国特色社会主义政治经济学发展提出的要求。在决战决胜全面建成小康社会的历史进程中，中国特色"系统化的经济学说"的新发展与以习近平同志为核心的党中央形成的治国理政新理念新思想新战略紧密相连、结为一体。治国理政新理念新思想新战略为"系统化的经济学说"的发展开拓了新的理论境界；"系统化的经济学说"的发展特别是中国特色社会主义政治经济学主线、主题和主导问题的探索，为治国理政新理念新思想新战略提供了新的理论基石。

一、 从治国理政的高度对中国特色社会主义政治经济学的新认识

回溯历史，从起源上看，"系统化的经济学说"作为中国特色社会主义政治经济学的发展形式，是以中国社会主义经济建设和经济关系的实际为基础的。1956 年中国社会主义基本经济制度确立时，毛泽东发表的《论十大关系》讲话是这一"系统化的经济学说"的始创之作。在准备《论十大关系》讲话的调研中，毛泽东就从中国共产党治国理政的高度提出："不要

---

① 立足我国国情和我国发展实践　发展当代中国马克思主义政治经济学 [N]．人民日报，2015 - 11 - 25 (1)．

再硬搬苏联的一切了，应该用自己的头脑思索了。应该把马列主义的基本原理同中国社会主义革命和建设的具体实际结合起来，探索在我们国家里建设社会主义的道路了。"他提出："我们要进行第二次结合，找出在中国怎样建设社会主义的道路。"①"进行第二次结合"是探索适合于中国经济社会发展的社会主义政治经济学的基本遵循，也是中国共产党治国理政理论形成的根本原则。在"进行第二次结合"的探索中，《论十大关系》和之后的《关于正确处理人民内部矛盾的问题》提出的一些独创性观点，如关于社会主义社会的基本矛盾理论，统筹兼顾、注意综合平衡理论，以农业为基础、工业为主导、农轻重协调发展理论等，成为这一时期中国共产党治国理政的实践指南，对中国特色社会主义政治经济学的形成和发展产生持久的影响。习近平总书记在纪念毛泽东诞辰 120 周年座谈会的讲话中提到：毛泽东"以苏联的经验教训为鉴戒，提出了要创造新的理论、写出新的著作，把马克思列宁主义基本原理同中国实际进行'第二次结合'，找出在中国进行社会主义革命和建设的正确道路，制定把我国建设成为一个强大的社会主义国家的战略思想"②。中国特色社会主义政治经济学从其起源上，就是以马克思主义政治经济学与中国实际相结合这一根本原则为基础的，就是以在"战略思想"意义上对治国理政重大理论问题的探索为思想特色的。

改革开放 30 多年间，筚路蓝缕、艰辛探索，中国特色"系统化的经济学说"在"进行第二次结合"的新的进程中渐次展开，形成了一系列创新性理论。1984 年，邓小平在提到党的十二届三中全会通过的《中共中央关于经济体制改革的决定》时认为，"社会主义经济是公有制基础上的有计划的商品经济"的论断，是适合当时中国经济体制改革实际的"新话"，这些"新话"给人以"写出了一个政治经济学的初稿"的印象，这是"马克思主

---

① 毛泽东年谱（1949—1976）：第 2 卷 [M]．北京：中央文献出版社，2013：557.
② 中共中央文献研究室编．十八大以来重要文献选编：上 [M]．北京：中央文献出版社，2014：691.

义基本原理和中国社会主义实践相结合的政治经济学"①。他认为："过去我们不可能写出这样的文件，没有前几年的实践不可能写出这样的文件。写出来，也很不容易通过，会被看作'异端'。我们用自己的实践回答了新情况下出现的一些新问题。"② 邓小平以"进行第二次结合"为基本遵循，从经济体制改革大局上，深刻把握了改革开放新时期中国特色"系统化的经济学说"的理论主题和基本特征。

中国特色"系统化的经济学说"，是以中国社会主义初级阶段的经济事实为基础，在对社会主义初级阶段基本经济制度、社会主义市场经济体制和社会主义经济运行及其总体关系的探索中，揭示中国社会主义初级阶段经济关系本质及其规律的。社会主义初级阶段基本经济制度理论、社会主义本质理论、社会主义市场经济理论和对外开放理论等，就是中国特色"系统化的经济学说"发展的最初系列成果。习近平总书记指出："党的十一届三中全会以来，我们党把马克思主义政治经济学基本原理同改革开放新的实践结合起来，不断丰富和发展马克思主义政治经济学，形成了当代中国马克思主义政治经济学的许多重要理论成果。"③ 这是习近平总书记从中国共产党治国理政的高度，从"第二次结合"的基本遵循和根本原则上，对中国特色"系统化的经济学说"新成就作出的新概括。

党的十八大以来，以习近平同志为核心的党中央坚持和发展中国特色社会主义，勇于实践、善于创新，形成一系列治国理政新理念新思想新战略，在深刻理解和把握当代中国经济关系发展的趋势性变化和阶段性特征、深刻理解和把握当代国际经济关系变化的特点和趋势中，全力推进中国社会主义经济建设和经济关系的发展，使中国特色"系统化的经济学说"得到更为全面的呈现。2014 年 7 月，在探索经济新常态的"大逻辑"中，习

① 邓小平文选：第 3 卷 [M]．北京：人民出版社，1993：83.
② 邓小平文选：第 3 卷 [M]．北京：人民出版社，1993：91.
③ 立足我国国情和我国发展实践　发展当代中国马克思主义政治经济学 [N]．人民日报，2015－11－25 (1)．

近平总书记提出"各级党委和政府要学好用好政治经济学"的要求,强调"学好用好"旨在"自觉认识和更好遵循经济发展规律,不断提高推进改革开放、领导经济社会发展、提高经济社会发展质量和效益的能力和水平"①。2015年11月,在规划"十三五"时期全面建成小康社会战略目标中,习近平总书记提出"马克思主义政治经济学是马克思主义的重要组成部分,也是我们坚持和发展马克思主义的必修课"的重要论断,并强调指出:"面对极其复杂的国内外经济形势,面对纷繁多样的经济现象,学习马克思主义政治经济学基本原理和方法论,有利于我们掌握科学的经济分析方法,认识经济运动过程,把握社会经济发展规律,提高驾驭社会主义市场经济能力,更好回答我国经济发展的理论和实践问题,提高领导我国经济发展能力和水平。"② 接着,在12月召开的中央经济工作会议上,他又提出"要坚持中国特色社会主义政治经济学的重大原则"③ 的要求。2016年7月,在推进供给侧结构性改革中,习近平总书记再次提出"坚持和发展中国特色社会主义政治经济学"的要求,强调"中国特色社会主义政治经济学只能在实践中丰富和发展,又要经受实践的检验,进而指导实践。要加强研究和探索,加强对规律性认识的总结,不断完善中国特色社会主义政治经济学理论体系,推进充分体现中国特色、中国风格、中国气派的经济学科建设"④。

从"学好用好政治经济学"到"坚持和发展马克思主义的必修课",从"掌握科学的方法"到"提高领导我国经济发展能力和水平",从"中国特色社会主义政治经济学的重大原则"到"不断完善中国特色社会主义政治经济学理论体系",习近平总书记从治国理政高度提出的这些新认识和新要求,从多方面推进了中国特色"系统化的经济学说"新发展。"系统化的经

① 更好认识和遵循经济发展规律 推动我国经济持续健康发展 [N]. 人民日报, 2014 - 07 - 09 (1).

② 立足我国国情和我国发展实践 发展当代中国马克思主义政治经济学 [N]. 人民日报, 2015 - 11 - 25 (1).

③ 中央经济工作会议在北京举行 [N]. 人民日报, 2015 - 12 - 22 (1).

④ 坚定信心增强定力 坚定不移推进供给侧结构性改革 [N]. 人民日报, 2016 - 07 - 09 (1).

济学说"新发展为治国理政新理念新思想新战略提供了坚实的理论基础，展示了中国特色社会主义政治经济学的时代特征和理论真谛。

二、"系统化的经济学说"中解放和发展社会生产力理论主线及其意义

解放和发展社会生产力理论是"系统化的经济学说"的主线。1956年初，在中国社会主义基本制度确立的历史时刻，毛泽东就把握了社会主义要解放生产力和发展生产力这一基本问题，形成了社会主义根本任务的重要思想。毛泽东指出，"我们的党，我们的政府，我们的各个部门，都必须执行促进生产力发展的任务"，上层建筑也要"适合这个经济基础，适合生产力的发展"[①]。他从社会主义建设全局上强调，"社会主义革命的目的是为了解放生产力"，生产资料所有制的社会主义改造"必然使生产力大大地获得解放。这样就为大大地发展工业和农业的生产创造了社会条件"[②]。之后，毛泽东还提出："我们的根本任务已经由解放生产力变为在新的生产关系下面保护和发展生产力。"[③] 在这里，毛泽东已经把"解放""发展""保护"社会生产力问题，作为事关社会主义经济关系和社会主义基本制度发展的根本问题提出来，作为中国共产党治国理政的根本问题提出来，初步勾勒了中国特色社会主义政治经济学的主线。

"各个人借以进行生产的社会关系，即社会生产关系，是随着物质生产资料、生产力的变化和发展而变化和改变的。"[④] 这是贯通于唯物史观和政治经济学的马克思主义基本原理。改革开放之初，邓小平重新提出，"社会

---

① 毛泽东年谱（1949—1976）：第2卷 [M]. 北京：中央文献出版社，2013：513.
② 毛泽东文集：第7卷 [M]. 北京：人民出版社，1999：1.
③ 毛泽东文集：第7卷 [M]. 北京：人民出版社，1999：218.
④ 马克思恩格斯文集：第1卷 [M]. 北京：人民出版社，2009：724.

主义的首要任务是发展生产力，逐步提高人民的物质和文化生活水平"①，突出了"应该把解放生产力和发展生产力两个讲全了"②的重要思想。"讲全"生产力，是对马克思主义关于生产力和生产关系矛盾运动基本原理的科学把握和运用。在党的十六大，江泽民同志把"必须高度重视解放和发展生产力"，确立为中国共产党"执政兴国"的"第一要务"③。在党的十八大，胡锦涛同志把"必须坚持解放和发展社会生产力"，确立为夺取中国特色社会主义新胜利必须牢牢把握的"基本要求"④。解放和发展社会生产力理论成为中国特色"系统化的经济学说"的主线，同样贯穿中国共产党治国理政理论探讨的全过程。

党的十八大以来，习近平总书记多次强调："全面建成小康社会，实现社会主义现代化，实现中华民族伟大复兴，最根本最紧迫的任务还是进一步解放和发展社会生产力。"⑤ 在对治国理政方略的新的探索中，习近平总书记进一步强调"解放和激发科技作为第一生产力所蕴藏的巨大潜能"⑥，对科学技术转化为现实生产力的当代意义作出新的判断；强调"牢固树立保护生态环境就是保护生产力、改善生态环境就是发展生产力的理念"⑦，使"保护生产力"和"发展生产力"成为谋划生态文明建设的理论基础和实践指南。"解放和发展社会生产力"成为坚持和发展中国特色社会主义、实现中华民族伟大复兴中国梦的"最根本最紧迫的任务"，成为习近平总书记对治国理政理论阐释的聚焦点和着力点。

在阐释新常态经济"大逻辑"中，习近平总书记提出"实现我国社会生产力水平总体跃升"的重要思想，是对经济新常态辩证认识和全面谋划

---

① 邓小平文选：第 3 卷 [M]．北京：人民出版社，1993：116.
② 邓小平文选：第 3 卷 [M]．北京：人民出版社，1993：370.
③ 中共中央文献研究室．十六大以来重要文献选编：上 [M]．北京：中央文献出版社，2005：10.
④ 中共中央文献研究室．十八大以来重要文献选编：上 [M]．北京：中央文献出版社，2014：11.
⑤ 中共中央文献研究室．十八大以来重要文献选编：上 [M]．北京：中央文献出版社，2014：549.
⑥ 中共中央文献研究室．十八大以来重要文献选编：中 [M]．北京：中央文献出版社，2016：21.
⑦ 坚持节约资源和保护环境基本国策 努力走向社会主义生态文明新时代 [N]．人民日报，2013−05−25（1）.

的新论断，也是从治国理政的高度对"系统化的经济学说"主线的新概括。党的十八大以后，中国经济运行显著地进入增长速度换挡期、结构调整阵痛期、前期刺激政策消化期这"三期"叠加的轨道，社会生产力发展中各种矛盾和问题相互交织，新情况新问题愈加凸显。2014 年 7 月，习近平总书记在提出"适应新常态，共同推动经济持续健康发展"问题时强调："我们必须审时度势，全面把握和准确判断国内国际经济形势变化，坚持底线思维，做好应对各种新挑战的准备。要把转方式、调结构放在更加突出的位置，针对突出问题，主动作为，勇闯难关，努力提高创新驱动发展能力、提高产业竞争力、提高经济增长质量和效益，实现我国社会生产力水平总体跃升。"① 以"实现我国社会生产力水平总体跃升"为根本出发点和战略目标的经济新常态，引导着中国经济改革的新发展。

　　"实现我国社会生产力水平总体跃升"的新概括，是解放和发展生产力理论的赓续。"总体"上的社会生产力，集中体现于马克思认为的社会再生产"连续地并列进行的"② 过程中，是社会生产力时间相继性和空间并列性的统一。从"总体"上看，"相继进行一停滞，就使并列陷于混乱"，而"并列存在本身只是相继进行的结果"③。对社会生产力时间相继和空间并存及其整体关系的科学把握，是经济新常态理论的重要基础。从时间相继上看，经济新常态适合于进入 21 世纪以来我国经济发展阶段更替变化的内在逻辑。改革开放以来，我们用几十年时间走完发达国家几百年走过的发展历程，经济总量跃升世界第二，创造了当代世界发展的奇迹。然而随着时间的推移，经济总量不断扩大，必然进入经济发展的拐点和经济结构调整的节点。特别是长期累积的低端产能过剩要集中消化，加快发展中高端产业成为经济结构调整的根本出路；长期形成的主要以低成本资源和要素投

---

① 中共中央召开党外人士座谈会 [N]．人民日报，2014 - 07 - 30（1）.
② 马克思恩格斯文集．第 6 卷 [M]．北京：人民出版社，2009：117.
③ 马克思恩格斯文集．第 6 卷 [M]．北京：人民出版社，2009：120.

入形成的驱动力明显减弱，以创新为核心的更为强劲的经济增长驱动力成为产业结构调整的必然选择。从空间并列上看，改革开放后几十年间形成的国内国外两个资源、两个市场的社会生产力格局发生了深刻变化。近30多年来，对国际市场和资源的有效利用是我国经济增长的主要特征，其显著表现就是我国迅速成为世界贸易大国。但自2008年国际金融危机爆发以来，全球贸易进入发展低迷期，世界经济处于深度调整期，我国出口需求增速放缓，经济增长动力势必转到更多地依靠创新驱动和扩大内需特别是消费需求上。对我国社会生产力"总体"上的精准分析和深刻把握，成为谋划经济新常态战略的主要依据和重要基础，成为治国理政新理念新思想新战略的重要支撑。

在2015年12月召开的中央经济工作会议上，习近平总书记提出"要坚持中国特色社会主义政治经济学的重大原则"的重要思想，其中首要的重大原则就是"坚持解放和发展社会生产力"①。坚持解放和发展社会生产力的重要原则，凸显了"系统化的经济学说"的主线观念，洋溢着"系统化的经济学说"的中国智慧，丰富了"系统化的经济学说"与治国理政密切相连的深刻意蕴和思想特色。

三、 "系统化的经济学说" 中新发展理念主导及其作用

发展问题贯穿中国特色社会主义政治经济学形成和发展的全过程，是中国特色"系统化的经济学说"的主导性论题。中国特色社会主义政治经济学创立之初，毛泽东在准备《论十大关系》的调研及讲话中，就强调要"从发展的观点看"② 的思想方法；认为"限制发展是错误的，不能限制发

---

① 中央经济工作会议在北京举行 [N]. 人民日报, 2015 – 12 – 22 (1).
② 毛泽东文集: 第7卷 [M]. 北京: 人民出版社, 1999: 44.

展"①，重要的是"要采取积极合理发展的方针"②；提倡要从实际出发，要以事物发展自身的条件为基础，要"按自然发展规律，按社会发展规律"③发展。在《论十大关系》中毛泽东强调了发展在经济建设中的主导作用。

改革开放伊始，邓小平就以"中国解决所有问题的关键是要靠自己的发展"④"发展才是硬道理"⑤这样朴实的话语和坚定的信念，阐明了中国为什么需要发展和怎样持续稳定发展的深刻道理。邓小平把"发展才是硬道理"看作是体现社会主义本质和发挥社会主义经济制度优越性的重大问题。邓小平理论中的发展理念及其在中国经济改革中的实践，确立了中国特色社会主义政治经济学的主导方向。在把中国特色社会主义经济建设推向21世纪的进程中，江泽民同志在对"三个代表"重要思想阐释中强调"发展是硬道理，这是我们必须始终坚持的一个战略思想"⑥，提出把发展作为党执政兴国的第一要务的论断，把发展问题同党的性质、党的执政基础紧密地联系起来。进入新世纪，胡锦涛同志提出"以人为本"是科学发展观的本质和核心立场，体现了马克思主义关于人民群众创造历史的基本原理和人的全面发展的根本价值追求。在党的十八大，胡锦涛同志对新世纪以来发展理念进行概述时指出："以经济建设为中心是兴国之要，发展仍是解决我国所有问题的关键。"他还提出："必须坚持发展是硬道理的战略思想，决不能有丝毫动摇。"⑦把发展问题提到"执政兴国""兴国之要"的高度，凸显了"实现什么样的发展、怎样发展"问题在治国理政中重要的理论意义和实践意义。

党的十八大以来，以习近平同志为核心的党中央，以全面建成小康社

① 毛泽东年谱（1949—1976）：第2卷［M］. 北京：中央文献出版社，2013：539.
② 毛泽东年谱（1949—1976）：第2卷［M］. 北京：中央文献出版社，2013：540.
③ 毛泽东年谱（1949—1976）：第2卷［M］. 北京：中央文献出版社，2013：535.
④ 邓小平文选：第3卷［M］. 北京：人民出版社，1993：265.
⑤ 邓小平文选：第3卷［M］. 北京：人民出版社，1993：377.
⑥ 江泽民文选：第3卷［M］. 北京：人民出版社，2006：118.
⑦ 中共中央文献研究室. 十八大以来重要文献选编：上［M］. 北京：中央文献出版社，2014：15.

会为奋斗目标，以实现中华民族伟大复兴的中国梦为历史使命，从治国理政的新高度，对发展问题作出了多方面的阐释。习近平总书记提出："我们要坚持发展是硬道理的战略思想，坚持以经济建设为中心，全面推进社会主义经济建设、政治建设、文化建设、社会建设、生态文明建设，深化改革开放，推动科学发展，不断夯实实现中国梦的物质文化基础。"① 在对《中共中央关于制定国民经济和社会发展第十三个五年规划的建议》的说明中，习近平总书记认为："发展理念是发展行动的先导，是管全局、管根本、管方向、管长远的东西，是发展思路、发展方向、发展着力点的集中体现。"② "理者，物之固然，事之所以然也。"以新发展理念为主导，成为"十三五"时期我国经济社会发展谋篇布局之"固然"和"所以然"。如何从治国理政的高度形成新发展理念，成为中国特色"系统化的经济学说"的主导性论题。

在新发展理念中，创新是引领发展的第一动力，要把发展基点放在创新上，形成促进创新的体制架构，塑造更多依靠创新驱动、更多发挥先发优势的引领型发展；协调是持续健康发展的内在要求，要坚持区域协同、城乡一体、物质文明精神文明并重、经济建设国防建设融合，在协调发展中拓宽发展空间，在加强薄弱领域中增强发展后劲；绿色是永续发展的必要条件和人民对美好生活追求的重要体现，要坚持绿色富国、绿色惠民，为人民提供更多优质生态产品，推动形成绿色发展方式和生活方式，协同推进人民富裕、国家富强、中国美丽；开放是国家繁荣发展的必由之路，要丰富对外开放内涵，提高对外开放水平，协同推进战略互信、经贸合作、人文交流，开创对外开放新局面，形成深度融合的互利合作格局；共享是中国特色社会主义的本质要求，要注重解决社会公平正义问题，让广大人民群众共享改革发展成果，真正体现社会主义制度的优越性。

---

① 中共中央文献研究室. 十八大以来重要文献选编：上 [M]. 北京：中央文献出版社，2014：236.
② 中共中央文献研究室. 十八大以来重要文献选编：中 [M]. 北京：中央文献出版社，2016：774.

发展的"第一动力""内在要求""必要条件""必由之路""本质要求"这五个方面,在新发展理念中紧密相连、相互着力,既各有侧重又相互支撑,形成一个有机整体。这一整体统一于"五位一体"总体布局和"四个全面"战略布局的实施,统一于实现"两个一百年"奋斗目标和中华民族伟大复兴的中国梦的历史进程,统一于治国理政新理念新思想新战略。

新发展理念创造性地提出的有关发展的重大理论和实践问题,凝结了中国共产党对中国特色社会主义经济社会发展规律的深刻认识,是对"实现什么样的发展、怎样发展"问题的提炼和升华,是全面建成小康社会的决战纲领和决胜攻略的先导。新发展理念是中国特色"系统化的经济学说"的主导论题,也是治国理政的重要内涵和基本遵循。

四、"系统化的经济学说"中社会主义市场经济理论主题及其地位

在对党的十八届三中全会《关于全面深化改革若干问题的决定》的说明中,习近平总书记指出:"要有强烈的问题意识,以重大问题为导向,抓住关键问题进一步研究思考,着力推动解决我国发展面临的一系列突出矛盾和问题。"[1] 习近平总书记紧紧扣住社会主义市场经济发展中的"问题意识",提出"经过二十多年实践,我国社会主义市场经济体制已经初步建立,但仍存在不少问题"[2] 的"倒逼"思路,强化了"系统化的经济学说"的理论主题,凸显了坚持社会主义市场经济改革方向作为中国特色社会主义政治经济学重要原则的地位和作用。社会主义市场经济是社会主义条件下市场对资源配置起决定性作用的经济体制,是以社会主义基本经济制度为根基的经济关系。社会主义市场经济是经济体制一般和经济制度特殊的

---

① 中共中央文献研究室. 十八大以来重要文献选编: 上 [M]. 北京: 中央文献出版社, 2014: 497.

② 中共中央文献研究室. 十八大以来重要文献选编: 上 [M]. 北京: 中央文献出版社, 2014: 498.

统一。党的十四大在对社会主义市场经济的最初定义中就强调："社会主义市场经济体制是同社会主义基本制度结合在一起的。"① 党的十八届三中全会进一步明确："以公有制为主体、多种所有制经济共同发展的基本经济制度，是中国特色社会主义制度的重要支柱，也是社会主义市场经济体制的根基。"② 市场经济体制要与社会主义基本经济制度"结合起来"，成为中国特色社会主义政治经济学的最具创新性的理论观点；而市场经济体制如何与社会主义基本经济制度"结合起来"，则成为中国特色社会主义政治经济学的理论主题。

在中国特色"系统化的经济学说"中，社会主义基本制度和市场经济体制"结合起来"，集中体现于两个方面。

一是在公有制为主体多种经济形式共同发展这一基本经济制度背景下，市场经济体制机制与不同所有制经济之间的结合，以及不同所有制经济之间的结合问题。在社会主义市场经济中，要坚持和完善社会主义基本经济制度，毫不动摇巩固和发展公有制经济，毫不动摇鼓励、支持、引导非公有制经济发展，推动各种所有制取长补短、相互促进、共同发展。习近平总书记从治国理政的高度提出："要坚持社会主义市场经济改革方向，坚持辩证法、两点论，继续在社会主义基本制度与市场经济的结合上下功夫，把两方面优势都发挥好。"③

我国的社会主义公有制经济是长期以来在国家发展历程中形成的，为国家建设、国防安全、人民生活改善作出了突出贡献，是全体人民的宝贵财富。公有制主体地位不能动摇，国有经济主导作用不能动摇，这是保证我国各族人民共享发展成果的制度性保证，也是巩固党的执政地位、坚持我国社会主义制度的重要保证。习近平总书记指出："实行公有制为主体、

---

① 中共中央文献研究室. 改革开放三十年重要文献选编：上 [M]. 北京：中央文献出版社，2008：660.
② 中共中央文献研究室. 十八大以来重要文献选编：上 [M]. 北京：中央文献出版社，2014：514 – 515.
③ 立足我国国情和我国发展实践　发展当代中国马克思主义政治经济学 [N]. 人民日报，2015 – 11 – 25 (1).

多种所有制经济共同发展的基本经济制度，是中国共产党确立的一项大政方针，是中国特色社会主义制度的重要组成部分，也是完善社会主义市场经济体制的必然要求。"① 毫无疑问，把社会主义公有制经济建设好、发展好、巩固好，是坚持和发展中国特色社会主义的最重要的经济基础，是中国共产党治国理政的最根本的制度保证。

长期以来，我国非公有制经济快速发展，在稳定增长、促进创新、增加就业、改善民生等方面发挥了重要作用。非公有制经济是稳定经济的重要基础，是扩大就业的主要领域，是国家税收的重要来源，是技术创新的重要主体，是金融发展的重要依托，是经济持续健康发展的重要力量。强调把公有制经济建设好、发展好、巩固好，同鼓励、支持、引导非公有制经济发展不是对立的，而是有机统一的。公有制经济、非公有制经济应该相辅相成、相得益彰，而不是相互排斥、相互抵消。以公有制为主体多种经济成分共同发展的所有制结构，作为社会主义初级阶段基本纲领的重要特征，是治国理政新理念新思想新战略的根本要义。

二是在市场作用和政府作用的问题上，市场在资源配置中起决定性作用和更好发挥政府作用，二者是有机统一的，不是相互排斥或相互否定的，不能把二者割裂开来、对立起来，既不能用市场在资源配置中的决定性作用取代甚至否定政府作用，也不能用更好发挥政府作用取代甚至否定市场在资源配置中起决定性作用。

处理好政府和市场的关系，是我国经济体制改革的核心问题，也是治国理政的重要课题。坚持社会主义市场经济改革重要原则，要着力于把"看不见的手"和"看得见的手"都用好，把这两个方面的优势都发挥好。在这一问题上，如习近平总书记指出的，同样"要讲辩证法、两点论，把'看不见的手'和'看得见的手'都用好。政府和市场的作用不是对立的，

---

① 习近平. 毫不动摇坚持我国基本经济制度 推动各种所有制经济健康发展［N］. 人民日报，2016 - 03 - 09（2）.

而是相辅相成的；也不是简单地让市场作用多一些、政府作用少一些的问题，而是统筹把握，优势互补，有机结合，协同发力"。其关键就在于，"要找准市场功能和政府行为的最佳结合点，切实把市场和政府的优势都充分发挥出来，更好地体现社会主义市场经济体制的特色和优势，努力形成市场作用和政府作用有机统一、相互补充、相互协调、相互促进的格局"①。从理论上对政府和市场关系的这一定位，是以中国的经济事实和经济改革实践为依据的，是对中国市场经济发展实践经验的理性提升，是中国特色"系统化的经济学说"主题的重要呈现，也是治国理政新理念新思想新战略的"中国智慧"。

五、 治国理政中 "系统化的经济学说" 的理论品质与思想特色

中国特色"系统化的经济学说"新发展，集中体现了马克思主义与时俱进的理论品质，表现为同治国理政新理念新思想新战略紧密相连、结为一体的思想特色。

"系统化的经济学说"新发展，深刻揭示了中国特色社会主义经济关系的根本立场和根本理念，深化了治国理政新理念新思想新战略的核心观点。中国特色社会主义政治经济学的根本立场，就是坚持以人民为中心的发展思想，把增进人民福祉、促进人的全面发展、朝着共同富裕方向稳步前进作为经济发展的出发点和落脚点，推进社会主义初级阶段经济建设和经济关系发展都要牢牢坚持这个根本立场。中国特色社会主义政治经济学的根本理念，就是坚持创新、协调、绿色、开放、共享的新发展理念。新发展理念是对我们推动经济发展获得的感性认识的理论升华，是引领中国经济发展思路和方向的先导。这一根本立场和根本理念，与治国理政新理念新思想新战略有着内在的一致性，体现了"系统化的经济学说"的思想特色。

---

① 中共中央宣传部. 习近平总书记系列重要讲话读本 [M]. 北京：学习出版社，2016：150 - 151.

"系统化的经济学说"新发展，增强了社会主义初级阶段经济制度和经济体制整体研究的视野，提升了中国特色社会主义政治经济学"系统性"的意蕴，深化了治国理政的"四个全面"战略布局和"五位一体"总体布局的思想特色，是治国理政新理念新思想新战略在马克思主义政治经济学中深刻而全面的证明。在社会主义基本经济制度和市场经济整体理论上强调，坚持和完善社会主义基本经济制度，要毫不动摇巩固和发展公有制经济，毫不动摇鼓励、支持、引导非公有制经济发展，推动各种所有制取长补短、相互促进、共同发展。要从治国理政的高度搞清楚："公有制经济也好，非公有制经济也好，在发展过程中都有一些矛盾和问题，也面临着一些困难和挑战，需要我们一起来想办法解决。但是，不能一叶障目、不见泰山，攻其一点、不及其余。任何想把公有制经济否定掉或者想把非公有制经济否定掉的观点，都是不符合最广大人民根本利益的，都是不符合我国改革发展要求的，因此也都是错误的。"①

在社会主义生产关系和分配关系的系统理论中强调，要努力推动居民收入增长和经济增长同步、劳动报酬提高和劳动生产率提高同步，不断健全体制机制和具体政策，调整国民收入分配格局，持续增加城乡居民收入，不断缩小收入差距，使发展成果更多更公平惠及全体人民，作出更有效的制度安排，使我们的社会朝着共同富裕的方向稳步前进。所有制结构和分配结构的理论是社会主义初级阶段基本纲领的重要内容。中国特色"系统化的经济学说"在这两个基本问题上与时俱进的新阐释，为实现"四个全面"战略布局和"五位一体"总体布局奠定了坚实的理论基石。

"系统化的经济学说"新发展，拓展了中国特色社会主义生产方式及其相适应的生产关系和交换关系总体研究的视界，以经济新常态和供给侧结构性改革理论为标志，彰显了与治国理政新理念新思想新战略紧密相连的

---

① 习近平．毫不动摇坚持我国基本经济制度 推动各种所有制经济健康发展［N］．人民日报，2016－03－09（2）．

思想特色。经济新常态理论作为治国理政的经济改革"大逻辑"，是以全面推进各个领域的改革为背景的，以切实完成转方式、调结构的历史任务为目标的，是实现经济增长保持中高速、产业迈向中高端，加快实施创新驱动发展的整体战略。供给侧结构性改革理论是对经济新常态理论认识的深化，是对经济体制改革路径的与时俱进的新探索。供给侧结构性改革既强调供给又关注需求，既突出发展社会生产力又注重完善生产关系和交换关系，既着眼当前又立足长远。供给侧结构性改革的根本，是使我国供给能力更好满足广大人民日益增长、不断升级和个性化的物质文化和生态环境需要，从而更为全面地实现社会主义生产目的。2015年11月，习近平总书记在多次谈到供给侧结构性改革问题时，强调在适度扩大总需求的同时，着力加强供给侧结构性改革，着力提高供给体系质量和效率，增强经济持续增长动力；提出必须下决心推进经济结构性改革，使供给体系更适应需求结构的变化。供给侧结构性改革作为当前"推动我国社会生产力水平整体改善"[①] 的重要举措，就在于扩大有效供给，满足有效需求，加快推动经济新常态体制机制和发展方式的改革。从经济新常态的"实现我国社会生产力水平总体跃升"到供给侧结构性改革的"推动我国社会生产力水平整体改善"，是中国特色"系统化的经济学说"中解放和发展社会生产力理论主线的延伸，是社会主义市场经济理论主题的深化，体现了与治国理政新理念新思想新战略紧密相连的思想特色。

"系统化的经济学说"新发展，体现于推动新型工业化、信息化、城镇化、农业现代化相互协调的"四化同步"发展战略中，具体展现了治国理政新理念新思想新战略实施的方向和路径。坚持走中国特色新型"四化"道路，推动信息化和工业化深入融合、工业化和城镇化良性互动、城镇化和农业现代化相互协调、"四化同步"发展，是国家现代化的必然趋势和重要标志。我国工业化基本实现、信息化水平大幅提升、城镇化质量明显提

---

① 中央经济工作会议在北京举行 [N] . 人民日报, 2015 – 12 – 22 (1).

高、农业现代化和社会主义新农村建设成效显著，是实现全面建成小康社会的重要目标。"四化同步"发展不仅勾画了"五位一体"发展的美好愿景，也呈现了治国理政实施的宏伟"蓝图"，体现了"系统化的经济学说"的思想特色。

"系统化的经济学说"新发展，体现于统筹国内国际两个大局，利用好国际国内两个市场、两种资源的对外开放的总体布局中，从多方面完善了对外开放基本国策，丰富了治国理政新理念新思想新战略的内涵。发展更高层次的开放型经济，以开放的最大优势谋求中国经济社会的更大发展空间。以"一带一路"倡议为引导，构建互联互通互融的开放系统，提升我国在全球经济治理中的制度性话语权。积极参与全球经济治理，同时坚决维护我国发展利益，积极防范各种风险，提高抵御国际经济风险的能力，确保国家经济安全。对外开放基本国策上的这些新思想，拓展了治国理政新理念新思想新战略中以对外开放的主动赢得经济发展主动、赢得国际竞争主动问题探索的新视界。

决战决胜全面建成小康社会的进程波澜壮阔，中国特色社会主义经济建设和经济关系的全面发展，蕴含着中国特色社会主义政治经济学发展和创新难得的历史机遇。治国理政新理念新思想新战略拓展了中国特色"系统化的经济学说"的理论境界，中国特色"系统化的经济学"将在治国理政新理念新思想新战略的实施中得到理论升华，彰显中国特色"系统化的经济学说"的理论品质和思想特色。

（原载于《中国高校社会科学》2017 年第 1 期；副标题：基于中国特色社会主义政治经济学主线、主题、主导的探索）

中国特色社会主义政治经济学的始创及理论结晶

中国特色社会主义政治经济学形成于中国改革开放新时期，其形成的重要标志之一，就是 1984 年党的十二届三中全会通过的《中共中央关于经济体制改革的决定》。《中共中央关于经济体制改革的决定》阐述了一系列适合于中国经济体制改革实际的"新话"，邓小平认为，这些"新话"给人以"写出了一个政治经济学的初稿"① 的印象。从社会主义经济思想史来看，中国特色社会主义政治经济学的发端要更早一些，它开始于中国社会主义基本制度确立时期，其重要标志就是毛泽东 1956 年 4 月发表的《论十大关系》讲话和 1957 年 2 月发表的《关于正确处理人民内部矛盾的问题》讲话。

毛泽东的这两篇文章，产生于中国社会主义经济制度确立之初，是中国特色社会主义政治经济学的始创之作。这两篇文章阐释的社会主义政治经济学的基本理论和方法，特别是其中的社会主义社会基本矛盾、统筹兼顾、注意综合平衡、农轻重协调发展等独创性理论，对中国特色社会主义政治经济学形成和发展，乃至对当今写就中国特色的"系统化的经济学说"② 的新篇章，仍然有着重要的理论意义和科学价值。

---

① 邓小平文选：第 3 卷 [M]．北京：人民出版社，1993：83.
② 立足我国国情和我国发展实践 发展当代中国马克思主义政治经济学 [N]．人民日报，2015 - 11 - 25 (1)．

一、 社会主义建设道路的探索与马克思主义中国化的 "第二次结合"

　　1956 年初，在中国社会主义基本制度确立这一历史时刻到来之际，毛泽东已经把如何选择中国自己的社会主义建设道路问题提上了重要议程。从半殖民地半封建社会脱胎而来的经济文化比较落后的中国如何建设社会主义的问题，成为以毛泽东为核心的党的第一代中央领导集体面对的最为重要而紧迫的课题。

　　社会主义建设道路的选择，必然以解放生产力和发展生产力这一本质问题为基本出发点。1956 年 1 月 20 日，毛泽东在关于知识分子问题会议的讲话中指出，"我们的党，我们的政府，我们的各个部门，都必须执行促进生产力发展的任务"，而且上层建筑也要"适合这个经济基础，适合生产力的发展"[①]；同时，生产力的发展同"技术革命"也是联系在一起的，"现在我们革什么命呢？现在革技术的命，叫技术革命"[②]。1 月 25 日，毛泽东在最高国务会议第六次会议上，从"社会主义革命的目的是解放生产力"问题切入，进一步提出"社会主义革命的目的是为了解放生产力"，认为"农业和手工业由个体的所有制变为社会主义的集体所有制，私营工商业由资本主义所有制变为社会主义所有制，必然使生产力大大地获得解放。这样就为大大地发展工业和农业的生产创造了社会条件"[③]。显然，"解放生产力"是通过变革生产关系来实现的，是生产关系变革的结果，是生产关系意义上的"解放"；而"解放生产力"，也将为"大大地发展工业和农业的生产"，即为发展生产力创造"社会条件"。在《关于正确处理人民内部矛盾的问题》中，毛泽东对此作的新概括就是："我们的根本任务已经由解放

① 毛泽东年谱（1949—1976）：第 2 卷 ［M］. 北京：中央文献出版社，2013：513.
② 毛泽东年谱（1949—1976）：第 2 卷 ［M］. 北京：中央文献出版社，2013：515.
③ 毛泽东文集：第 7 卷 ［M］. 北京：人民出版社，1999：1.

生产力变为在新的生产关系下面保护和发展生产力。"①

无论是解放生产力还是发展生产力，毛泽东认为，都是为了实现一个"伟大的目标"，这就是"要在几十年内，努力改变我国在经济上和科学文化上的落后状况，迅速达到世界上的先进水平。为了实现这个伟大的目标，决定一切的是要有干部，要有数量足够的、优秀的科学技术专家；同时，要继续巩固和扩大人民民主统一战线，团结一切可能团结的力量"②。"团结一切可能团结的力量"的基本观点，在之后《论十大关系》的讲话中，进一步被发展为社会主义建设道路探索的"基本方针"思想。毛泽东在《论十大关系》一开始就强调，"提出这十个问题，都是围绕着一个基本方针，就是要把国内外一切积极因素调动起来，为社会主义事业服务"③，"我们要调动一切直接的和间接的力量，为把我国建设成为一个强大的社会主义国家而奋斗"④。

在对中国社会主义建设道路选择问题的探索中，毛泽东进一步立足于国内和国际两个大局，审时度势，从历史、理论与现实的结合上，提出了马克思主义中国化的"第二次结合"的思想，对中国特色社会主义政治经济学的理论和方法作了开创性研究。

1956 年 2 月 14 日到 4 月 24 日，为准备《论十大关系》讲话，毛泽东作了长达 43 天的调查研究。调查研究一开始，毛泽东就点明主题，提出苏联的经验和道路哪些该学哪些不该学的问题。2 月 25 日，他强调"要打破迷信"，提出我们"完全应该比苏联少走弯路"，"不应该被苏联前几个五年计划的发展速度所束缚"⑤。就在毛泽东提出这一问题时，莫斯科时间 24 日深夜，赫鲁晓夫向参加苏共二十大代表作了《关于个人崇拜及其后果》的

---

① 毛泽东文集：第 7 卷［M］．北京：人民出版社，1999：218.
② 毛泽东文集：第 7 卷［M］．北京：人民出版社，1999：2.
③ 毛泽东文集：第 7 卷［M］．北京：人民出版社，1999：23.
④ 毛泽东文集：第 7 卷［M］．北京：人民出版社，1999：24.
⑤ 毛泽东年谱（1949—1976）：第 2 卷［M］．北京：中央文献出版社，2013：537.

秘密报告。毛泽东敏锐地抓住国际共产主义运动初见端倪的这一重大转折，对中国社会主义建设道路的选择问题作了新的战略思考，对中国社会主义政治经济学问题也作了新的探索。

1956 年 3 月 12 日，中共中央政治局扩大会议在讨论苏共二十大问题时，毛泽东指出，赫鲁晓夫秘密报告值得认真研究，"现在看来，至少可以指出两点：一是它揭了盖子，一是它捅了娄子。说揭了盖子，就是讲，他的秘密报告表明，苏联、苏共、斯大林并不是一切都是正确的，这就破除了迷信。说捅了娄子，就是讲，他作的这个秘密报告，无论在内容上或方法上，都有严重错误"①。毛泽东这一透彻分析，既揭示了赫鲁晓夫秘密报告的根本错误，也明确破除对苏联模式的迷信，阐明探寻中国自己的社会主义建设道路的必然性和必要性。十天之后，毛泽东在主持召开中共中央书记处扩大会议时，再次谈到"揭了盖子"和"捅了娄子"的问题。他指出："赫鲁晓夫这次揭了盖子，又捅了娄子。他破除了那种认为苏联、苏共和斯大林一切都是正确的迷信，有利于反对教条主义，不要再硬搬苏联的一切了，应该用自己的头脑思索了。应该把马克思列宁主义的基本原理同中国社会主义革命和建设的具体实际结合起来，探索在我们国家里建设社会主义的道路了。"②毛泽东提出了三个新的观点：一是要破除迷信，反对教条主义；二是有针对性地提出不要"硬搬"苏联模式那一套，应该独立思考中国自己的社会主义建设道路问题；三是提出了要把马克思主义基本原理同中国社会主义革命，也同中国社会主义建设的具体实际"结合起来"的命题。

为了应对国际共产主义运动大局的变化，这次中央书记处扩大会议提出撰写《关于无产阶级专政的历史经验》的文章，以表明中国共产党的基本立场和观点。4 月 4 日，在最后一次讨论这篇文章的修改稿时，毛泽东谈

① 毛泽东年谱（1949—1976）：第 2 卷 [M]．北京：中央文献出版社，2013：545.
② 毛泽东年谱（1949—1976）：第 2 卷 [M]．北京：中央文献出版社，2013：550.

道："发表这篇文章，我们对苏共二十大表示了明确的但也是初步的态度。议论以后还会有，问题在于我们自己从中得到什么教益。"毛泽东"对我们自己从中得到什么教益"问题的回答就是："最重要的是要独立思考，把马列主义的基本原理同中国革命和建设的具体实际相结合。"回顾中国共产党的历史，毛泽东深有感触地谈道："民主革命时期，我们走过一段弯路，吃了大亏之后才成功实现了马克思主义基本原理同中国革命具体实际的结合，取得革命的胜利。现在是社会主义革命和建设时期，我们要进行第二次结合，找出在中国进行社会主义革命和建设的正确道路。"① 他进一步提到："这个问题，我几年前就开始考虑。现在农业合作化问题上考虑怎样把合作社办得又多又快又好，后来又在建设上考虑能否不用或者少用苏联的拐杖，不像第一个五年计划那样搬苏联的一套，自己根据中国的国情，建设得又多又快又好又省。现在感谢赫鲁晓夫揭开了盖子，我们应该从各方面考虑如何按照中国的情况办事，不要再像过去那样迷信了。"毛泽东的结论就是："我们过去也不是完全迷信，有自己的独创。现在更要努力找到中国建设社会主义的具体道路。"②

毛泽东关于"进行第二次结合""更努力找到中国建设社会主义的具体道路"等重要思想的提出，是对中国革命和建设历史反思和现实思考的结果，是在中国社会主义建设道路选择的关键时期和国际共产主义运动逆转时期作出的重大战略调整，是总结经验、破除迷信，不再"搬苏联的一套"，在把马克思主义基本原理同中国实际的"第二次结合"中，对"中国怎样建设社会主义的道路"问题上作出中国共产党人的回答。

4月25日下午，毛泽东在有各省市自治区党委书记参加的中共中央政治局扩大会议上，发表了《论十大关系》的讲话。毛泽东后来肯定，《论十大关系》"开始提出我们自己的建设路线，原则和苏联相同，但方法有所不

---

① 毛泽东年谱（1949—1976）：第2卷 [M]．北京：中央文献出版社，2013：557.
② 毛泽东年谱（1949—1976）：第2卷 [M]．北京：中央文献出版社，2013：557.

同，有我们自己的一套内容"①。也就是说，"从一九五六年提出十大关系起，开始找到自己的一条适合中国的路线"②。《论十大关系》实际上是毛泽东提出"第二次结合"思想后，对中国社会主义建设道路探索的最初的重要成果，对中国特色主义政治经济学探索的最初的重要成果。

自发表《论十大关系》到《关于正确处理人民内部矛盾的问题》的一年间，毛泽东对"第二次结合"作了进一步思考。"第二次结合"是中国共产党在新民主主义革命时期和社会主义过渡时期的马克思主义中国化过程的继续。1956 年 8 月 24 日，毛泽东在同中国音乐家协会负责人谈道："社会主义的内容，民族的形式，在政治方面是如此，在艺术方面也是如此。"③他强调："要向外国学习科学的原理。学了这些原理，用来研究中国的东西，把学的东西中国化。中国的和外国的东西要有机地结合，而不是套用外国的东西。要用外国有用的东西来改进和发扬中国的东西，创造中国独特的新东西。"他还提到："应该越搞越中国化，而不是越搞越洋化。要反对教条主义，也要反对保守主义，这两个东西对中国都是不利的。"④

1956 年 8 月，毛泽东在对党的八大政治报告修改稿中，对提到的社会主义制度在各国的具体发展过程和表现形式不可能有千篇一律的格式问题作了修改，提出"我国是一个东方国家，因此，我们不但在民主革命过程中有自己的许多特点，在社会主义改造和社会主义建设的过程中也带有自己的许多特点，而且在将来建成社会主义社会以后还会继续存在自己的许多特点"⑤。8 月底，在党的八大的预备会议上，毛泽东提出："马克思主义的普遍真理一定要同中国革命的具体实践相结合，就是说，理论与实践要统一。理论与实践的统一，是马克思主义的一个最基本的原则。思想必须

① 毛泽东文集：第 7 卷 [M]．北京：人民出版社，1999：369 – 370.
② 毛泽东年谱（1949—1976）：第 4 卷 [M]．北京：中央文献出版社，2013：419.
③ 毛泽东文集：第 7 卷 [M]．北京：人民出版社，1999：78.
④ 毛泽东年谱（1949—1976）：第 2 卷 [M]．北京：中央文献出版社，2013：607.
⑤ 毛泽东年谱（1949—1976）：第 2 卷 [M]．北京：中央文献出版社，2013：603.

反映客观实际，而且在客观实践中得到检验，证明是真理，这才算是真理，不然就不算。"① 9 月 15 日，在党的八大的开幕词中，毛泽东再次对这一思想作了概括："我国的革命和建设的胜利，都是马克思列宁主义的胜利。把马克思列宁主义的理论和中国革命的实践密切地联系起来，这是我们党的一贯的思想原则。"② 毛泽东特别强调了社会主义建设中"有自己的许多特点"的必然性，凸显了社会主义建设道路作为一个"过程"的重要性。对有中国"许多特点"的社会主义建设道路和过程的探索，成为"进行第二次结合"的根本原则，也成为马克思主义政治经济学在中国发展和创新的基本立场。

把马克思主义基本原理与中国经济建设具体实践相结合，实现马克思主义中国化的"第二次结合"，成为中国特色社会主义政治经济学发展的基本遵循。1984 年，邓小平在提到中国特色社会主义政治经济学"初稿"时，就认为这是"马克思主义基本原理和中国社会主义实践相结合的政治经济学"③。他认为，"过去我们不可能写出这样的文件，没有前几年的实践不可能写出这样的文件。写出来，也很不容易通过，会被看作'异端'。我们用自己的实践回答了新情况下出现的一些新问题"④。习近平在评价改革开放以来中国特色社会主义政治经济学发展成就时指出："党的十一届三中全会以来，我们党把马克思主义政治经济学基本原理同改革开放新的实践结合起来，不断丰富和发展马克思主义政治经济学，形成了当代中国马克思主义政治经济学的许多重要理论成果。"⑤

"第二次结合"是中国特色社会主义政治经济学发展的基本遵循。习近平所概括的"把马克思主义政治经济学基本原理同改革开放新的实践结合

① 毛泽东文集：第 7 卷 [M]．北京：人民出版社，1999：90.
② 毛泽东文集：第 7 卷 [M]．北京：人民出版社，1999：116.
③ 邓小平文选：第 3 卷 [M]．北京：人民出版社，1993：83.
④ 邓小平文选：第 3 卷 [M]．北京：人民出版社，1993：91.
⑤ 立足我国国情和我国发展实践　发展当代中国马克思主义政治经济学 [N]．人民日报，2015－11－25 (1)．

起来，不断丰富和发展马克思主义政治经济学"论断，同毛泽东提出的"第二次结合"的思想原则一脉相承。在决战决胜全面建成小康社会的新的进程中，习近平把"第二次结合"的思想融会贯通于中国特色的"系统化的经济学说"发展之中。在 2015 年 12 月召开的中央经济工作会议上，习近平还明确地把"坚持解放和发展社会生产力"和"坚持调动各方面积极性，充分调动人的积极性"这两个方面，作为"要坚持中国特色社会主义政治经济学的重大原则"提出来。以毛泽东《论十大关系》和《关于正确处理人民内部矛盾的问题》为始创的中国特色社会主义政治经济学，在中国特色的"系统化的经济学说"的新篇章中得到了适合于时代发展的新阐释。

二、 对社会主义政治经济学基本问题的整体思考

在《论十大关系》和《关于正确处理人民内部矛盾的问题》中，毛泽东从中国社会主义建设道路全局的高度，抓住"关系""矛盾""问题"等关键问题，对社会主义政治经济学基本问题作出了多方面的探索和富有特色的整体思考。这些探索和思考呈现出三个基本特征。

第一，对社会主义建设道路的总体关系和全面布局的深刻理解。

在解决重点关系中引导全局关系发展，在全局关系统筹中把握重点关系，在辩证地理解和解决"十大关系"或"十大问题"中推进社会主义建设的全面发展。在"十大关系"中，经济关系是主要的、重点的关系，是解决和处理好其他方面关系的基础和前提；"一定要首先加强经济建设"①，是《论十大关系》得出的一个极其重要的结论。

在《论十大关系》讲话中，毛泽东先对重工业和轻工业、农业的关系，沿海工业和内地工业的关系，经济建设和国防建设的关系，国家、生产单位和生产者个人的关系等五大关系作出探讨，然后逐次展开对中央和地方

---

① 毛泽东文集：第 7 卷［M］. 北京：人民出版社，1999：28.

的关系，党和非党的关系，革命和反革命的关系，是非关系，中国和外国的关系等五大关系的探讨。显然，以经济建设和经济关系问题为出发点和中心论题，融社会主义社会生产力和生产关系、经济基础和上层建筑为一体，对中国社会主义建设道路中涵盖经济建设、政治建设、文化建设、国防建设、党的建设、外交政策和国际战略等方面问题作出全面探索，说明毛泽东已经深刻地理解经济建设在社会主义建设全局中的基础作用，也已经科学地把握经济建设在社会主义建设道路探索中的重要地位，这也是毛泽东在《论十大关系》中形成的社会主义政治经济学探索的基本思路。

在《关于正确处理人民内部矛盾的问题》讲话中，毛泽东从社会主义事业发展大局的高度，以社会主义社会存在两类不同性质的矛盾问题的全面论述为基础，依次对肃反问题，农业合作化问题，工商业者问题，知识分子问题，少数民族问题，统筹兼顾、适当安排问题，百花齐放、百家争鸣问题，长期共存、互相监督问题，少数人闹事问题，坏事能否变成好事问题，节约及中国工业化的道路等问题作出展开论述。《关于正确处理人民内部矛盾的问题》是从社会主义建设道路总体布局的高度，展开关于正确处理政治、经济、文化、社会发展中矛盾和关系等方面问题的论述；关于经济关系问题，主要是对农业合作化问题、工商业者问题和中国工业化道路问题的论述，是以中国社会主义建设道路发展的总体布局为根本前提的。

从社会主义建设道路发展的总体布局来看，毛泽东强调了处理好经济建设问题的政治经济学意蕴，这就是"社会主义社会经济发展的客观规律和我们主观认识之间的矛盾，这需要在实践中去解决。这个矛盾，也将表现为人同人之间的矛盾，即比较正确地反映客观规律的一些人同比较不正确地反映客观规律的一些人之间的矛盾，因此也是人民内部的矛盾。一切矛盾都是客观存在的，我们的任务在于尽可能正确地反映它和解决它"①。毛泽东在准备《论十大关系》讲话的调研中反复思考的问题也是："我们的

---

① 毛泽东文集：第 7 卷［M］．北京：人民出版社，1999：242．

头脑、思想对客观实际的反映，是一个由不完全到更完全、不很明确到更明确、不深入到更深入的发展变化过程，同时还要随客观实际的发展变化而发展变化。"思想认识的发展变化是这样，经济实际的发展变化也是如此，总有"一个由不完全到更完全、不很明确到更明确、不深入到更深入的发展变化过程"，总会"随客观实际的发展变化而发展变化"。在这一过程中，在毛泽东看来，最根本的就是要从"本国的实际出发"①。

第二，对中国社会主义建设道路的探索，在根本上就是走出一条中国自己的社会主义工业化道路。

"十大关系"是围绕中国社会主义建设道路，特别是围绕中国社会主义工业化道路问题展开的。在工业化过程产业结构调整问题上，毛泽东提出："这里就发生一个问题，你对发展重工业究竟是真想还是假想，想得厉害一点，还是差一点？你如果是假想，或者想得差一点，那就打击农业、轻工业，对它们少投点资。你如果是真想，或者想得厉害，那你就要注重农业、轻工业，使粮食和轻工业原料更多些，积累更多些，投到重工业方面的资金将来也会更多些。"② 在工业化过程的区域经济布局问题上，毛泽东提出："好好地利用和发展沿海的工业老底子，可以使我们更有力量来发展和支持内地工业。"③ 在《关于正确处理人民内部矛盾的问题》讲话中，毛泽东最后论述的问题是"中国工业化的道路"，他提到，"这里所讲的工业化道路的问题，主要是指重工业、轻工业和农业的发展关系问题。我国的经济建设是以重工业为中心，这一点必须肯定。但是同时必须充分注意发展农业和轻工业"④。这些关系和问题，不仅在当时社会主义工业化道路探索中是一些根本性的问题，即使在今天，也是探索中国特色新型工业化道路中的根本性问题。在《论十大关系》和《关于正确处理人民内部矛盾的问题》

① 毛泽东文集：第7卷［M］．北京：人民出版社，1999：17.
② 毛泽东文集：第7卷［M］．北京：人民出版社，1999：25.
③ 毛泽东文集：第7卷［M］．北京：人民出版社，1999：26.
④ 毛泽东文集：第7卷［M］．北京：人民出版社，1999：240.

中，毛泽东对社会主义政治经济学探索的中心论题，就是"把一个落后的农业的中国改变成为一个先进的工业化的中国"① 问题。

第三，坚持"从发展的观点看"经济建设问题的思想方法。

在《论十大关系》中，毛泽东提出"从发展的观点看"② 的思想方法。"关系"就是"问题"、就是"矛盾"，解决矛盾的出路就在于坚持"从发展的观点看"的思想方法，在于树立适合于经济建设实际要求的发展理念。

一是要打破迷信，解放思想，走出中国自己的发展道路的问题。对中国社会主义建设道路的探索，重要的是"要打破迷信，不管中国的迷信，外国的迷信。我们的后代也要打破我们的迷信。我国工业化，工业建设，完全应该比苏联少走弯路"③。"打破迷信"，就要破除旧有思想的束缚，重要的是要"解放思想"。《论十大关系》讲话之后，毛泽东在反思波匈事件时提到："苏共二十大有个好处，就是揭开盖子，解放思想，使人们不再认为，苏联所做的一切都是绝对真理，不可改变，一定要照搬。"这里讲的"解放思想"，在根本上就是，"要自己开动脑筋，解决本国革命和建设的实际问题"④。在党的八届二中全会的讲话中，毛泽东提出："中国和苏联两个国家都叫社会主义，但苏联和中国的民族不同。至于所做的事，那有很多不同。"就经济建设道路和方法而言，"我们的农业合作化经过三个步骤，跟他们不同；我们对待资本家的政策，跟他们不同；我们的市场物价政策，跟他们不同；我们处理农业、轻工业同重工业的关系，跟他们不同"。但是，"有些同志就是不讲辩证法，不分析，凡是苏联的东西都说是好的，硬搬苏联的一切东西"⑤。

二是要坚持全局地、长远地、辩证地看待发展问题。在《论十大关系》

① 毛泽东文集：第 7 卷 [M]．北京：人民出版社，1999：117.
② 毛泽东文集：第 7 卷 [M]．北京：人民出版社，1999：44.
③ 毛泽东年谱（1949—1976）：第 2 卷 [M]．北京：中央文献出版社，2013：537.
④ 毛泽东年谱（1949—1976）：第 3 卷 [M]．北京：中央文献出版社，2013：23.
⑤ 毛泽东年谱（1949—1976）：第 3 卷 [M]．北京：中央文献出版社，2013：33.

讲话中，基于当时中国区域经济布局的实际，毛泽东认为，沿海和内地的工业经济布局，还处在"历史上形成的一种不合理的状况"之中，因此，一方面"沿海的工业基地必须充分利用"，另一方面"为了平衡工业发展的布局，内地工业必须大力发展"。从区域经济布局整体上看，"新的工业大部分应当摆在内地，使工业布局逐步平衡"；在这一"逐步平衡"的过程中，依然要坚持"好好地利用和发展沿海的工业老底子，可以使我们更有力量来发展和支持内地工业。如果采取消极态度，就会妨碍内地工业的迅速发展"①。以全面的、辩证的观点看待发展问题，是实现"大力发展""迅速发展"的基本思想方法。在经济"发展速度"上，毛泽东认为，"限制发展是错误的，不能限制发展"②，但是"要采取积极合理发展的方针"③。显然，在毛泽东的心目中，"积极合理发展的方针"在根本上要适合于"自然发展规律"和"社会发展规律"。

三是关于发展的系统性和制度化问题。在准备《论十大关系》讲话的调研中，毛泽东提到："基本建设多搞了，生产也发展了，结果利润会更大。基本建设发展了，工人也增加了，消费性的、服务性的市场也扩大了。"④ 毛泽东以发展为中心线索，对生产、积累、就业、消费和市场等关系作了阐释，突出了发展的系统性以及发展在经济建设过程中的关键作用。他还强调，对于发展中出现的矛盾和问题，"光从思想上解决问题不行，还要解决制度问题。人是生活在制度中的，同样是那些人，实行这种制度，人们就不积极，实行另外一种制度，人们就积极起来了。解决生产关系问题，要解决生产的诸种关系，也就是各种制度问题，不单是要解决一个所

---

① 毛泽东文集：第 7 卷 [M]．北京：人民出版社，1999：26．

② 毛泽东年谱（1949—1976）：第 2 卷 [M]．北京：中央文献出版社，2013：539．

③ 毛泽东年谱（1949—1976）：第 2 卷 [M]．北京：中央文献出版社，2013：540．

④ 毛泽东年谱（1949—1976）：第 2 卷 [M]．北京：中央文献出版社，2013：529．

有制的问题"①。在事关发展的根本问题上,不能"还是按老章程办事"②。把发展问题同调动劳动者的积极性和创造性、同生产关系的变革、同制度建设结合在一起作出系统性探索,反映了毛泽东对社会主义经济发展问题理解的洞察力。

四是要关注世界各国和各民族发展的长处,学习适合的东西、吸取有益的经验。1956 年初,毛泽东就提出:"凡是外国的好东西,我们就要学,并把它变成我们自己的东西。"③ 在《论十大关系》中,毛泽东提出,"每个民族都有它的长处,不然它为什么能存在?为什么能发展"的问题。他认为,"我们的方针是,一切民族、一切国家的长处都要学",但是"必须有分析有批判地学,不能盲目地学,不能一切照抄,机械搬用"④。毛泽东特别提到:"外国资产阶级的一切腐败制度和思想作风,我们要坚决抵制和批判。但是,这并不妨碍我们去学习资本主义国家的先进的科学技术和企业管理方法中合乎科学的方面。"好好地学习国外的先进技术、管理方法和经营方式,是推进中国经济发展的必要的手段和路径。在《关于正确处理人民内部矛盾的问题》中,毛泽东提出:"学习有两种态度。一种是教条主义的态度,不管我国情况,适用的和不适用的,一起搬来。这种态度不好。另一种态度,学习的时候用脑筋想一下,学那些和我国情况相适合的东西,即吸取对我们有益的经验,我们需要的是这样一种态度。"⑤

进入 21 世纪,面对中国社会主义建设道路发展的新趋势、新机遇和新矛盾、新挑战,更要坚持毛泽东当年提出的"从发展的观点看"的思想方法,确立科学的发展理念。习近平认为:"发展理念是发展行动的先导,是管全局、管根本、管方向、管长远的东西,是发展思路、发展方向、发展

---

① 毛泽东年谱(1949—1976):第 2 卷 [M]. 北京:中央文献出版社,2013:529.

② 毛泽东文集:第 7 卷 [M]. 北京:人民出版社,1999:28.

③ 毛泽东年谱(1949—1976):第 2 卷 [M]. 北京:中央文献出版社,2013:514.

④ 毛泽东文集:第 7 卷 [M]. 北京:人民出版社,1999:41.

⑤ 毛泽东文集:第 7 卷 [M]. 北京:人民出版社,1999:242.

着力点的集中体现。发展理念搞对了，目标任务就好定了，政策举措也就跟着好定了。"① 党的十八大以来，中国特色社会主义政治经济学的创新集中体现于新发展理念的形成。新发展理念体现了对"实现什么样的发展、怎样发展"这一贯穿于中国特色社会主义道路探索始终的重大战略问题的新探索，也是中国特色社会主义政治经济学关于发展理论的新概括，是对毛泽东当年坚持的"从发展的观点看"的思想方法的弘扬和拓新。

三、 中国社会主义政治经济学的三大理论结晶

以毛泽东为主要代表的中国共产党人，"在探索社会主义建设道路过程中对发展我国经济提出了独创性的观点，如提出社会主义社会的基本矛盾理论，提出统筹兼顾、注意综合平衡，以农业为基础、工业为主导、农轻重协调发展等重要观点"。这三个方面的理论是"我们党对马克思主义政治经济学的创造性发展"②。习近平认为的这三个方面的"独创性的观点"，是毛泽东在《论十大关系》到《关于正确处理人民内部矛盾的问题》中对中国社会主义建设道路探索的最主要的理论，也是毛泽东这一时期形成的社会主义政治经济学的最富特色的理论结晶。

其一，社会主义社会基本矛盾的理论。

1956 年 3 月，在准备《论十大关系》讲话中，毛泽东就指出："社会主义社会，仍然存在着矛盾。否认存在矛盾就是否认唯物辩证法。斯大林的错误正证明了这一点。矛盾无时不在，无所不在。有矛盾就有斗争，只不过斗争的性质和形式不同于阶级社会而已。"③ 在《论十大关系》讲话的结束语中，毛泽东更为清晰地指出："没有矛盾就没有世界。我们的任务，是

① 习近平. 关于《中共中央关于制定国民经济和社会发展第十三个五年规划的建议》的说明 [N]. 人民日报，2015 - 11 - 04 (2).
② 立足我国国情和我国发展实践 发展当代中国马克思主义政治经济学 [N]. 人民日报，2015 - 11 - 25 (1).
③ 毛泽东年谱 (1949—1976)：第 2 卷 [M]. 北京：中央文献出版社，2013：549.

要正确处理这些矛盾。这些矛盾在实践中是否能完全处理好，也要准备两种可能性，而且在处理这些矛盾的过程中，一定还会遇到新的矛盾，新的问题。"①

在社会主义政治经济学说史上，斯大林对社会主义社会矛盾问题作过探索，他在 1938 年的《辩证唯物主义和历史唯物主义》中提出，"苏联的社会主义国民经济是生产关系完全适合生产力性质的例子，这里的生产资料的公有制同生产过程的社会性完全适合，因此在苏联没有经济危机，也没有生产力破坏的情形"②，他断言社会主义制度中"生产关系同生产力状况完全适合，因为生产过程的社会性是由生产资料的公有制所巩固的"③。在 1952 年《苏联社会主义经济问题》一书中，斯大林对先前的说法有所改变，认为"生产关系同生产力状况完全适合"的说法，"是不能在绝对的意义上来理解的"，"应该理解为在社会主义制度下，通常不会弄到生产关系和生产力发生冲突，社会有可能及时使落后了的生产关系去适合生产力的性质。社会主义社会有可能做到这点，是因为在这个社会中没有那些能够组织反抗的衰朽的阶级"④。但斯大林终究没有能够认识生产力和生产关系之间、经济基础和上层建筑之间的矛盾作为社会主义社会的基本矛盾，是推动社会主义社会发展的根本力量，也是正确理解社会主义社会性质及其规律的基本理论。

面对 1956 年发生在东欧国家特别是波兰和匈牙利的一系列事件，毛泽东提出："根据波匈事件的教训，好好总结一下社会主义究竟如何搞法。矛盾总是有的，如何处理这些矛盾，就成为我们需要认真研究的问题。"⑤ 反思波匈事件的教训，毛泽东认为："我们要从这些事情中得到教育。将来全

---

① 毛泽东文集：第 7 卷 [M]．北京：人民出版社，1999：44．
② 斯大林文集：[M]．北京：人民出版社，1985：221．
③ 斯大林文集：[M]．北京：人民出版社，1985：226．
④ 斯大林文集：[M]．北京：人民出版社，1985：637．
⑤ 毛泽东年谱（1949—1976）：第 3 卷 [M]．北京：中央文献出版社，2013：23．

世界的帝国主义都打倒了，阶级没有了，那个时候还有生产关系同生产力的矛盾，上层建筑同经济基础的矛盾。生产关系搞得不对头，就要把它推翻。上层建筑（其中包括思想、舆论）要是保护人民不喜欢的那种生产关系，人民就要改革它。"① 对社会主义社会基本矛盾及其性质的理解，是关系社会主义"如何搞法"的重大问题，是理解社会主义经济关系"改革"的关键问题，更是认识和把握社会主义发展规律的根本问题。

在《关于正确处理人民内部矛盾的问题》中，毛泽东指出："在社会主义社会中，基本的矛盾仍然是生产关系和生产力之间的矛盾，上层建筑和经济基础之间的矛盾。不过社会主义社会的这些矛盾，同旧社会的生产关系和生产力的矛盾、上层建筑和经济基础的矛盾，具有根本不同的性质和情况罢了。"② 因此，"我们今后必须按照具体的情况，继续解决上述的各种矛盾。当然，在解决这些矛盾以后，又会出现新的问题，新的矛盾，又需要人们去解决"③。毛泽东提出的社会主义社会基本矛盾的理论，是对"第二次结合"中马克思主义中国化的最为重要的理论建树，也为中国特色社会主义政治经济学的形成和发展奠定了最为坚实的方法和理论基础。

其二，关于统筹兼顾、注意综合平衡的理论。

在《论十大关系》中，毛泽东提出，对于中国社会主义建设发展中出现的各种"矛盾"和"问题"，要用"兼顾"和"统筹"的原则和方法来解决和处理。毛泽东提出："必须兼顾国家、集体和个人三个方面，也就是我们过去常说的'军民兼顾''公私兼顾'。鉴于苏联和我们自己的经验，今后务必更好地解决这个问题。"④ 前车之覆，后车之鉴，"我们对农民的政策不是苏联的那种政策，而是兼顾国家和农民的利益"⑤。特别在经济利益

① 毛泽东年谱（1949—1976）：第3卷 [M]．北京：中央文献出版社，2013：33.
② 毛泽东文集：第7卷 [M]．北京：人民出版社，1999：214.
③ 毛泽东文集：第7卷 [M]．北京：人民出版社，1999：215.
④ 毛泽东文集：第7卷 [M]．北京：人民出版社，1999：28.
⑤ 毛泽东文集：第7卷 [M]．北京：人民出版社，1999：30.

分配问题上，毛泽东提出："国家和工厂，国家和工人，工厂和工人，国家和合作社，国家和农民，合作社和农民，都必须兼顾，不能只顾一头。无论只顾哪一头，都是不利于社会主义，不利于无产阶级专政的。"①《论十大关系》讲话之后，毛泽东进一步指出，"统筹兼顾，各得其所"，"这是我们历来的方针，在延安的时候，就采取了这个方针。这是一个什么方针呢？就是调动一切积极力量，为了建设社会主义。这是一个战略方针"②。"统筹兼顾"是与"各得其所"联系在一起的，是实现调动一切积极力量的重要方针。

在《关于正确处理人民内部矛盾的问题》中，毛泽东对"统筹兼顾、适当安排"作了专题阐释，认为"这里所说的统筹兼顾，是指对于六亿人口的统筹兼顾。我们作计划、办事、想问题，都要从我国有六亿人口这一点出发，千万不要忘记这一点"③。显然，在毛泽东看来，"统筹兼顾"作为社会主义经济建设的方法和原则，是心系全国人民、情怀广大群众，是党和政府"作计划、办事、想问题"的基本立场，深刻蕴含了中国共产党治国理政的根本理念和方法。

毛泽东在《论十大关系》中提出的"要把国内外一切积极因素调动起来，为社会主义事业服务"④的"基本方针"，在《关于正确处理人民内部矛盾的问题》中以"统筹兼顾"的方法和原则得以落实和实现。毛泽东指出："无论粮食问题，灾荒问题，就业问题，教育问题，知识分子问题，各种爱国力量的统一战线问题，少数民族问题，以及其他各项问题，都要从对全体人民的统筹兼顾这个观点出发，就当时当地的实际可能条件，同各方面的人协商，作出各种适当的安排。"包括经济建设在内的许多事情，"可以由社会团体想办法，可以由群众直接想办法，他们是能够想出很多好

---

① 毛泽东文集：第7卷 [M]．北京：人民出版社，1999：30．
② 毛泽东年谱 (1949—1976)：第3卷 [M]．北京：中央文献出版社，2013：69．
③ 毛泽东文集：第7卷 [M]．北京：人民出版社，1999：227－228．
④ 毛泽东文集：第7卷 [M]．北京：人民出版社，1999：23．

的办法来的"，这在根本上也"包括在统筹兼顾、适当安排的方针之内"①。

其三，以农业为基础、工业为主导、农轻重协调发展的理论。

重视农业的基础作用，是毛泽东关于国民经济中农轻重协调发展理论的核心内容。进入 1956 年，毛泽东把制定《一九五六年到一九六七年全国农业发展纲要》提到重要议程。1 月 17 日，他在讨论修改这一发展纲要草案时就提出："农业发展纲要必须放在可靠的基础上，不能凭一时的想法，也不能把生产品增产后的出路放在出口的希望上，而应当以国内市场为主。"他特别提醒："这个纲要主要是动员农民来实行，是依靠群众，国家只是给以一定的帮助，因此是个群众行动的纲领。"②

在《论十大关系》中，毛泽东提出了以正确处理农、轻、重关系为主要内容的国民经济协调发展和综合平衡的思想。在 1957 年 1 月召开的中央省市自治区党委书记会议上，毛泽东还是强调农业在国民经济中的基础作用问题，提出"全党一定要重视农业，农业关系国计民生极大。要注意，不抓粮食很危险。不抓粮食，总有一天要天下大乱"；从国民经济整体上看，"农业发展起来了，就可以为发展工业提供更多的原料、资金和更广阔的市场。因此，在一定意义上可以说，农业就是工业"。在这一问题上，毛泽东提醒大家，"全党都要学习辩证法，提倡照辩证法办事"③。这时，毛泽东已经实际地表达了"以农业为基础、工业为主导"的思想。

在《论十大关系》讲话之后，鉴于苏联和东欧国家的经验教训，毛泽东在强调农业的基础作用的同时，对农轻重协调发展提出了两个重要的观点：一是更加注重处理好重工业同轻工业和农业的关系。他提出："苏联牺牲轻工业和农业来搞重工业这条路，恐怕不那么合适。过去，批评资本主义国家，说他们是先搞轻工业后搞重工业。结果，社会主义国家重工业搞

---

① 毛泽东文集：第 7 卷 [M]．北京：人民出版社，1999：228.

② 毛泽东年谱（1949—1976）：第 2 卷 [M]．北京：中央文献出版社，2013：512.

③ 毛泽东年谱（1949—1976）：第 3 卷 [M]．北京：中央文献出版社，2013：71.

起来了，轻工业很差，人民不满意，农民不满意。"毛泽东认为："斯大林错误中，恐怕也要算进这一条。"立足于中国经济发展的实际，"适当地（不是太多地）增加轻工业方面的投资、农业方面的投资，从长远来看（五年、十年），既可以搞积累，又满足了人民的需要，反而对于重工业的发展有利。这样一来，就跟苏联走的那条道路有点区别，不完全抄它那条路"。从发展道路上来看，"轻工业、农业当然是最低限度的，必要的，重工业在投资里头总是居最大多数"①。

二是更加注重把提高人民物质生活水平作为经济发展重要目标。以东欧一些国家发展教训为鉴，毛泽东提出："加强民主、独立、平等以及在发展生产的基础上提高人民物质福利的要求，这些要求是完全正当的。"② 在之后主持省市自治区党委书记会议时，再次谈到要吸取苏联经济建设的教训，认为"他们是有了重工业，丧失了人民"，对于中国来讲，"我们是不是可以又有重工业，又得了人民？ 这个问题没有解决，要靠以后找出一条道路来"。在这一条道路的探索中，要把"民生"问题摆在重要的位置，"保证必要的民生，无非是使轻工业发展起来，这是增加积累的道路"③。

农轻重之间的比例关系，是事关社会主义建设道路发展的重大问题。在《关于正确处理人民内部矛盾的问题》中，毛泽东指出："我国有五亿多农业人口，农民的情况如何，对于我国经济的发展和政权的巩固，关系极大。"④ 中国作为一个农业大国，"发展工业必须和发展农业同时并举，工业才有原料和市场，才有可能为建立强大的重工业积累较多的资金。大家知道，轻工业和农业有极密切的关系。没有农业，就没有轻工业。重工业要以农业为重要市场这一点，目前还没有使人们看得很清楚。但是随着农业的技术改革逐步发展，农业的日益现代化，为农业服务的机械、肥料、水

① 毛泽东年谱（1949—1976）：第 3 卷 [M]．北京：中央文献出版社，2013：65 – 66.
② 毛泽东年谱（1949—1976）：第 3 卷 [M]．北京：中央文献出版社，2013：20 – 21.
③ 毛泽东年谱（1949—1976）：第 3 卷 [M]．北京：中央文献出版社，2013：65 – 66.
④ 毛泽东文集：第 7 卷 [M]．北京：人民出版社，1999：219.

利建设、电力建设、运输建设、民用燃料、民用建筑材料等等将日益增多，重工业以农业为重要市场的情况，将会易于为人们所理解"①。

从发表《论十大关系》到《关于正确处理人民内部矛盾的问题》这一年间，毛泽东阐释的这三大理论，成为中国社会主义建设道路探索初期马克思主义政治经济学的理论结晶，对中国特色社会主义政治经济学的形成产生着深刻的影响，同时也在中国特色的"系统化的经济学说"中得到延续和创新。

（原载于《毛泽东研究》2016 年第 5 期；副标题：毛泽东《论十大关系》和《关于正确处理人民内部矛盾的问题》研究）

① 毛泽东文集：第 7 卷 [M]．北京：人民出版社，1999：241．

邓小平"小康社会"思想的科学阐释及其意义

"小康社会"思想是邓小平对中国经济社会发展思考的重要思想，是邓小平理论的重要组成部分。"小康社会"思想与"中国式的现代化""三步走"发展战略等探索相连接，是中国共产党治国理政的经验总结，也是"四个全面"战略布局的重要思想来源。

一、"小康社会"思想与"中国式的现代化"的定位

邓小平"小康社会"思想的明确表达，是与"中国式的现代化"的科学阐释联系在一起的。1984 年 3 月 25 日，邓小平在会见日本首相中曾根康弘时提出："翻两番，国民生产总值人均达到八百美元，就是到本世纪末在中国建立一个小康社会。这个小康社会，叫作中国式的现代化。翻两番、小康社会、中国式的现代化，这些都是我们的新概念。"[①] 在这里，邓小平明确了以下基本观点：一是"小康社会"是中国社会到 20 世纪末的发展目标；二是"小康社会"是以"中国式的现代化"为其基本内涵的；三是"小康社会"是以中国经济的一定发展速度和人民生活水平一定提高为主要目标的，"翻两番""国民生产总值人均达到八百美元"是其中的主要指标；四是"小康社会"和"中国式的现代化"都是具有中国话语特色的"新概

---

① 邓小平文选：第 3 卷 [M]．北京：人民出版社，1993：54.

念"。

在这之前的五年间，邓小平持续地使用"小康之家""小康的状态""小康水平""小康的国家"等用语，表达他对"我们要实现的四个现代化""中国式的现代化"内涵的深刻理解。1979年12月，邓小平在同日本首相大平正芳谈话中提到，"我们要实现的四个现代化，是中国式的现代化。我们的四个现代化的概念，不是像你们那样的现代化的概念，而是'小康之家'"；即使到那时，"就算达到那样的水平，同西方来比，也还是落后的。所以，我只能说，中国到那时也还是一个小康的状态"，或者说，到那时"中国只是一个小康的国家"①。

新中国成立后，建设现代化强国就成为中国共产党为实现中华民族伟大复兴的奋斗目标，特别是在对中国社会主义建设目标和战略思考中，几代中国共产党人不断丰富和完善现代化建设的思想。1957年2月，毛泽东在最高国务会议上发表《关于正确处理人民内部矛盾的问题》的讲话时，明确提出"将我国建设成为一个具有现代工业、现代农业和现代科学文化的社会主义国家"②的奋斗目标。1964年12月，在第三届全国人民代表大会的《政府工作报告》中，周恩来正式宣告："要在不太长的历史时期内，把我国建设成为一个具有现代农业、现代工业、现代国防和现代科学技术的社会主义强国，赶上和超过世界先进水平。"③"四个现代化"的宏伟目标，真实地反映了全国各族人民团结奋斗的宏伟目标，深刻体现了中国共产党为实现中华民族伟大复兴的坚强决心，即使在"文化大革命"发生期间，中国共产党也没有放弃实现现代化的奋斗目标。1975年，周恩来在《政府工作报告》中宣布：要"在本世纪末，全面实现农业、工业、国防和科学技术的现代化，使我国国民经济走在世界的前列"。在"文化大革命"

---

① 邓小平文选：第2卷［M］．北京：人民出版社，1994：237－238．

② 毛泽东文集：第7卷［M］．北京：人民出版社，1999：207．

③ 周恩来选集：下卷［M］．北京：人民出版社，1984：439．

的复杂局面和艰难环境下，重申"全面实现"现代化的目标，表达了中国人民不懈追求民族复兴的心声。

党的十一届三中全会后，以邓小平为代表的中国共产党人，从中华民族复兴和社会主义前途命运的高度，再次阐明现代化建设的战略意义和奋斗目标，确立了新时期社会主义现代化建设的战略思想。1979 年 3 月 21 日，邓小平在会见中英文化协会执委会代表团时谈道："我们定的目标是在本世纪末实现四个现代化。我们的概念与西方不同，我姑且用个新说法，叫作中国式的四个现代化。"① 3 月 23 日，在中共中央政治局讨论 1979 年国民经济计划和国民经济调整问题的会议上，邓小平提到："我同外国人谈话，用了一个新名词：中国式的现代化。到本世纪末，我们大概只能达到发达国家七十年代的水平，人均收入不可能很高。"② 几天后，3 月 30 日，邓小平在题为《坚持四项基本原则》的讲话中谈道，"能否实现四个现代化，决定着我们国家的命运、民族的命运"，"社会主义现代化建设是我们当前最大的政治，因为它代表着人民的最大的利益、最根本的利益"③。他指出："要在本世纪内实现四个现代化，把我国建设成一个社会主义强国，这是一个非常艰巨的任务。过去搞民主革命，要适合中国国情，走毛泽东同志开辟的农村包围城市的道路。现在搞建设，也要适合中国情况，走出一条中国式的现代化道路。"④

"中国式的现代化"探索，成为邓小平提出"小康社会"的重要思想基础。"小康社会"的提出，极大地丰富了"中国式的现代化"的思想内涵和精神实质。1979 年 7 月，邓小平指出："搞现代化就是要加快步伐，搞富的社会主义，不是搞穷的社会主义。""如果我们人均收入达到一千美元，就

---

① 邓小平年谱（1995—1997）：上 ［M］．北京：中央文献出版社，2004：496.
② 邓小平年谱（1995—1997）：上 ［M］．北京：中央文献出版社，2004：497.
③ 邓小平文选：第 2 卷 ［M］．北京：人民出版社，1994：162 – 163.
④ 邓小平文选：第 2 卷 ［M］．北京：人民出版社，1994：163.

很不错，可以吃得好，穿得好，用得好，还可以增加外援。"① 1979 年 12
月，在会见新加坡政府代表团时，邓小平谈道："所谓四个现代化，只能搞
个'小康之家'，比如说国民生产总值人均一千美元。虽然是'小康之家'，
肯定日子比较好过，社会存在的问题能比较顺利地解决。即使我们总的经
济指标超过所有国家，人均收入仍不会很大。总之，既要有雄心壮志，也
要脚踏实地。也许目标放低一点好，可以超过它。"② 1980 年底，邓小平在
中央工作会议上明确提出了"经过二十年的时间，使我国现代化经济建设
的发展达到小康水平，然后继续前进，逐步达到更高程度的现代化"③ 的战
略设想。

"小康"一词最早出自《诗经》。千百年来，"小康"或"小康之家"
成为普通老百姓对殷实、宽裕生活的向往和追求。在改革开放新时期之初，
邓小平在探索中国四个现代化的新的历史进程时，立足现实国情，反思历
史经验，将"中国式的现代化"的宏伟事业同"小康"这一富有中华传统
文化而又包含了全新的时代意蕴的话语结合在一起，将中华民族伟大复兴
的梦想同亿万人民群众对美好生活的追求融为一体，形成较为系统的"小
康社会"思想，并将其确立为 20 世纪末中国社会主义现代化发展的战略目
标，这无疑是邓小平理论中最富有活力而又最具特色的思想精华。

二、"小康社会"思想与中国经济建设"三步走"战略的确定

1982 年 9 月，党的十二大在题为《全面开创社会主义现代化建设的新
局面》的报告中，对此后 20 年我国经济建设发展目标作出"两步走"的战
略部署："前十年主要是打好基础，积蓄力量，创造条件，后十年要进入一

---

① 邓小平年谱（1995—1997）：上 [M]．北京：中央文献出版社，2004：540．

② 邓小平年谱（1995—1997）：上 [M]．北京：中央文献出版社，2004：586．

③ 邓小平文选：第 2 卷 [M]．北京：人民出版社，1994：356．

个新的经济振兴时期。"① 党的十二大强调："这是党中央全面分析了我国经济情况和发展趋势之后作出的重要决策。"② "两步走"为 20 世纪最后 20 年"中国式的现代化"发展确立了战略目标和战略步骤。

党的十二大后，邓小平对"两步走"战略作了新的阐释。1984 年 10 月，他在会见中外经济合作问题讨论会的代表时指出："我们确定了一个政治目标：发展经济，到本世纪末翻两番，国民生产总值按人口平均达到八百美元，人民生活达到小康水平。这个目标对发达国家来说是微不足道的，但对中国来说，是一个雄心壮志，是一个宏伟的目标。更为重要的是，在这个基础上，再发展三十年到五十年，力争接近世界发达国家的水平。"③ 他明确指出："我们第一步是实现翻两番，需要二十年，还有第二步，需要三十年到五十年，恐怕是要五十年，接近发达国家的水平。两步加起来，正好五十年至七十年。"④ 1985 年 3 月，邓小平再次表达了这一思想。他在全国科技工作会议上指出："我们奋斗了几十年，就是为了消灭贫困。第一步，本世纪末，达到小康水平，就是不穷不富，日子比较好过的水平。第二步，再用三五十年的时间，在经济上接近发达国家的水平，使人民生活比较富裕。"⑤ 邓小平对 20 世纪最后 20 年"翻两番"之后的发展战略作了展望，在实现党的十二大提出的"两步走"的战略目标后，在 21 世纪继续奋斗，再有"三五十年的时间"，达到"在经济上接近发达国家的水平"的战略目标，在"不穷不富"的"小康水平"之后再有大的发展。

在党的十二大提出的"两步走"战略思想的基础上，邓小平进一步规划了到 21 世纪中叶的"三步走"战略思想。1987 年 4 月，在会见西班牙客人时，邓小平对"三步走"的战略思想作了系统表述，这就是："我们原定

---

① 中共中央文献研究室. 改革开放三十年重要文献选编：上 [M]. 北京：中央文献出版社，2008：266.

② 中共中央文献研究室. 改革开放三十年重要文献选编：上 [M]. 北京：中央文献出版社，2008：268.

③ 邓小平文选：第 3 卷 [M]. 北京：人民出版社，1993：77.

④ 邓小平文选：第 3 卷 [M]. 北京：人民出版社，1993：79.

⑤ 邓小平文选：第 3 卷 [M]. 北京：人民出版社，1993：109.

的目标是，第一步在八十年代翻一番。以一九八〇年为基数，当时国民生产总值人均只有二百五十美元，翻一番，达到五百美元。第二步是到本世纪末，再翻一番，人均达到一千美元。实现这个目标意味着我们进入小康社会，把贫困的中国变成小康的中国。那时国民生产总值超过一万亿美元，虽然人均数还很低，但是国家的力量有很大增加。我们制定的目标更重要的还是第三步，在下世纪用三十到五十年再翻两番，大体上达到人均四千美元。做到这一步，中国就达到中等发达的水平。这是我们的雄心壮志。目标不高，但做起来可不容易。"① "三步走"战略是对党的十二大提出的"两步走"战略的延伸，也是邓小平"小康社会"思想的拓展。可以说，邓小平"小康社会"思想是"三步走"战略的主要根据和基本依据。

邓小平提出的"小康社会"思想和"三步走"战略，在1987年召开的党的十三大上正式得到确认。党的十三大在题为《沿着中国特色的社会主义道路前进》的报告中指出："党的十一届三中全会以后，我国经济建设的战略部署大体分三步走。第一步，实现国民生产总值比一九八〇年翻一番，解决人民的温饱问题。这个任务已经基本实现。第二步，到本世纪末，使国民生产总值再增长一倍，人民生活达到小康水平。第三步，到下世纪中叶，人均国民生产总值达到中等发达国家水平，人民生活比较富裕，基本实现现代化。然后，在这个基础上继续前进。"② 邓小平"三步走"战略思想不仅得到党的代表大会的确认，同时也成为国家制定经济社会发展长远规划的重要指导思想。

1990年，十三届七中全会通过的《中共中央关于制定国民经济和社会发展十年规划和"八五"计划的建议》（以下简称《建议》）提出："党的十一届三中全会以后，中央确定的我国现代化建设分三步走的战略部署是正确的。第一步战略目标，即国民生产总值比一九八〇年翻一番，解决人

---

① 邓小平文选：第3卷［M］. 北京：人民出版社，1993：226.

② 中共中央文献研究室. 改革开放三十年重要文献选编：上［M］. 北京：中央文献出版社，2008：478.

民温饱问题，已经基本实现。""从一九九一年到二〇〇〇年，我们要实现现代化建设的第二步战略目标，把国民经济的整体素质提高到一个新水平。"① 回顾整个 20 世纪 80 年代的发展成就，《建议》指出，这是"全国人民生活水平提高最快的十年。全国绝大多数地区基本解决温饱问题，部分地区开始向小康水平过渡"②。90 年代这十年发展的目标，将使"人民生活从温饱达到小康"，"人民生活逐步达到小康水平，是九十年代经济发展的重要目标"。

按照"三步走"的战略，1995 年提前五年实现了翻两番的目标，我国的国民生产总值达到 57600 亿元，到 2000 年国内生产总值超过 8.9 万亿元人民币，人均国内生产总值达到了 848 美元，从总体上看，"三步走"的前两步已经基本实现。1997 年，党的十五大在题为《高举邓小平理论伟大旗帜，把建设有中国特色社会主义事业全面推向二十一世纪》的报告中宣布："现在完全可以有把握地说，我们党在改革开放初期提出的本世纪末达到小康的目标，能够如期实现。在中国这样一个十多亿人口的国度里，进入和建设小康社会，是一件有伟大意义的事情。这将为国家长治久安打下新的基础，为更加有力地推进社会主义现代化创造新的起点。"③ "进入和建设小康社会"，不仅成为 20 世纪最后 20 年中国社会变迁的最深刻的表述，也成为走向 21 世纪中国社会发展的最鼓舞人心、凝聚人心的战略目标。党的十五大不失时机地提出了 21 世纪新的"三步走"的战略构想。这就是："展望下世纪，我们的目标是，第一个十年实现国民生产总值比二〇〇〇年翻一番，使人民的小康生活更加宽裕，形成比较完善的社会主义市场经济体制；再经过十年的努力，到建党 100 周年时，使国民经济更加发展，各项制度更加完善；到世纪中叶建国 100 周年时，基本实现现代化，建成富强民主

---

① 中共中央文献研究室. 改革开放三十年重要文献选编：上 [M]. 北京：中央文献出版社，2008：587.

② 中共中央文献研究室. 改革开放三十年重要文献选编：上 [M]. 北京：中央文献出版社，2008：589.

③ 中共中央文献研究室. 改革开放三十年重要文献选编：下 [M]. 北京：中央文献出版社，2008：918.

文明的社会主义国家。"①

邓小平关于"小康社会"的思想，在 21 世纪中国特色社会主义新的历史进程中发生着更为重大的影响，鲜明地体现在党的十六大到党的十八大工作报告的主题中：2002 年，党的十六大报告题为《全面建设小康社会，开创中国特色社会主义事业新局面》；2007 年，党的十七大报告题为《高举中国特色社会主义伟大旗帜，为夺取全面建设小康社会新胜利而奋斗》；2012 年，党的十八大报告题为《坚定不移沿着中国特色社会主义道路前进，为全面建成小康社会而奋斗》。"中国特色社会主义"和"小康社会"这两个邓小平"思想词典"中最具特色的话语，成为 21 世纪以来连续三次党的代表大会的"关键词"。

三、 "小康社会" 思想与经济社会全面发展战略的部署

在邓小平理论中，"小康社会"不能以单一的经济增长来衡量，而是一个包含一系列综合发展要求的概念。1983 年 2 月 6 日至 27 日，邓小平在江苏、浙江、上海等地的视察中，对"小康社会"建设问题和党的十二大提出的翻两番问题给予高度关注。从视察中邓小平询问、调查和思考的问题中可以看到，他提出的"小康社会"是一个全面发展的概念，是一个涵盖物质文明和精神文明建设，集经济建设、政治建设和文化建设为一体的综合性概念。邓小平这次视察虽然已经过去了 30 多年，但他关心和关注的"小康社会"发展的一系列问题，至今仍然给我们以深刻启示。

1983 年 2 月 7 日，邓小平同中共江苏省委负责人和苏州地委负责人座谈中问道：到 2000 年，江苏能不能实现翻两番？苏州有没有信心，有没有可能？人均收入 800 美元，达到这样的水平，社会上是一个什么面貌？发展前景是什么样子？在听了江苏经济发展带来的物质和文化生活的巨大变化，

---

① 中共中央文献研究室. 改革开放三十年重要文献选编：下 [M]. 北京：中央文献出版社，2008：891.

苏州已有不少社、队人均超过了800美元的汇报后，邓小平进一步问道：苏州农村的发展采取的是什么方法？走的是什么路子？显然，物质文明和精神文明建设的发展，成为实现翻两番的基本要求，也是邓小平认为的"小康水平"的基本内涵和要求。

2月8日，在无锡视察时，邓小平深表关切的是太湖的保护问题。在谈到"文化大革命"中无锡在太湖"围湖造田"一事时，邓小平指出，"围湖造田，湖面缩小，影响了平衡"；在谈到太湖周围的工业对太湖水质影响问题时指出，"太湖水要注意保护好，不要弄坏了"。第二天，邓小平在游览苏州园林时再三提到，"苏州作为风景旅游城市，一定要重视绿化工作，要制定绿化规划，扩大绿地面积"，"要保护好这座古城，不要破坏古城风貌，否则，它的优势也就消失了。要处理好保护和改造的关系，做到既保护古城，又搞好市政建设"①。邓小平极为关注实现"小康水平"中的人与自然之间的"平衡"问题，"绿化""绿地"作为"优势"的发展理念，渗透着对"小康社会"中的生态环境建设问题的关注。

在这次视察中，邓小平特别关注翻两番中的人民群众的生活状况的改进和提高问题。在谈到苏州视察所见时，他指出："我在苏州看到的情况很好，农村盖新房子很多，市场物资丰富。现在苏州市人均工农业总产值已经到了或者接近八百美元的水平。到了人均工农业总产值达到八百美元，社会是个什么面貌呢？吃穿没有问题，用也基本上没有问题，文化有了很大发展，教师的待遇也不低。"② 他在视察浙江时感慨地说："浙江是沿海经济发达地区，一般来说，经济发达的地方，生活越好，越会控制生育。经济发展了，案件也少些。"③ 2月21日，邓小平视察上海，在曲阳新村新建的居民住宅楼前，关切地问道：这里的住宅是哪一位工程师设计的？新村

---

① 邓小平年谱（1975—1997）：下 [M]．北京：中央文献出版社，2004：887.
② 邓小平年谱（1975—1997）：下 [M]．北京：中央文献出版社，2004：888.
③ 邓小平年谱（1975—1997）：下 [M]．北京：中央文献出版社，2004：889.

的文化设施跟上去了没有？在一位退休工人家中看到新房中的电视机、洗衣机、电冰箱一应俱全，说道："这儿不错嘛，挺现代化的。你们生活好，我就高兴。"①

在达到"小康水平"的翻两番过程中，邓小平还特别关注东部和西部发展不平衡的问题。他在知道浙江翻两番不成问题时，就寓意深刻地提到"像宁夏、甘肃翻两番就难了"②。邓小平在关注翻两番的同时，更加看重人民的生活水平是否得到了相应的提高。他曾经提到："辽宁、黑龙江的重工业产值高，人民生活水平不如江浙。"③

视察归来，1983年3月2日，邓小平在与中央领导的谈话中对20世纪末将要达到的"小康水平"的内涵已经有了更为深刻的理解，从而进一步丰富了他对"小康社会"建设和发展的认识。邓小平以苏州为例，对他构想的"小康水平"的社会面貌和发展前景作了六个方面的描述："第一，人民的吃穿用问题解决了，基本生活有了保障；第二，住房问题解决了，人均达到二十平方米，因为土地不足，向空中发展，小城镇和农村盖二三层楼房的已经不少；第三，就业问题解决了，城镇基本上没有待业劳动者了；第四，人不再外流了，农村的人想往大城市跑的情况已经改变；第五，中小学教育普及了，教育、文化、体育和其他公共福利事业有能力自己安排了；第六，人们的精神面貌变化了，犯罪行为大大减少。"④ 邓小平还告诫："智力开发是很重要的，包括职工教育在内的智力开发。大专院校要发展，重点院校增加一倍没有问题。我们现在一方面是有些地方知识分子少，一方面是有些地方中青年知识分子很难起作用。落实知识分子政策，包括改善他们的生活待遇问题，要下决心解决。"⑤ "小康水平"的这六个方面说

---

① 邓小平年谱（1975—1997）：下 [M] . 北京：中央文献出版社，2004：891.
② 邓小平年谱（1975—1997）：下 [M] . 北京：中央文献出版社，2004：888.
③ 邓小平年谱（1975—1997）：下 [M] . 北京：中央文献出版社，2004：889.
④ 邓小平年谱（1975—1997）：下 [M] . 北京：中央文献出版社，2004：892.
⑤ 邓小平年谱（1975—1997）：下 [M] . 北京：中央文献出版社，2004：892.

明，"小康社会"是对经济、政治、文化和社会的全面协调发展的社会状态的概括，实现"小康社会"战略目标，要有全面发展的规划，要有系统的战略举措。

"小康社会"是以坚持经济建设为中心，坚持社会主义道路，不断实现社会主义本质要求，人民生活水平有着普遍提高的社会发展状态。邓小平提到："我们社会主义制度是以公有制为基础的，是共同富裕，那时候我们叫小康社会，是人民生活普遍提高的小康社会。"① 在邓小平看来，以经济建设为中心，不仅是实现"小康社会"最坚实的基础，也是实现"中国式的现代化"的重要保证。邓小平指出："现代化建设的任务是多方面的，各个方面需要综合平衡，不能单打一。但是说到最后，还是要把经济建设当作中心。离开了经济建设这个中心，就有丧失物质基础的危险。其他一切任务都要服从这个中心，围绕这个中心，决不能干扰它，冲击它。"② 在经济发展中，要保持一定的速度和质量，"我国的经济发展，总要力争隔几年上一个台阶。当然，不是鼓励不切实际的高速度，还是要扎扎实实，讲求效益，稳步协调地发展"③。同时，也要注意经济发展的统筹协调，不仅要注意农业、能源和交通的发展，注意教育和科学发展的战略地位，还要注意发展中波浪式前进的特点，提出"可能我们经济发展规律还是波浪式前进。过几年有一个飞跃，跳一个台阶，跳了以后，发现问题及时调整一下，再前进"④。

实现"小康社会"的建设目标，不仅要以经济建设为中心，把经济搞上去，建设高度的物质文明，还要加强民主政治建设和精神文明建设，建设高度的民主政治和精神文明。没有民主就没有社会主义，就没有"中国式的现代化"。邓小平指出："我们要在大幅度提高社会生产力的同时，改

① 邓小平文选：第3卷 [M]．北京：人民出版社，1993：216.
② 邓小平文选：第2卷 [M]．北京：人民出版社，1994：250.
③ 邓小平文选：第3卷 [M]．北京：人民出版社，1993：375.
④ 邓小平文选：第3卷 [M]．北京：人民出版社，1993：368.

革和完善社会主义的经济制度和政治制度，发展高度的社会主义民主和完备的社会主义法制。我们要在建设高度物质文明的同时，提高全民族的科学文化水平，发展高尚的丰富多彩的文化生活，建设高度的社会主义精神文明。"① 邓小平强调，生产力发展了，经济发展上去了，这当然是"我们国家的成功"，但是"风气如果坏下去，经济搞成功又有什么意义?"② 邓小平还特别强调，加强和改善党的领导，是实现"小康社会"的必然要求，他说："对我们来说，要整好我们的党，实现我们的战略目标，不惩治腐败，特别是党内的高层的腐败现象，确实有失败的危险。"③ 因此，只有经济、政治和文化的全面发展、全面进步，才能全面达到"小康社会"建设目标。

四、"小康社会" 思想与全面建成小康社会战略目标及举措的形成

根据我国经济社会发展实际，在党的十六大、十七大确立的全面建设小康社会目标的基础上，党的十八大提出了全面建成小康社会的目标和要求。党的十八大指出："综观国际国内大势，我国发展仍处于可以大有作为的重要战略机遇期。我们要准确判断重要战略机遇期内涵和条件的变化，全面把握机遇，沉着应对挑战，赢得主动，赢得优势，赢得未来，确保到二○二○年实现全面建成小康社会宏伟目标。"④ 从邓小平"小康社会"思想提出，到"全面建成小康社会"奋斗目标的制定，是对邓小平理论的重要发展，也是对中国共产党治国理政思想的新的阐释，展示了中国共产党实现社会主义现代化的跨越世纪的探索历程。

全面建成小康社会，重在全面、难在全面，也成在全面、胜在全面。

---

① 邓小平文选：第 2 卷 [M]．北京：人民出版社，1994：208.
② 邓小平文选：第 3 卷 [M]．北京：人民出版社，1993：154.
③ 邓小平文选：第 3 卷 [M]．北京：人民出版社，1993：313.
④ 中共中央文献研究室．十八大以来重要文献选编：上 [M]．北京：中央文献出版社，2014：13.

党的十八大从建成"小康"的全面性上，从经济持续健康发展、人民民主不断扩大、文化软实力显著增强、人民生活水平全面提高和资源节约型、环境友好型社会建设等方面提出了明确目标；同时，还提出了新要求，"必须以更大的政治勇气和智慧，不失时机深化重要领域改革，坚决破除一切妨碍科学发展的思想观念和体制机制弊端，构建系统完备、科学规范、运行有效的制度体系，使各方面制度更加成熟更加定型"①。

实现全面建成小康社会的战略目标，成为党的十八大以来以习近平同志为核心的党中央治国理政的根本课题。党的十八大刚结束，习近平同志在中央政治局第一次集体学习时，围绕坚持和发展中国特色社会主义问题，提出"我们党在不同历史时期，总是根据人民意愿和事业发展需要，提出富有感召力的奋斗目标，团结带领人民为之奋斗。党的十八大根据国内外形势新变化，顺应我国经济社会新发展和广大人民群众新期待，对全面建设小康社会目标进行了充实和完善，提出了更具明确政策导向、更加针对发展难题、更好顺应人民意愿的新要求"②。如何从贯彻党的十八大精神，坚持和发展中国特色社会主义的高度，在"明确政策导向""针对发展难题""顺应人民意愿"上下功夫，成为以习近平同志为总书记的新一届中央领导集体治国理政中至关重要的大问题。

从实现中华民族伟大复兴中国梦的大格局中，推进全面建成小康社会战略目标的实现，是习近平同志在党的十八大后对邓小平"小康社会"思想的重要发展。在党的十八大召开后不久，习近平同志就提出："实现中华民族伟大复兴，就是中华民族近代以来最伟大的梦想。这个梦想，凝聚了几代中国人的夙愿，体现了中华民族和中国人民的整体利益，是每一个中华儿女的共同期盼。"他坚信："到中国共产党成立 100 年时全面建成小康社会的目标一定能实现，到新中国成立 100 年时建成富强民主文明和谐的社

① 中共中央文献研究室.十八大以来重要文献选编：上［M］.北京：中央文献出版社，2014：14.
② 中共中央文献研究室.十八大以来重要文献选编：上［M］.北京：中央文献出版社，2014：77-78.

会主义现代化国家的目标一定能实现，中华民族伟大复兴的梦想一定能实现。"① 从历史、现实、未来的结合上看，把全面建成小康社会的战略有机地融于中国社会主义现代化建设奋斗目标之中，这是对邓小平阐释的"小康社会"和"中国式的现代化"思想的新理解；把全面建成小康社会的战略融于实现中华民族伟大复兴中国梦之中，深刻地把握"全面建成小康社会是我们现阶段战略目标，也是实现中华民族伟大复兴中国梦关键一步"②，更是对邓小平阐释的"小康社会"和"三步走"战略思想的新发展。

习近平同志指出："战略问题是一个政党、一个国家的根本性问题。战略上判断得准确，战略上谋划得科学，战略上赢得主动，党和人民事业就大有希望。"③ 党的十八大以来，习近平同志对治国理政的重大理论和实践问题的思考和探索，聚焦于实现全面建成小康社会的目标之中，谋划于实施全面建成小康社会战略目标的战略措施之中。在党的十八届三中和四中全会先后通过《中共中央关于全面深化改革若干重大问题的决定》和《中共中央关于全面推进依法治国若干重大问题的决定》后，习近平同志在党的十八届四中全会上指出："党的十八届三中、四中全会分别把全面社会改革、全面推进依法治国作为主题并作出决定，有其紧密的内在逻辑，可以说是一个总体战略部署在时间轴上的顺序展开。"从这一"内在逻辑"来看，"党的十八届四中全会决定是党的十八届三中全会决定的姊妹篇，我们要切实抓好落实，让全面社会改革、全面依法治国像两个轮子，共同推动全面建成小康社会的事业滚滚向前"④。

党的十八大以来习近平同志系列重要讲话中提出的一系列新思想、新论断、新要求，准确把握当代中国发展的实际，准确把握全面建成小康社会困难与问题，回答了全面建成小康社会将面对的重大课题，形成了围绕

---

① 中共中央文献研究室.十八大以来重要文献选编：上［M］．北京：中央文献出版社，2014：84.
② 习近平关于协调推进"四个全面"战略布局论述摘编［M］．北京：中央文献出版社，2015：19.
③ 习近平关于协调推进"四个全面"战略布局论述摘编［M］．北京：中央文献出版社，2015：9.
④ 习近平关于协调推进"四个全面"战略布局论述摘编［M］．北京：中央文献出版社，2015：12.

实现全面建成小康社会战略目标的诸战略举措。2014 年 12 月，习近平同志在江苏调研时提出："要全面贯彻党的十八大和十八届三中、四中全会精神，落实中央经济工作会议精神，主动把握和积极适应经济发展新常态，协调推进全面建成小康社会、全面深化改革、全面推进依法治国、全面从严治党，推动改革开放和社会主义现代化建设迈上新台阶。"① 这是习近平同志第一次从"四个全面"上，对实现全面建成小康社会的战略目标和战略举措作的完整表述和基本定位。"四个全面"战略布局既有战略目标，也有战略举措，全面建成小康社会是我们的战略目标，全面深化改革、全面依法治国、全面从严治党是三大战略举措。"四个全面"战略布局是我们党坚持和发展中国特色社会主义的新实践，是党对治国理政经验的新总结，是实现中华民族伟大复兴中国梦的新进展，也是邓小平"小康社会"思想在"中国式的现代化"的历史进程中的新发展。

（原载于《邓小平研究》2015 年第 2 期）

---

① 习近平关于协调推进"四个全面"战略布局论述摘编［M］．北京：中央文献出版社，2015：12．

马克思经济思想与马克思主义政治经济学的当代发展

"一论二史"：中国特色
"系统化的经济学说"的学理依循

一、中国特色"系统化的经济学说"中的"一论二史"

在 2015 年 11 月中共中央政治局以马克思主义政治经济学基本原理和方法论为主题的集体学习中，习近平总书记提出："要立足我国国情和我国发展实践，揭示新特点新规律，提炼和总结我国经济发展实践的规律性成果，把实践经验上升为系统化的经济学说，不断开拓当代中国马克思主义政治经济学新境界。"这里提到的"系统化的经济学说"，一般被理解为中国特色社会主义政治经济学理论的"系统化"，这当然没错，但在学理上并不全面。从建设中国特色哲学社会科学学科体系、学术体系、话语体系和教材体系的角度来看，"经济学说"的"系统化"不仅是指政治经济学理论本身的"系统化"，即系统化的中国特色社会主义政治经济学理论体系，而且还包括政治经济学在内的更为广泛的"经济学说"的"系统化"，即政治经济学理论和经济史、经济思想史这"一论二史"的"经济学说"的"系统化"。对于中国特色"系统化的经济学说"来说，"一论二史"包括中国特色社会主义政治经济学理论，以及中华人民共和国经济史和中国共产党经济思想史或中国社会主义经济思想史。

二、《资本论》第一卷呈现的 "一论二史" 的 "系统化的经济学说"

2017 年是《资本论》第一卷德文第一版发表 150 周年。马克思在《资本论》第一卷中所呈现的 "一论二史" 密切结合的学理依循，是马克思经济学说 "系统化" 的集中体现。

在马克思看来，政治经济学的 "每个原理都有其出现的世纪"，经济思想史与政治经济学结合的学理依循就在于："为什么该原理出现在 11 世纪或者 18 世纪，而不出现在其他某一世纪，我们就必然要仔细研究一下：11 世纪的人们是怎样的，18 世纪的人们是怎样的，他们各自的需要、他们的生产力、生产方式以及生产中使用的原料是怎样的；最后，由这一切生存条件所产生的人与人之间的关系是怎样的。" 马克思政治经济学理论阐释与经济思想史研究的密切关系，在《资本论》第一卷中得到充分体现。

恩格斯在提到马克思经济学说的社会历史观特征时认为，"把现代资本主义生产只看作是人类经济史上一个暂时阶段的理论所使用的术语，和把这种生产形式看作是永恒的、最终的阶段的那些作者所惯用的术语，必然是不同的"。恩格斯强调社会历史观对经济史研究的重要意义，凸显经济史在政治经济学理论阐释中的重要意义。在古典政治经济学那里，通过把农业和手工业之外的 "一切产业"，都归结为制造业的办法，使 "以手工分工为基础的真正工场手工业时期和以使用机器为基础的现代工业时期的区别，就被抹杀了"。经济史作为把握社会经济关系的历史逻辑的探索，成为《资本论》第一卷政治经济学理论逻辑探索的重要基础和基本根据，也成为马克思经济学说 "系统化" 的重要体现。

在《资本论》第一卷中，经济史的研究主要集中在三个问题上：一是在绝对剩余价值生产问题阐释中，对 "争取正常工作日的斗争" 的经济史研究。马克思把 "争取正常工作日的斗争" 划分为两大经济史阶段，即

"14 世纪中叶至 17 世纪末叶关于延长工作日的强制性法律"和"对劳动时间的强制的法律限制。1833—1864 年英国的工厂立法"。马克思认为："在资本主义生产的历史上，工作日的正常化过程表现为规定工作日界限的斗争，这是全体资本家即资本家阶级和全体工人即工人阶级之间的斗争。"二是在相对剩余价值问题阐释中，对工场手工业时期到机器大工业时期发展的经济史研究。马克思指出："对于由必要劳动转化为剩余劳动而生产剩余价值来说，资本占有历史上遗留下来的或者说现存形态的劳动过程，并且只延长它的持续时间，就绝对不够了。它必须变革劳动过程的技术条件和社会条件，从而变革生产方式本身，以提高劳动生产力，通过提高劳动生产力来降低劳动力的价值，从而缩短再生产劳动力价值所必要的工作日部分。"从"历史上遗留下来的"劳动过程到"变革生产方式"的研究，着力点是劳动过程的技术条件和社会条件、生产方式和劳动生产力本身的变革问题等，这些构成这一时期的经济史研究的重要内容。从工场手工业时期到机器大工业时期的经济史研究，揭示了绝对剩余价值生产方式向相对剩余价值生产方式转变的历史逻辑。三是在资本积累过程问题阐释中，对原始积累的经济史研究。马克思认为，按照"我们的方法"，在研究"已经形成的、在自身基础上运动的资产阶级社会"时，并不排斥资本"形成史"的考察，必然包含"历史考察必然开始之点"，即"超越自身而追溯到早先的历史生产方式之点"。对"历史考察必然开始之点"上的回溯，不仅可以得出一些"说明在这个制度以前存在的过去"的"原始的方程式"，把过去的研究和"对现代的正确理解"结合起来，为我们提供"一把理解过去的钥匙"；而且还能够"预示着生产关系的现代形式被扬弃之点，从而预示着未来的先兆，变易的运动"。只有通过对资本积累这一"必然开始之点"即资本原始积累的经济史研究，才能理解资本积累的本质及其"未来的先兆"和"变易的运动"。

　　马克思对《资本论》第一卷的经济史研究及其意义是十分清楚的。

1867 年 11 月，《资本论》第一卷德文第一版出版后不久，马克思得知库格曼夫人想读《资本论》，他在给库格曼的信中提到："请告诉您的夫人，她可以先读我的书的以下部分：《工作日》《协作、分工和机器》，再就是《原始积累》。"在马克思看来，涉及经济史的三个方面的内容，是理解《资本论》政治经济学理论的基础和入门，从而凸显了经济史阐释对政治经济学理论理解的作用和意义。这就如吴承明先生在《经济史：历史观与方法论》中所认为的："经济史是研究各历史时期的经济是怎样运行的，以及它运行的机制和绩效。这就必然涉及经济学理论。"在这一意义上，可以认为"经济史应当成为经济学的源，而不是经济学的流"。

三、 熊彼特关于经济学说 "科学性" 的理解

从"一论二史"上对"系统化的经济学说"的这一理解，适合于马克思经济学说的内在规定和学理旨向，在很大程度上也契合于经济学说"系统化"的一般学理要求。

约瑟夫·熊彼特在《经济分析史》中关于经济学说"科学性"的理解常被提起。熊彼特认为："经济学的内容，实质上是历史长河中的一个独特的过程。如果一个人不掌握历史事实，不具备适当的历史感或所谓历史经验，他就不可能指望理解任何时代（包括当前）的经济现象。"这里提到的"历史"，包括经济史和经济思想史，缺乏对这"二史"的研究，就难以理解政治经济学的理论和现实问题。显然，"一个人如果从他自己时代的著作站后一步，看一看过去思想的层峦叠嶂而不感受到他自己视野的扩大，那么这个人的头脑肯定是十分迟钝的"。

从经济学说的"科学性"来看，熊彼特认为，经济史研究的重要意义，一是在于经济学如果不掌握历史事实，不具备适当的历史感或历史经验，就不可能指望它能理解现时代存在的经济现象及其理论原理；二是在于历

史的叙述不可能是"纯经济的",它必然要反映那些不属于纯经济的"制度方面"的事实,因此,"历史"无论是经济史还是经济思想史,提供的是让我们了解经济与非经济的事实是怎样联系在一起的最好的方法;三是在于避免经济学理论分析通常犯有的"缺乏历史的经验"的根本性错误。

经济思想史既能打开了解过去思想成就的视窗,也能开启立足现实理论创新的灵感。从经济学说的"系统化"上看,经济学研究的题材本身就是"一种独特的历史过程",不同时代的经济学在很大程度上"涉及不同的事实和问题",仅此而言,"就足以使我们加倍注意经济学说的历史"。从经济学说的"科学性"的学理上看,任何特定时间的经济学的发展,都隐含着它过去的历史背景,如果不把这个隐含的历史揭示出来,就不可能深化和理解经济学的理论内涵。经济史和经济思想史研究的意义在于:"学会弄清为什么我们实际上走到多远以及为什么没有走得更远。我们也知道接着而来的是什么,以及怎样和为什么接着而来。"总之,经济学理论"只有对照其所产生的历史背景来考察才有意义"。

熊彼特对经济史研究在经济学理论体系乃至在经济学科"系统化"建设中有重要意义的这些阐释,是值得我们深刻思考的。如何从经济史和经济思想史研究的结合上,深化中国特色的政治经济学理论研究,是推进中国特色"系统化的经济学说"发展的学理上的基本依循,也是经济学科的学术体系、学科体系、话语体系和教材体系建设的重大问题。

四、 经济学说演进中 "一论二史" 的学理例证

以"一论二史"为主要内容构建"系统化"经济学说的探索,屡见于经济学说的演进中。这里可以提到的是,阿尔弗雷德·马歇尔在《经济学原理》中呈现的,以经济史和经济思想史的综合研究为经济学原理阐释基础的学理例证。在《经济学原理》最初几版中,在绪论之后是马歇尔撰写

的两篇论文：一篇是对自由工业和企业发展的经济史的研究；另一篇是对经济科学的经济思想史的研究。后来，马歇尔把这两篇论文独立出来，作为《经济学原理》的附录一和附录二单独列出，以显示对经济学原理和经济史、经济思想史阐释结合的学理依循。

马歇尔在对经济史和经济思想史与经济学原理的关系的阐释中认为：首先，经济学的新思想来源于经济史实的发展，即如近代经济学的许多内容，在中世纪的城市发展就已被预见到，尽管在中世纪的城市不能使之成为实际的经济"事业"。这些曾被预见到的内容，在近代经济新纪元的经济"事业"才得以呈现，但在这些经济史实中曾经被预见到的那些新思想，对经济学原理的发展却是有意义的；其次，经济思想对经济史实的反映并不局限于简单的描述，而是有着经济历史的"连续原理"的反应，如"经济学家们的确不是将自由企业当作是一件纯粹的好事，而只认为比当时所能实行的限制较少流弊而已"。经济史和经济思想史的许多结论，应该能再现于经济学原理的新的阐释之中；再次，以史为鉴，在经济史实的不断演进中，经济思想的真理性始终只存在于有限的范围内，而且还会在经济史实改变时丧失其功能和价值，如自由企业的思想主要是中世纪的商人所首倡的，18世纪后半期的英法哲学家继续加以发扬，李嘉图及其追随者依据这种思想发展成为一种自由企业的作用的理论，这种理论包含许多真理，其重要性或将永存于世。但是，他们的著作只在所涉及的狭隘范围内是完美的。时过境迁，李嘉图以特殊方式所解决的其中许多问题，对于经济学后来的发展不再有什么直接关系。最后，经济史的国别特征和时间限定，往往使得经济思想的实用性变得狭窄，如在李嘉图及其追随者的著作中，"有许多因过于注意当时英国的特殊情况，而变得范围狭窄了；这种狭窄性已经引起了一种反应"。因此，不同国度的经济史的研究，会形成同样具有科学价值的结论。马歇尔主张，对于大多数经济学家来说，"他们在许多不同的国家里同时进行研究，他们对他们的研究抱着探求真理的不偏不倚的愿望，甘愿经历长期和繁重的工作，只有这样，才能获得有价值的科学结果"。

从一般学理意义上看，马歇尔在《经济学原理》中对"一论二史"关系的阐释，对于中国特色的"系统化的经济学说"的建设是有一定启示的。赵迺抟先生在《欧美经济学史》中曾提到："经济思想史与经济史虽同属于史的叙述之学问，但研究之对象不同。经济思想史所研究者为人类思想之有关经济生活者；而经济史则是经济史实之系统的记载。"两门"史的叙述之学问"同经济学理论研究的结合，不仅顺应了经济学说"系统化"发展的要求，而且概述了经济学说"系统化"的学理依循。

五、 习近平对中国特色 "系统化的经济学说" 探索中的 "一论二史" 的意蕴

习近平总书记在中央政治局第二次集体学习时指出："历史、现实、未来是相通的。历史是过去的现实，现实是未来的历史。要把党的十八大确立的改革开放重大部署落实好，就要认真回顾和深入总结改革开放的历程，更加深刻地认识改革开放的历史必然性，更加自觉地把握改革开放的规律性，更加坚定地肩负起深化改革开放的重大责任。"在习近平经济思想中，对经济学理论与现实问题的探索，时常是与经济的史实和思想过程的探讨联系在一起的。就"系统化的经济学说"来看，上述论述中既有"回顾和深入总结改革开放的历程"为主要内容的经济史研究要求，也有"认识改革开放的历史必然性"为主要内容的经济思想史的研究需要。在经济的历史、现实与未来的内在联系中探索经济学说的真谛，成为习近平经济思想的学理特色。

历史是最好的教科书。2013 年，在党的十八届三中全会上，习近平总书记在对社会主义市场经济理论的探索中指出："1992 年，党的十四大提出

了我国经济体制改革的目标是建立社会主义市场经济体制，提出要使市场在国家宏观调控下对资源配置起基础性作用。这一重大理论突破，对我国改革开放和经济社会发展发挥了极为重要的作用。"对党的十四大关于社会主义市场经济理论建树的"历史的评论"，成为社会主义市场经济理论新阐释的基础之一。即如习近平所强调的："正是从历史经验和现实需要的高度，党的十八大以来，中央反复强调，改革开放是决定当代中国命运的关键一招，也是决定实现'两个一百年'奋斗目标、实现中华民族伟大复兴的关键一招。""历史经验"不仅作为现实的镜鉴，揭示当下经济理论新见的历史根据；而且也作为发展的路标，昭示当下经济理论新见的现实基础。"历史经验和现实需要"的结合，实在地表达了"一论二史"之间的逻辑关系。

在对《中共中央关于全面深化改革若干重大问题的决定》的说明中，习近平总书记高度重视党的十四大以来社会主义市场经济理论和实践探索的思想史过程。他指出："从党的十四大以来的 20 多年间，对政府和市场关系，我们一直在根据实践拓展和认识深化寻找新的科学定位。党的十五大提出'使市场在国家宏观调控下对资源配置起基础性作用'，党的十六大提出'在更大程度上发挥市场在资源配置中的基础性作用'，党的十七大提出'从制度上更好发挥市场在资源配置中的基础性作用'，党的十八大提出'更大程度更广范围发挥市场在资源配置中的基础性作用'。可以看出，我们对政府和市场关系的认识也在不断深化。"由此而得出"从理论上对政府和市场关系进一步作出定位，这对全面深化改革具有十分重大的作用"的理论新见。回溯历史、立足现实，理论就能以此为基础而赓续，现实也能以此为台阶而前行。政治经济学本质上是一门历史的科学，历史、现实与未来的结合是经济学方法的内在要求，也是习近平经济思想中体现的"一论二史"的思想意蕴给我们的深刻启迪。

人事有代谢，往来成古今。习近平总书记在致第二十二届国际历史科学大会的贺信中提出："历史研究是一切社会科学的基础，承担着'究天人之际，通古今之变'的使命。世界的今天是从世界的昨天发展而来的。今天世界遇到的很多事情可以在历史上找到影子，历史上发生的很多事情也可以作为今天的镜鉴。重视历史、研究历史、借鉴历史，可以给人类带来很多了解昨天、把握今天、开创明天的智慧。"这些论述，对我们理解中国特色"系统化的经济学说"中"一论二史"的整体性关系及其学理依循有着深刻的指导意义。

六、 经济史和经济思想史在中国特色 "系统化的经济学说" 建设中的视域

"一论二史"学理的这一内在逻辑，不仅能够揭示前人探索的印迹，而且还留下前人探索中的智慧和勇气；不仅能够揭示理解现实问题的历史基础和背景，而且还留下继续探索的路标和台阶。在长期的"系统化的经济学说"的探索中，"一论二史"时常成为重要的学术和学理话题。

王亚南先生在中国政治经济学、经济史和经济思想史研究上都有过突出的学术建树，他历来注重从经济史和经济思想史的结合上，深化政治经济学理论研究。在1949年出版的《政治经济学史大纲》中，王亚南就提出过政治经济学研究"三层次"转化的观点。他认为："政治经济学所研究的对象，我们说它是'政治的'经济事象也好，说它是经济事象也好，终归是第一次的；若政治经济学史所研究的对象，因为它是那些经济事象，通过经济学者的体认，或由经济学者脑子'再生产'的结果，所以是第二次的；至于经济学史本身，又更进一层，把那些通过经济学者'再生产'的结果，如学说、思潮等等，加以再组织，结局，它便成为第三次的了。从这里，我们知道，政治经济学史，就是更深进一层的意识形态的科学；对于它的研究，当然更多一些曲折，或者对于我们要求更深更多的理解。"从

第一层次的"经济事象",到第二层次的"经济思想",再到第三层次的"经济学史"的转化,厘清了政治经济学和经济思想史研究的内在逻辑与学理关系。

1986年,胡寄窗先生在《中国经济思想史研究的方法论歧见》一文中曾提出,"任何一种思想史必然有一些它自己的特殊的理论范畴,只有在阐述其特殊理论范畴的发展过程条件下,才能显示它本身的特色";同样,"倘不以一定历史时期或人物所接触到的经济范畴为表述内容,就不足以体现出经济思想史的特点"。经济观念、原理和范畴是构成各时期经济思想的"基本要素"或"基本材料"。1991年,赵靖先生在其主编的《中国经济思想通史》中也认为:"各时期的经济观念、原理和范畴本身以及它们之间的相互联系的状况,反映着不同时期以及不同国家、不同民族的经济思想的发展水平……这些经济观念、原理和范畴,在反映经济关系方面越是深刻,越是具有抽象的、普遍的性质,它们彼此之间的联系越密切,经济思想发展水平就越高。"经济思想史的发展程度是经济学理论发展水平的集中体现,经济学理论的发展又要以经济思想史的深入探索为基础。就经济学说"系统化"的学理来说,经济史同经济思想史一样,对经济学理论发展有着同样重要的意义,发挥着同样重要的作用。

虽然有经济学学理上的这些清楚认识,但在政治经济学理论研究中长期存在的脱离相应的经济史和经济思想史研究的现象,一直没有显著的改变。即使到现在,在对《资本论》作为马克思"系统化的经济学说"的理解中,鲜有对马克思政治经济学理论与相应的经济史和经济思想史结合的研究;在中国特色社会主义政治经济学研究中,甚至没有对相应的经济史和经济思想史研究的基本意识。在这一方面,不仅马歇尔和熊彼特的相关论述值得我们借鉴吸收,而且我国学术界对"一论二史"研究的学术积累和思想阐发更值得我们吸收运用。党的十八大以来,在"学好用好政治经济学"到"把实践经验上升为系统化的经济学说""不断开拓当代中国马克思主义政治经济学新境界"的系列论述中，习近平总书记提出的一系列重要的经济思想和提出的一系列重要的理论观点，对加强和深化中国特色的"一论二史"的"系统化的经济学说"发展有着重要的指导意义。

七、 中国特色社会主义政治经济学要有经济史和经济思想史支撑的学理基础

一切划时代的理论体系的真正内容，都是由产生这个体系的时代的需要而形成和发展起来的。中国特色社会主义政治经济学是在当代中国改革开放的伟大实践中、在现时代中国社会主义现代化建设历史进程中的理论创新。以"中国特色"为标志的政治经济学的这一理论创新，不仅凸显了对这一理论创新的现实的经济基础和经济关系的认同，而且也体现了对产生这一理论创新的中国的独特的历史、独特的文化和独特的国情的认同。从"一论二史"上对中国特色"系统化的经济学说"的探索，蕴含着同样的道理。

习近平总书记在中共中央政治局以马克思主义政治经济学基本原理和方法论为主题的集体学习中提到："马克思主义政治经济学是马克思主义的重要组成部分，也是我们坚持和发展马克思主义的必修课。"对政治经济学理论作用和意义的这一判断，是以中国共产党经济思想史为基础、为根据的。这就是习近平进一步指出的："我们党历来重视对马克思主义政治经济学的学习、研究、运用，在新民主主义时期创造性地提出了新民主主义经济纲领，在探索社会主义建设道路过程中对发展我国经济提出了独创性的观点，如提出社会主义社会的基本矛盾理论，提出统筹兼顾、注意综合平衡，以农业为基础、工业为主导、农轻重协调发展等重要观点。这些都是我们党对马克思主义政治经济学的创造性发展。"他还提到："党的十一届三中全会以来，我们党把马克思主义政治经济学基本原理同改革开放新的

实践结合起来，不断丰富和发展马克思主义政治经济学，形成了当代中国马克思主义政治经济学的许多重要理论成果。"中国共产党经济思想史的研究，为中国特色社会主义政治经济学理论的当代发展提供了历史根据以及思想资源。

中国特色社会主义政治经济学理论要十分注重对相应的经济史和经济思想史的研究。从中华人民共和国经济史和中国共产党经济思想史或中国社会主义经济思想史来看，1956 年初，在中国社会主义基本制度确立这一历史时刻，毛泽东已经把如何选择中国自己的社会主义建设道路问题提上了重要议程。毛泽东立足于国内和国际两个大局，审时度势，从历史、理论与现实的结合上，不仅提出了马克思主义中国化的"第二次结合"的思想，而且在谋划中国社会主义经济建设和发展中，成就了以《论十大关系》为主题的中国特色社会主义政治经济学的开创之作。由此开始的中国社会主义经济史和经济思想史，构成中国特色社会主义政治经济学的理论源流。要十分注重中华人民共和国经济史和中国共产党经济思想史的"历史的评论"，正如马克思所指出的："这种历史的评论不过是要指出，一方面，经济学家们以怎样的形式互相进行批判，另一方面，经济学规律最先以怎样的历史上具有决定意义的形式被揭示出来并得到进一步发展。"

就中国特色"系统化的经济学说"的发展来说，对那一时期开始的新中国经济史和社会主义经济思想史的研究是不可或缺的。1956 年 2 月 14 日到 4 月 24 日，为准备《论十大关系》讲话，毛泽东作了长达 43 天的调查研究。调查研究一开始，毛泽东就点明主题，提出苏联的经验和道路哪些该学哪些不该学的问题。他强调"要打破迷信"，提出我们"完全应该比苏联少走弯路""不应该被苏联前几个五年计划的发展速度所束缚"。回顾中国共产党的历史，毛泽东深有感触地谈道："民主革命时期，我们在吃了大亏之后才成功地实现了这种结合，取得了新民主主义革命的胜利。现在是社会主义革命和建设时期，我们要进行第二次结合，找出在中国怎样建设社会主义的道路。"他进一步提到："我们应该从各方面考虑如何按照中国的情况办事，不要再像过去那样迷信了。"毛泽东的结论就是："我们过去也不是完全迷信，有自己的独创。现在更要努力找到中国建设社会主义的具体道路。"毛泽东关于"进行第二次结合""更要努力找到中国建设社会主义的具体道路"等重要思想的提出，是对中国革命和建设历史反思和现实思考的结果，是在中国社会主义建设道路选择的关键时期和国际共产主义运动逆转时期作出的重大战略调整。总结经验，破除迷信，不再"搬苏联的一套"，在把马克思主义基本原理同中国实际的"第二次结合"中，对"中国怎样建设社会主义的道路"问题作出中国共产党人的回答。同年 4 月25 日下午，毛泽东在有各省市自治区党委书记参加的中共中央政治局扩大会议上，发表了《论十大关系》的讲话。毛泽东后来肯定，《论十大关系》"开始提出我们自己的建设路线，原则和苏联相同，但方法有所不同，有我们自己的一套内容"。也就是说，"从一九五六年提出十大关系起，开始找到自己的一条适合中国的路线"。在经济史和经济思想史结合的探索中，我们能够更为深刻地理解，《论十大关系》是毛泽东提出"第二次结合"思想后对中国社会主义建设道路探索的最初的重要成果，是对中国特色社会主义政治经济学探索的最初的重要成果。

同样，"一论二史"结合的研究更能使我们理解，把马克思主义基本原理与中国经济建设具体实践相结合，实现马克思主义中国化的"第二次结合"，是中国特色社会主义政治经济学发展的基本遵循。回顾中国社会主义经济思想史的过程，邓小平 1984 年在提到中国特色社会主义政治经济学"初稿"时，就认为这是"马克思主义基本原理和中国社会主义实践相结合的政治经济学"。他认为，"过去我们不可能写出这样的文件，没有前几年的实践不可能写出这样的文件。写出来，也很不容易通过，会被看作'异端'。我们用自己的实践回答了新情况下出现的一些新问题"。

习近平在评价改革开放以来中国特色社会主义政治经济学发展成就时

指出："党的十一届三中全会以来，我们党把马克思主义政治经济学基本原理同改革开放新的实践结合起来，不断丰富和发展马克思主义政治经济学，形成了当代中国马克思主义政治经济学的许多重要理论成果。""第二次结合"是中国特色社会主义政治经济学发展的基本遵循。习近平的结论，是基于中国社会主义经济史和经济思想史探索的科学结论，也是在决战决胜全面建成小康社会的新的进程中，把"第二次结合"的思想融会贯通于中国特色的"系统化的经济学说"发展之中的科学结论。

从"系统化的经济学说"的学理依循来看，中国特色社会主义政治经济学的理论研究不能脱离中华人民共和国经济史和中国共产党经济思想史或中国社会主义经济思想史的研究，要在"一论二史"的结合中推进中国特色"系统化的经济学说"的发展。

（原载于《光明日报》2017 年 7 月 11 日）

《资本论》：“工人阶级的圣经”

本文的题目表明，我们将从“工人阶级的圣经”的意义上，来理解和讲解《资本论》。显然，这同仅仅从政治经济学角度理解和讲解《资本论》不完全一样。“工人阶级的圣经”的说法，出自恩格斯为《资本论》第一卷英文译本所写的序言。这个序言写于 1886 年 11 月，这时离 1883 年马克思去世已经过去了三年，离 1867 年《资本论》第一卷德文第一版出版已经过去了近二十年。恩格斯对《资本论》第一卷所作的“《资本论》在大陆上常常被称为工人阶级的圣经”的评价，就是根据这一时期欧洲工人运动发展和变化的特征和趋势而作出的。我就从恩格斯的这一评价切入，从五个方面对《资本论》作出简要解析。

一、“工人阶级的圣经”的含义

对恩格斯提出的“工人阶级的圣经”的评价，主要是就《资本论》在“大陆”上的影响得出的。这里讲的“大陆”，是指除了英国、北爱尔兰和冰岛以外的欧洲大陆。这是因为，《资本论》第一卷在英文译本出版之前，已经有德文原文版和法文译本流行于欧洲。《资本论》成为“工人阶级的圣经”，在恩格斯看来，主要是两个方面原因：一是《资本论》第一卷“所作的结论日益成为伟大的工人阶级运动的基本原则”，自《资本论》第一卷出版后，欧洲工人运动逐渐开始以马克思《资本论》所阐述的基本理论为指导而开展起来；二是因为"各地的工人阶级都越来越把这些结论看作是对自己的状况和自己的期望所作的最真切的表述"，欧洲的工人运动越来越觉得《资本论》第一卷对资本主义社会理论和现实的阐释，是对工人阶级自己的状况和自己的期望的最真切的表述。《资本论》第一卷讲的是工人自己的事情，讲的也是工人对未来的期望，这就像犹太教和基督教的宗教经典《圣经》一样，成为信仰的理论和道理，成为人生的准则。恩格斯将《资本论》比作工人阶级的"圣经"，想表达的基本意思就是，《资本论》成为工人阶级革命运动发展、工人阶级革命运动原则制定的指导思想和基本准则。

对英国读者来讲，恩格斯认为，《资本论》第一卷也将成为英国社会主义运动的指导思想，将对英国的社会主义运动产生深刻的影响。恩格斯认为，《资本论》也将成为英国工人阶级的"圣经"，这是因为，一方面"在英国，马克思的理论正是在目前对社会主义运动产生着巨大的影响"，另一方面"彻底研究英国的经济状况成为国民的迫切需要的时刻，很快就会带来"。

在马克思那个年代，《圣经》不仅作为宗教的教义存在，而且已经影响到当时人文社会科学及经济、政治和社会制度及日常生活的各个方面。恩格斯把《资本论》比作"工人阶级的圣经"，也已经意识到，《资本论》阐释的科学原理也将影响到人文社会科学及经济、政治和社会制度及日常生活的各个方面。《资本论》第一卷出版至今的一个半世纪，在事实上印证了恩格斯这一评价的深刻意蕴。

需要说明的是，马克思生前只出版了《资本论》第一卷，不同程度地完成了《资本论》第二卷、第三卷以及第四卷的手稿。第二卷和第三卷是由恩格斯分别于 1885 年、1894 年编辑完成的。

1867 年《资本论》第一卷德文第一版出版后，马克思立即修订出版了德文第二版，后来又积极准备第三版的修订。1883 年马克思去世后不久，恩格斯最后负责出版了第三版。我们现在读到的《资本论》第一卷的中文版，是根据《资本论》第一卷德文第四版翻译的，第四版由恩格斯 1890 年最后定稿出版。《资本论》第一卷从德文第一版到第四版，无论是在结构上、内容上，还是在有些理论问题的阐述上都有一些重要的变化，甚至包括一些被称作"基本原理"的理论也有过多方面的新的阐释。实际上，《资本论》第一卷出版以后，从 1867 年到 1883 年马克思去世这十多年间，马克思对《资本论》第一卷一直在反复修改、完善。马克思并不认为《资本论》德文第一版阐述的原理就是"绝对真理"，就是不能更改的、不能补充的。《资本论》第一卷德文第一版分为六章，第二版马克思把它改成了七篇，在结构上就作了很大的调整。德文第一版的附录《价值形式》，马克思在第二版中把它放在正文中间。大家知道，《价值形式》这一节是《资本论》第一卷中最难读的部分，但也是《资本论》第一卷中最富有马克思经济学理论特色和学术风格的部分，马克思在把《价值形式》改作正文时，也对它作了修改和完善。我们完全可以相信，如果马克思也像恩格斯一样活到 1895年的话，他一定还会对《资本论》第一卷作出适合于资本主义经济关系新发展的进一步的修改、完善和补充。《资本论》最为真实地、也最为生动地说明马克思经济学所具有的与时俱进的理论品质和学术精神。我们现在读《资本论》，也应该有马克思的这种与时俱进的理论品质和学术精神。

二、《资本论》的创作背景

有的人认为《资本论》第一卷发表在 1867 年，到现在都已经过去了一个半世纪，现在还学习一百五十年前的著作，到底有什么意义呢？对此，我们需要简要回顾一下《资本论》创作的背景，从创作背景中，我们可以理解《资本论》当时的意义及《资本论》现代的意义。

说到《资本论》创作背景，首先，《资本论》创作是资本主义时代发展的要求，马克思正是从资本主义的时代发展面临的问题出发，开始《资本论》的创作。资本主义时代的发端最早可以追溯到 17 世纪 40 年代英国资产阶级革命，这场革命开启了资本主义的新时代。英国资产阶级革命到 18 世纪 60 年代爆发的第一次工业革命，其间经过了 120 年，英国资产阶级才在政治上站稳了脚跟，取得了政治上的绝对统治权，这 120 年间充满着封建贵族阶级同资产阶级之间的复辟和反复辟的斗争，这同再早一些的资本原始积累时期一样，都是用血与火的文字写就的历史。

18 世纪 60 年代，取得政治上统治地位的英国资产阶级，真正开始了推进适合于资本主义发展需要的社会生产力发展的进程。历史的巨大的巧合在于，就在英国资产阶级需要推进社会生产力发展的时候，以蒸汽机为标志的第一次工业革命方兴未艾，为资本主义发展提供了极其重要的机遇。第一次工业革命不是后来意义的科学技术革命，而主要是一次工业技术革命，或者说是一次产业革命。借助第一次工业革命的巨大势能，英国开始了资本主义生产力的，进而也是资本主义生产方式的巨大发展。此后的 120 年，是自由竞争资本主义的发展阶段，直至 1880 年第二次工业革命引起了资本主义的巨大变革，这应该是人类历史上真正意义的科学技术革命。1760 年到 1880 年这 120 年间，以 1825 年为界，发生了根本性的转折。之前的 60 年，英国资本主义生产力有着极大的发展，马克思和恩格斯在 1848 年写的《共产党宣言》，对这不到一百年资本主义发展历史作了高度的评价。他们认为："资产阶级在它不到一百年的阶级统治中所创造的生产力，比过去一切世代创造的全部生产力还要多，还要大。"他们提出的"资产阶级在历史上曾经起过非常革命的作用"，最主要的就是指资产阶级自 1760 年后推进社会生产力的发展给整个社会带来的巨大的变革。但是，《共产党宣言》同时也指出资本主义生产力和生产关系的矛盾运动及其基本趋势，这一矛盾突出地体现于 1825 年资本主义时代发展中的第一次经济危机的爆发。资本主义经济危机和人类历史上所有的经济危机不一样，过去的经济危机是绝对的短缺——生产资料和生活资料都短缺，但资本主义的经济危机是相对的过剩，就是一方面社会生产力巨大发展，生产了很多产品，但另外一方面这些产品却找不到出路。一个社会巨大生产力的变化带来的人类的丰硕的文明成果，却找不到它的出路，要依靠对已有的生产力的强制性的破坏求得经济的再度正常发展，这就是资本主义社会发生的有别于人类历史上其他社会的经济危机的特征，也是资本主义社会自身无法克服的矛盾、无法克服的痼疾。

到马克思写作《资本论》时，第一次工业革命的势能经过 80 年的释放基本消退，资本主义社会特有的经济危机爆发，而且这样的经济危机，1825年在英国出现了一次，1836 年又出现了，1847 年又出现了，1856 年再度出现，成了那一时代 10 年左右就会出现一次的周期性的经济危机。经济危机的爆发打破了资本主义经济发展的"神话"，因为在亚当·斯密《国富论》中，自由放任的市场经济能够自发地调节和解决资本主义经济的任何问题，现在自由放任的市场经济的"神话"被打破了，资本主义经济的弊端暴露出来。

与此同时，资本主义社会矛盾激化。第一次工业革命以后，社会的主要矛盾发生了变化，在英国和欧洲其他一些国家，社会的主要矛盾不再是资产阶级和封建贵族阶级的矛盾，这时资产阶级取得了自己的统治地位，封建贵族开始融入这个政权，成了这一国家政权的同盟者。相反，工人阶级开始成为资产阶级的对立者，资产阶级和工人阶级的矛盾成为社会的主要矛盾。这一矛盾在周期性的经济危机过程中被激化起来，到 19 世纪 30 年代和 40 年代，在英国、德国、法国、意大利等国，以反对资产阶级为主要政治目标的工人运动不时爆发。时代发展向人们显示的是，资本主义社会在对生产力发挥巨大推进作用时，也存在着自身难以克服的内在矛盾，关于资本主义时代走向的探索，成为那时的"时代课题"。登上政治斗争舞台的工人阶级，也在寻求自己的理论支撑。

当时，工人阶级中存在三种主要的理论倾向。一是自发的工人运动理论，认为工人创造了资本主义文明，但是并没有获得这个文明带来的全部成果，相反，文明的最大创造者却成了文明的最大牺牲者。而工人的贫穷被认为是由社会生产力对原有的小生产经济方式的摧毁造成的，所以工人贫困的根源被认为在于机器的使用和工厂的建立。因此自发地捣毁机器、烧毁工厂等反抗行为，成为这种理论倾向的"正义"行为。后来，为了追求生活的改善，为了追求工资的提高等，也在很大程度上改变了自发的工人运动的指向。

二是空想社会主义的理论倾向。空想社会主义理论主要有两个特点，一是对资本主义社会的无情抨击，二是对取代资本主义社会的未来社会的向往和憧憬。自 1516 年托马斯·莫尔《乌托邦》的问世，到 19 世纪 30 年代已经过了 300 多年，空想社会主义理论思潮经久不息、延绵不断。进入 19 世纪，空想社会主义依旧站在批判资本主义的理论前沿，但他们的理论却不能解决现实的社会问题。不管是自发的工人运动还是空想社会主义都有一个共同的特点，那就是凭着道德的义愤、凭着伦理上的愤懑，表达对资本主义社会的批判和谴责。恩格斯后来在回顾马克思主义产生以前自发的工人运动、空想社会主义和各种社会主义思潮时指出，这些理论思潮只是诉诸道德和法，在科学上丝毫不能把社会推向前进，道义上的愤怒，无论多么入情入理，经济科学总不能把它们看作是"证据"，而只能看作是"象征"。恩格斯认为："愤怒出诗人，在描写这些弊端……的时候，愤怒是适得其所的，可是愤怒在每一个这样的场合下能证明的东西是多么少。"单凭道德和伦理的"愤怒"还不能产生科学理论，不能真正讲清工人阶级的命运，不能讲清资本主义的历史趋势。比如，傅立叶，他也批判了当时社会的丑恶现象，他设想建立一种叫作"法伦斯泰尔"社会模式。在这种模式里，个人利益和集体利益是一致的，大家追求共同的利益。但是有两个问题他解决不了：一是不能科学地证明"法伦斯泰尔"比当时存在的社会更为合理的根本原因；二是不能明确建立这样一种合理模式的社会动力和社会力量，傅立叶认为要靠慈善家的捐钱，帮助建立"法伦斯泰尔"。另外一位空想社会主义者是欧文，欧文本人是个大企业家，他办了很多的纺织厂，同时也是一个慈善家，是"现代人事管理之父"，还是学前教育的创立者，他是第一个主张办托儿所和幼儿园的人，他自己也办了托儿所和幼儿园。他希望通过自己的努力建立一个理想的社会，他描绘了这个理想社会的图纸，详细到这个理想社会里面每一个人居住什么样的房子，每天参加多少劳动，每天大家怎么分配生活资料等。但是，欧文同样也没办法说明他设想的这个社会为什么是合理的，以及由谁来完成这个社会革命和社会变革。他把自己的家产全部花在这个理想事业上，最终还是失败了。

第三种理论倾向，是以蒲鲁东和拉萨尔这样一些工人运动的"理论家"为代表的。蒲鲁东是工人出身，后来通过自学成为职业作家，他也对资本主义进行批判。他在1840年发表的《什么是财产？或关于法和权力的原理的研究》中，提出"财产就是盗窃"的论点，从小资产阶级立场出发批判资本主义大私有制，认为可以通过保护小私有制摆脱资本主义的各种弊端。他从小资产阶级立场出发来批判资本主义，认为社会生产力过于发展造成了原来小农的生产方式改变，使得很多的农民沦为城市的贫民，所以他希望回到小农生产方式。他完全忽视了当时社会化大生产给人类文明带来的进步，而是希望通过保护小私有制来摆脱资本主义社会的弊端。但是，蒲鲁东在当时的工人运动中很有影响，一些来自于农村的工人对蒲鲁东的理论主张颇有同感，认为原来在农村的小生产方式才是美好的社会，社会化大生产破坏了他们田园般的美好生活，所以想要回到原来的小生产方式上。除了蒲鲁东，还有一位在当时工人运动中很有影响的理论家拉萨尔。拉萨尔出身富商家庭，他在柏林大学攻读哲学，后来成了律师，1863年担任德国最大的一个工会——全国工人组织联合会的领袖。他认为工人阶级的贫困是有一个规律在起作用，这个规律叫作"铁的工资规律"，认为工人要找到出路就要打破这个规律，打破这个规律要靠国家来帮助。铁的工资规律是指：如果工人的工资提高，工人就会生育更多的孩子，孩子长大了成为新的工人，劳动力的供给就会增加，劳动力供给增加超过资本主义企业对劳动力的需求，就产生了失业，进而导致工人的工资下降，工人工资下降则出生人口减少，资本主义经济找不到劳动力，资本家企业又要提高工资，等等。要改变这种循环往复变化的状况，拉萨尔认为只有由工人成立自己的合作社，在工资下跌的时候合作社和资本家进行谈判，让工资不下跌，在工资涨的时候则维持这个高度和秩序。通过这种方式，工人阶级贫困的社会问题也就解决了。所有这一切，都要依靠现存的国家政权和统治阶级来实现，国家应该通过成立工人合作社，使工人获得全部劳动所得，不需要打破资本主义的现成的社会秩序，只要改变工人的"铁的工资规律"，就能取得工人的平等。蒲鲁东、拉萨尔这些理论家的错误的理论，导致德国乃至欧洲的工人运动没有科学理论的指导。

马克思希望为工人阶级运动及其未来发展提供科学的理论，这就成为他写作《资本论》的根本动力。

除了工人运动之外，当时资产阶级主流社会也在试图解释资本主义时代变化问题。主流社会的探讨大多源于亚当·斯密的理论见解。他先在1759年发表了《道德情操论》，而后在1776年发表了《国富论》，《道德情操论》和《国富论》都有很大的影响。斯密奠定了自由放任市场经济的基本原则，而大卫·李嘉图是斯密理论的继承者，李嘉图用一系列科学的经济学理论来解释资本主义社会的经济运行系统，也分析了资本主义社会的矛盾。他看重劳动价值理论，认为从劳动创造价值的理论中能够解释很多资本主义经济的问题。李嘉图的劳动价值理论是为了维护当时产业资本家的利益。当时的资本家阶级也有分化，有借贷资本家，有商业资本家，还有产业资本家。李嘉图认为，在这些资本家中，只有产业资本家为社会进步提供了动力，认为借贷资本家对社会进步没意义，而土地所有者阶级更没有意义，李嘉图是站在产业资本家的立场上来阐释自己的经济学理论。

马克思对李嘉图站在产业资本家的立场上来看待问题，而且创立了劳动价值论的做法倍加赞赏，但是认为李嘉图的劳动价值论最终还是不能解决资本主义现实问题。当时的李嘉图理论的批判者，主要是马尔萨斯和西斯蒙蒂。马尔萨斯站在土地所有者，即大地主阶级立场上反对李嘉图的理论，认为是产业资本家影响了地主阶级的发展，影响了地主阶级的利益。西斯蒙蒂则站在小生产阶级立场上反对李嘉图提出的理论观点。当时社会上主要的阶级，如产业资本家阶级、地主阶级、小生产阶级，都有自己的理论家，而工人阶级则缺乏自己的理论家。蒲鲁东和拉萨尔自称是工人阶级理论家，又不能解决工人阶级根本利益问题，不能对时代发展的问题作出科学地回答。马克思要对当时的经济学进行一次革命，创立工人阶级自己的科学理论，为当时没有科学理论的工人运动提供科学理论，这就成为马克思为回答时代课题，实现政治经济学科学革命的根本原因。

李嘉图代表了当时社会的进步，但是李嘉图理论有两个根本的缺陷，第一个就是李嘉图坚持价值规律，却不能用价值规律来解释劳动与资本相交换的现实，他认为所有的价值都是劳动创造的，但是他不能讲清楚利润从何而来。另一个缺陷就是劳动价值论强调劳动创造价值，但他又不能解释当时资本主义社会等量资本获得等量利润，如果说劳动创造价值，每个资本家企业雇佣多少劳动力就应该创造多少价值，相应的获得各自的利润。但实际上，当时的资本家获得利润不是根据自己雇佣了多少工人，而是根据投入了多少资本，是一个平均利润率，现实中资本家获得的利润似乎和直接雇佣多少工人创造多少价值是无关的。

在这些背景下，马克思要为工人运动创造一个科学理论，不是靠"愤怒"，也不是靠单纯的伦理的谴责、道德的批判，而是要在当时已经有的科学成就的基础上，特别是在李嘉图理论的基础上创立自己的理论。这就是当时马克思创作《资本论》的基本背景，这就是马克思经济学，或者马克思《资本论》的科学价值所在。美国有一位哲学家曾经评论：任何一个学者，对于马克思的思想或者对于《资本论》有可能表达"赞成"或者"反对"，但是不可能"越过"马克思，因为马克思把当时科学成就总结在自己的理论中，形成了人类思想发展不可逾越的一块界碑。正如柏拉图、康德、黑格尔一样，他们的思想在人类历史上是不可逾越的，他们把当时最优秀的科学成果集中在他们思想中了，是不可能视而不见的，也是不可逾越的。马克思理论有阶级属性，但同样有科学属性，不仅仅是道德的谴责或者伦理的义愤，而是把自己的阶级意识、阶级意向建立在科学的基础上。马克思对经济学研究的很多成果，实际上已经融入到了经济学整体中，现在西方经济学很多重要的理论来源于马克思的思想。20 世纪 40 年代初，当凯恩斯主义刚产生时，凯恩斯主义的一位最忠实的信奉者琼·罗宾逊就认为，凯恩斯的宏观经济学吸收了马克思的理论。

三、《资本论》的创作简史

马克思出生于 1818 年，马克思在大学学习哲学、法学和历史，对经济学几乎没有接触。大学毕业以后，他认为要搞清这个社会发展的内在动力和根本趋势，就要从经济关系的根源上揭示它的奥秘。马克思直至 1843 年，也就是他 25 岁时开始研究政治经济学。马克思开始阅读当时大量的经济学著作，他的学习方法是做笔记，即读书后把重要的论断摘录下来，注明这段话在什么地方出现的，这些读书摘录后来被称作马克思的经济学"笔记"。一开始，马克思主要用德文和法文来阅读当时的经济学著作，摘录了九个笔记本，因为这些笔记是在巴黎写的，后来被称作《巴黎笔记》。在《巴黎笔记》写作期间，1844 年马克思写就了被后人编辑为《1844 年经济学哲学手稿》的一组手稿，内容涉及经济学和哲学问题，实际上是马克思用哲学语言来表达经济学问题的成果，因为他刚研究经济学，对经济学语言还不熟悉，于是使用了熟悉的哲学语言来表达经济学问题。马克思选择了异化劳动和私有财产制这两个范畴，展开对资本主义社会的批判。

1845—1846 年，马克思和恩格斯合作完成了《德意志意识形态》的手稿，这部手稿在马克思和恩格斯生前没有公开出版。在这部手稿中，马克思和恩格斯奠定了他们的世界观方法论的基本要义，就是奠定了唯物史观基础。唯物史观确立后，马克思对经济学的认识完全改变。在唯物史观创立以前，马克思对李嘉图的劳动价值论还表示质疑；唯物史观创立以后，马克思就从反对劳动价值转变为赞成劳动价值。唯物史观方法论对于马克思写作《资本论》来讲有着重大的意义，没有唯物史观的创立，就不会有《资本论》科学方法和理论精髓的确立；同时也可以说，《资本论》是对唯物史观方法论科学性的一次证明，就是用唯物史观来分析资本主义这个特定的社会的一种科学的尝试，因此《资本论》也是对唯物史观的科学证明。

唯物史观创立以后，马克思经济学上有三篇非常重要的著述。一是《哲学的贫困》，就是用唯物史观来分析蒲鲁东理论的错误。二是《雇佣劳动与资本》，这原本是 1847 年马克思在工人协会上的演讲，1849 年出版，这个演讲的题目说明马克思已经抓住了资本主义社会矛盾的主要方面：雇佣劳动与资本。三是《关于自由贸易的演讲》，是马克思对当时英国的自由贸易问题发表的见解。这三篇著述是马克思当时研究经济学的代表作，有对经济学基础理论的研究，有对资本主义经济关系本质的研究，还有对当时资本主义现实经济问题的研究。马克思创立政治经济学，从来没有脱离现实经济问题，从来没有脱离对资本主义本质问题的研究，也从来没有脱离对基础理论的研究。

1848 年欧洲革命爆发，马克思中断了自己的科学研究。马克思先后流亡于巴黎、布鲁塞尔，最后流亡到伦敦。1850 年之后，马克思一直生活在伦敦。1851—1853 年，马克思重新开始经济学研究，马克思写了著名的《伦敦笔记》，笔记中马克思经济研究理论有了重大的变化。《伦敦笔记》是马克思留下的篇幅最长的经济学笔记，由 24 个笔记本组成。这些笔记摘录了当时 70 多位最为重要的经济学家的主要著作的基本论述，涉及政治经济学及经济学各方面的应用问题（如货币、价格、土地等问题）的主要著作，也涉及经济史、经济思想史上的主要著作。

1853 年以后，由于经济上的困难，马克思再度中断了经济学研究，为欧洲和美国的一些报纸杂志写文章。马克思一生最艰难的时候就是在 50 年代。后来经济上有所好转，一是因为马克思接受了他家庭的一笔遗产，二是因为恩格斯开始独立经营他父亲的企业。50 年代后半期，恩格斯独立经营企业，恩格斯有能力在经济上支持马克思，后来马克思的生活经费主要是由恩格斯资助的。马克思生活最悲惨的时期，由于交不出房租，房东要求他们搬走，当时正值英国最寒冷的冬天。此外，他也因为在食品店赊账没有及时还上，受到店主的羞辱。马克思出身于中产阶级，他的夫人燕妮出身于德国富有的家庭，50 年代时燕妮哥哥已经是普鲁士政府的大臣，他哥哥几次派人到伦敦，希望马克思能向普鲁士政府"忏悔"，回德国过上丰裕"上流社会"的生活。可以说，马克思当时完全可以不费力气，就能进入当时德国的"上流社会"，但是他为了坚持自己的理想和信念，牺牲了自己和家庭这一切。马克思唯一的儿子就因为无钱治病而死在自己的怀中，马克思有好几封书信提到他的儿子离世时自己作为一位父亲的悲痛心情。恩格斯和列宁都提到：马克思作为一个学者，作为一个不断追求科学真理的人，哪怕是马克思的敌人都会由衷地感到敬佩。对他的人格和人品大家不会有任何的质疑，对他研究《资本论》的科学的精神也不会有质疑。

1857—1862 年，马克思决定写《政治经济学批判》。其间，马克思于 1857 年 7—8 月写了《〈政治经济学批判〉导言》，就是论述生产和交换、分配、消费四个环节的未完成的手稿；还写了由 7 个笔记本组成的经济学手稿，这些手稿后来被称作《1857—1858 年经济学手稿》。在马克思的经济学文献中，称作"手稿"的是马克思对经济学论述的、在他生前没有发表的经济学文稿，同以摘录为主的"笔记"不一样。

　　1858 年 2 月，马克思决定分册出版他的经济学著作，先出版的就是 1859 年的《政治经济学批判》第一分册。1961 年马克思准备继续写第二分册。第二分册的写作，在论述的内容上远远超出他的预计。到 1863 年时，马克思实际上写了包括 23 个笔记本的长达 1400 页之多的卷帙浩繁的经济学手稿，也就是后来的《1861—1863 年经济学手稿》。但是，在 1862 年底，马克思改变了想法，决定把自己著作的名称改作《资本论》，原来的《政治经济学批判》成为《资本论》的副标题。所以，严格地讲，马克思是在 1862 年底才决定写作名称为《资本论》著作的，之前他的经济学著作一直是《政治经济学批判》的名称。

　　1863 年以后，马克思就以《资本论》为标题开始写自己的经济学著作。马克思把《资本论》分为四册（卷），第一册《资本的生产过程》，第二册《资本的流通过程》，第三册《总过程的各种形式》，这三册讲述经济学的理论原理。这三册的初稿完成于 1863 年到 1865 年。最后第四册是经济思想史的研究。《资本论》第一卷是 1867 年出版的，1867 年出版以后马克思很快对《资本论》第一卷德文第一版进行修订，到 1872 年推出了第二版；1862 年到 1872 年这 10 年，就成为马克思创作《资本论》第一卷，以及写第二卷和第三卷手稿的阶段。对于《资本论》第二卷，马克思留下了长短不一的八个主要手稿，马克思一直没能写出最后的定稿。马克思去世以后，恩格斯根据这八个手稿编辑了《资本论》第二卷。《资本论》第三卷，马克思留下了一个主要的手稿，但是比较混乱，恩格斯根据马克思的这个手稿花了近 10 年的功夫，编辑出版了《资本论》第三卷。《资本论》第二卷和第三卷都是马克思留下的手稿，由恩格斯编辑完成的。列宁曾经提到，恩格斯由于编辑了《资本论》的第二卷和第三卷，无意中就把自己的名字和马克思一起写在了《资本论》的丰碑上。

　　1867 年 9 月，《资本论》第一卷德文第一版问世。《资本论》第一卷完成以后马克思很快就对德文第一版进行修订，还进行法文版翻译并修订，马克思考虑到法国人或许没有德国人那样对理论研究的耐心，他对有些比较难懂的理论阐释重新进行改写，让法国读者能够更好地读懂。为了研究的需要，我们不仅把《资本论》第一卷德文第一版翻译成了中文，也把《资本论》法文版翻译成了中文。研究《资本论》碰到什么问题或没完全读明白的，可以看看这两个译本，能够看到马克思在不同版本上对有些理论问题作的不同的表述。这有利于融会贯通。

1885年，恩格斯编辑完第二卷，之后他又花了十年的时间，在1894年完成了第三卷的编写，次年1895年恩格斯去世。在编写第三卷过程中，恩格斯就交代考茨基把马克思关于剩余价值学说史的手稿作为《资本论》第四卷编辑出版，考茨基在恩格斯去世10年后，编辑出版了《资本论》第四卷。

这就是《资本论》创作的过程，在这个过程中应该说花费了恩格斯极大的心血。马克思在《资本论》第一卷出版的前后，多次写信向恩格斯表达自己的感激之情。他曾写道："没有你，我永远不能完成这部著作。坦白地向你说，我的良心经常像被梦魇压着一样感到沉重，因为你的卓越才能主要是为了我才浪费在经商上面，才让它们荒废，而且还要分担我的一切琐碎的忧患。"马克思还写道："没有你为我作的牺牲，我是决不可能完成这三卷书的巨大工作的。我满怀感激的心情拥抱你！"

四、《资本论》的对象和方法

《〈政治经济学批判〉导言》对《资本论》的对象作了论述。在《〈政治经济学批判〉导言》中，马克思提到社会经济关系中的生产与交换、分配、消费四个环节的问题。在这四个环节中，马克思特别把"与"字放在生产同交换、分配、消费之间。首先，马克思认为，这四个环节表达了经济关系和运行的整体过程，在这四个环节中，生产是起决定性作用的，后面几个都是由生产决定的。生产决定分配，生产决定交换，生产也决定消费，分配什么要靠生产，交换的内容和形式都由生产决定，消费的东西首先生产出来才能消费。

其次，马克思认为，生产和分配、交换、消费之间，分配、交换和消费也在一定条件下反作用于生产。在一定条件下，分配也决定生产，生产资料的分配就决定了生产，生产决定分配、分配决定生产。马克思强调的是谁拥有生产资料，而不是谁拥有资金、拥有货币，生产资料归属的性质决定了社会生产关系的性质。同样，生产决定交换，交换也会决定生产，交换能不能完成将决定着再生产能不能进行。现在我们讲的"产能过剩"，就是生产的产品不能在交换中实现，交换对生产的反作用就出现了，再生产无法进行。生产决定消费，但是消费也决定生产，产品不被消费，永远只是产品，只有消费了才可能出现资金的回流，才可能进行再生产，消费能不能最终实现将决定再生产的命运。

在马克思看来，生产与分配、交换、消费构成一个"有机整体"，构成总体的各个环节、一个统一体内部的差别。一定的生产决定一定的分配、交换、消费，以及和这些不同要素相互间的一定关系。当然，生产就其单方面形式来说也决定于其他要素。不同要素之间存在着相互作用。每一个有机整体都是这样。这就是马克思在讲经济学对象的时候不同于当时经济学家的一个独特的思想观念，这个观念不仅体现了唯物论，而且体现了辩证法。我们要辩证地看待四个环节之间的关系，不要一味地强调分配、消费，但是也不能否定分配、交换和消费在一定作用下对生产的影响力。

除了《〈政治经济学批判〉导言》对社会经济关系"有机整体"论述之外，马克思在《资本论》第一卷开头对政治经济学对象也作过明确说明。马克思认为，《资本论》研究的是资本主义生产方式以及和它相适应的生产关系和交换关系。这个定义如何理解，在经济学界争议非常多，其中的关键点在于对这里提到的"生产方式"内涵的理解。我们不能用现在有些政治经济教科书中认为的生产方式是生产力和生产关系的统一来理解。在马克思那里，生产方式的含义是多方面的，在这里指的是社会生产力的运动方式。这一理解是非常关键的。《资本论》要研究的是资本主义社会生产力的运动方式以及和这个生产力的运动方式相适应的生产关系和交换关系。

在《资本论》中，马克思从来没有脱离资本主义社会生产力问题来研究资本主义经济关系，而是紧密联系和结合资本主义生产力的发展来探讨资本主义的生产与交换、分配、消费这一"有机整体"的关系及其本质。我们现在讲中国特色社会主义政治经济学，以发展生产力和解放生产力为其历史的和逻辑的起点。中国共产党人对《资本论》理论的重大发展就是抓住了发展和解放生产力的问题，提出不仅要发展生产力，还要解放生产力。假如说发展生产力是生产方式的问题，那么解放生产力主要就是生产关系的问题。对《资本论》对象定义为资本主义社会的生产力运动方式以及与之相适应的生产关系和交换关系，这一点非常重要。我们还可以用马克思另外一段论述来印证马克思这个理论。马克思认为："不论生产的社会形式如何，劳动者和生产资料始终是生产因素。凡要进行生产，就必须使它们结合起来。实行这种结合的特殊方式和方法，使社会结构区分为各个不同的经济时期。"任何社会中都有两种东西，一种就是劳动者，一种就是生产者，它们始终是社会生产力的两大因素，劳动者和生产资料的结合方式就是社会生产力的结合方式，也就是马克思政治经济学对象的组成部分。

《资本论》的方法是理解《资本论》的一把钥匙。要理解《资本论》的方法，第一要搞清马克思讲的叙述方法和研究方法。马克思指出："在形式上，叙述方法必须与研究方法不同。研究必须充分占有材料，分析它的各种发展形式，探寻这些形式的内在联系。只有这项工作完成以后，现实的运动才能适当地叙述出来。这点一旦做到，材料的生命一旦在观念上反映出来，呈现在我们面前的就好像是一个先验的结构了。"

对于研究方法，马克思认为研究必须经过三个阶段，充分占有材料、分析它的各种发展形式以及寻求这些形式的内在联系。研究过程是从具体的材料，逐步深入到本质里面。叙述方式则相反，应从最本质的部分开始论述。所以没有研究方法就没有叙述方法，研究方法是去伪求真，找到现象的本质，叙述方法从本质开始说起。对于研究这三个环节，马克思讲得非常全面，首先要充分地占有材料，越充分地占有材料研究得越通透；其次，分析它的各种发展形势，所有这些材料不是静止的，而是发展的；再次，一定要找到它们的内在联系。马克思因为完成上述三个环节之后才开始进行叙述，所以认为他的经济学先有研究，后有叙述，研究在前，叙述在后。

《资本论》的创作过程就是叙述过程，在叙述前马克思研究了很长时间（从 1944 年一直到正式写作《资本论》）。叙述的出发点是最抽象、最基本的范畴，在思维的过程中，逐渐增加具体的规定性，最后达到最具体、最复杂的范畴。实现在思维进程中再现具体，进而把握现实。叙述要找到一个最简单的范畴，然后不断增加新的规定性，规定性越简单越抽象，越属于本质的东西，规定性越复杂越接近现实，也越是具体。所以抽象上升到具体成为马克思写作《资本论》的方法。这就是《〈政治经济学批判〉导言》提出的基本思想，即以最抽象、最基本的范畴为研究的出发点，在思维的进程中，逐渐增加具体的规定性，最后达到最具体、最复杂的范畴，实现在思维的进程中再现具体，进而把握现实。《〈政治经济学批判〉导言》中讲的政治经济学的方法，专指这种由抽象上升到具体的方法。

第二，总的来讲，马克思方法就是辩证的方法，他对辩证的方法有过这样的解释："辩证法在对现存事物的肯定的理解中同时包含对现存事物的否定的理解，即对现存事物的必然灭亡的理解。辩证法对每一种既成的形式都是从不断的运动中，因而也是从它的暂时性质方面去理解。辩证法不崇拜任何东西，按其本质来说，它是批判的和革命的。"

马克思也非常清楚，《资本论》的研究必然涉及阶级利益关系，他提到："在政治经济学领域内，自由的科学研究遇到的敌人，不只是它在一切其他领域内遇到的敌人。政治经济学所研究的材料的特殊性，把人们心中最激烈、最卑鄙、最恶劣的感情，把代表私人利益的复仇女神召唤到战场上来反对自由的科学研究。"就是因为政治经济学研究涉及经济利益关系问题，个人会以自己所处的阶级地位来决定对这个理论是持赞成还是反对的态度。在政治经济学的科学探索中，马克思也认为："在科学上没有平坦的大道，只有不畏劳苦沿着陡峭山路攀登的人，才有希望达到光辉的顶点。"

五、《资本论》的当代意义

《资本论》第一卷《资本的生产过程》包含了马克思政治经济学的"精髓"，是学好用好马克思主义政治经济学的必修著作。《资本论》第一卷分作七篇。第一篇《商品和货币》对商品货币理论作了系统论述。马克思认为，这一篇"就着重指出了按不同情况表现为使用价值或交换价值的劳动的二重性（这是对事实的全部理解的基础）"，这是《资本论》第一卷中"最好的地方之一"，也是《资本论》第一卷中三个"崭新的因素"之一。第二篇到第六篇主要论述了剩余价值本质、剩余价值生产形式和工资理论。马克思认为，第二篇到第六篇包含了《资本论》第一卷的另外两个"崭新的因素"：一是抛开了剩余价值的各种特殊形式，如地租、利润、利息，首先研究剩余价值的一般形式；二是第一次指出工资是隐藏在它后面的一种关系的不合理的表现形式。最后第七篇论述了资本积累即剩余价值转化为资本的实质，提出了资本主义积累的一般规律，并从对资本原始积累到资本主义积累历史趋势的系统考察中，阐明了"剥夺者就要被剥夺"和资本主义私有制必然会转化为公有制的历史趋势。

第一，《资本论》是马克思在长期参加阶级斗争和科学实验，掌握大量实际资料和思想材料，批判地吸收和发展人类优秀文化遗产，特别是英法古典经济学基础上创作的一部巨作。它是为工人阶级服务的，是参加阶级斗争的科学实验的结果。但是，《资本论》也是在掌握大量实际资料和思想材料，批判地吸收人类优秀文化遗产，特别是当时英国和法国的经济学遗产基础上产生的巨作。这一点对于马克思主义理论发展非常重要，马克思主义理论有一个特点，这就是它对同时的科学成就的广泛吸收。马克思主义从来不拒绝批判地吸收和继承人类优秀文化的遗产，包括历史上的，也包括当代的理论遗产。

对国外的思想文化材料，可以有三种态度：交流，交融和交锋。我们过去只有交锋，认为西方只有糟粕，对西方的态度就只有批判。改革开放以来，我们加强了交流，发现西方还有一些值得借鉴、利用的东西。现在我们还提出来有交融，交融就是互相吸收。改革开放以来我们吸收了很多西方当代的思想理论，如生态文明、绿色环境等。从交锋到交流再到交融，是我们对世界文化优秀成果的一种态度的变化。但是，有了交融和交流，不是不再需要交锋了。如果只讲交流和交融，看不到交锋，那就是放弃了意识形态的主动权和主导权。所以交流、交融和交锋应该辩证统一，该交流就交流，该交锋也不能含糊，但是也不能把应该交流、交融的地方用交锋来取代。交流、交融和交锋三个词的选择，就是《资本论》带给我们的启示，因为《资本论》就是旗帜鲜明地批判了资产阶级经济学的错误的东西，同时也借鉴、吸收了各种思想文化的优秀的东西。

第二，《资本论》揭示了资本主义经济关系，揭示了资本主义生产方式发展的历史趋势，阐明了资本主义私有制向共产主义公有制过渡的历史必然性。这个理论到现在仍然有意义，并不因为资本主义社会由自由竞争向垄断过渡而无效。"占领华尔街"运动提出的99%和1%相对立的呼声，非常形象地描述了马克思当年所讲的资本主义社会资本的积累和贫困的积累的两极分化的状况。当99%的人是贫困积累，只有1%的人是财富积累的时候，这个社会不公正、不公平，它的社会弊端是无可置疑的。所以马克思在《资本论》中揭示的基本规律，尽管其形式上有变化，但是其本质仍然在资本主义社会表现出来。

第三，《资本论》是政治经济科学文明的成果，它所提供的政治经济学立场、观点和方法，不仅对理解当代资本主义经济关系，而且对研究社会主义经济关系以及经济全球化背景下国际经济关系的发展变化，同样有着理论和实践的指导意义。西方有很多学者用《资本论》来解决经济全球化的问题，这个更值得我们赞赏。《资本论》在研究经济全球化问题，特别是研究生态问题的时候非常重要。西方有一种理论叫"生态学马克思主义"，该理论认为资本对利润的追求是造成全球生态危机的根源。因为资本要获得更多的利润，必须要通过有形的资本来占有那些无价值的自然资源，因而必须把自然资源资本化和物化，所以资本的逻辑是造成生态文明破坏的根源。在国外这种观点非常流行。《资本论》是建设和发展中国特色社会主义政治经济学的指导思想和理论旗帜。

第四，《资本论》不仅是一部政治经济学著作，而且也是马克思关于辩证唯物主义和历史唯物主义的最重要的著作。在《资本论》中，唯物史观不再是假设，而是被科学证明了的原理。在《资本论》中，逻辑、辩证法和唯物主义认识论得到了广泛的应用，也得到了深入的发展。《资本论》包含了马克思主义经济学、哲学和科学社会主义的总体理论，是马克思给我们提供的世界观、方法论的理论体系，也是反映马克思主义的立场、观点、方法的最为完整的著作。

（根据在北京大学国家部委干部理论研修班上讲课内容整理而成）

《资本论》中的"崭新的因素" 与马克思经济学"术语的革命"

1867 年 9 月《资本论》第一卷德文第一版出版，1868 年 1 月马克思在给恩格斯的一封信中就提出了剩余价值、劳动二重性和工资范畴是《资本论》第一卷的三个"崭新的因素"的观点。恩格斯 1886 年 11 月在为《资本论》第一卷英译本撰写的序言中，提出了马克思经济学"术语的革命"的问题，对剩余价值等范畴在"术语的革命"中的地位和意义作了阐释。从《资本论》"崭新的因素"到"术语的革命"，深刻揭示了马克思政治经济学的基本特征和思想特色，多方面展示了《资本论》的理论内涵和学术意蕴。

一、《资本论》中的 "崭新的因素" 与马克思经济学的基本特征和思想特色

马克思提出的《资本论》第一卷中的三个"崭新的因素"，一是剩余价值，马克思指出，"过去的一切经济学一开始就把表现为地租、利润、利息等固定形式的剩余价值特殊部分当作已知的东西来加以研究，与此相反，我首先研究剩余价值的一般形式，在这种形式中所有这一切都还没有区分开来，可以说还处于融合状态中"；二是劳动二重性，马克思认为，过去的

经济学家们在注意到商品是使用价值和交换价值二重物时，都毫无例外地忽略了一个简单的事实，即"体现在商品中的劳动也必然具有二重性"，政治经济学"对问题的批判性理解的全部秘密就在于此"；三是工资，马克思第一次揭示了工资是劳动力价值或价格的转化形式这一本质关系，工资作为资本主义经济关系的不合理的表现形式，"通过工资的两种形式即计时工资和计件工资得到了确切的说明"①。马克思提出的这三个"崭新的因素"是《资本论》第一卷中三个主要的范畴，也是恩格斯后来称作的马克思经济学"术语的革命"的典型范畴。

在《资本论》第一卷中，剩余价值、劳动二重性和工资范畴作为"崭新的因素"，是马克思经济思想发展的重要标识，是马克思实现的政治经济学科学革命的基本特征和思想特色的集中体现，也是马克思主义政治经济学当代发展的基本遵循。

一是剩余价值作为这三个"崭新的因素"的首要范畴，是《资本论》的核心范畴。剩余价值范畴的提出，使得马克思与他之前的经济学家们之间的关系发生了根本性的变化，从而成为马克思政治经济学科学革命的主旨所在。

马克思从 1843 年开始研究政治经济学，历经 15 年艰辛的科学探索，在《1857—1858 年经济学手稿》中才首次提出剩余价值范畴。在《1857—1858 年经济学手稿》的"资本章"中，马克思在对资本主义劳动过程的分析中指出，从劳动过程的"价值的简单保存"来看，商品价值只相当于商品的"生产费用"。这里的"生产费用"，指的是商品生产中消耗的资本的价值部分，并不包括利息和利润，因而不能把这种生产费用理解为商品价值总和，否则"剩余价值就会是纯粹名义上的、虚拟的、假定的东西，是一句空话"②。这是马克思首次在政治经济学意义上使用"剩余价值"术语。马克思强调，从资本主义价值增值过程来看，剩余价值"正好在工人方面表现

---

① 马克思恩格斯文集：第 10 卷［M］．北京：人民出版社，2009：275－276．
② 马克思恩格斯全集：第 30 卷［M］．2 版．北京：人民出版社，1995：275．

为超过他作为工人的需要，即超过他维持生命力的直接需要的剩余劳动"①。尽管在对商品价值的理解上，马克思这时使用的还是"生产费用"这类李嘉图学派的用语，但"剩余价值"这一范畴的提出已经表明，马克思实际上"已经推翻了迄今存在的全部利润学说"②。

在《1861—1863年经济学手稿》中，马克思对剩余价值理论进一步作出了多方面的阐释，特别是在对剩余价值的经济思想史意义的阐释中，从"历史的评论"的视角指出："所有经济学家都犯了一个错误：他们不是纯粹地就剩余价值本身，而是在利润和地租这些特殊形式上来考察剩余价值。由此会产生哪些必然的理论谬误，这将在第三章中得到更充分的揭示，那里要分析剩余价值作为利润所采取的完全转化了的形式。"③ 剩余价值范畴就是贯穿于《资本论》理论逻辑的主题。《资本论》第一卷和第二卷在对资本的生产过程和流通过程的阐释中，首先研究的是剩余价值一般形式。这时还没有对利润、利息、地租这一切具体形式作出区分，这些具体形式还处于融合状态。在《资本论》第三卷对资本的总过程的各种形式的阐释中，再对剩余价值转化为利润、利润转化为平均利润，以及商业利润、利息、地租等这些具体形式展开论述。

恩格斯认为，马克思正是在前人认为已经有答案的地方发现了问题，实现了经济学的科学革命。"这里的问题不是在于要简单地确认一种经济事实，也不是在于这种事实与永恒公平和真正道德相冲突，而是在于这样一种事实，这种事实必定要使全部经济学发生革命，并且把理解全部资本主义生产的钥匙交给那个知道怎样使用它的人。根据这种事实，他研究了全部既有的经济范畴。"④ 这就是剩余价值在"术语的革命"中体现的马克思经济学的理论力量和学术魅力。

---

① 马克思恩格斯全集：第30卷 [M]．2版．北京：人民出版社，1995：286.
② 马克思恩格斯文集：第10卷 [M]．北京：人民出版社，2009：143.
③ 马克思恩格斯全集：第33卷 [M]．2版．北京：人民出版社，2004：7.
④ 马克思恩格斯文集：第6卷 [M]．北京：人民出版社，2009：21.

　　二是劳动二重性作为政治经济学的"崭新的因素",是马克思经济学体系的"枢纽"或主线所在。劳动二重性不仅是完整的经济范畴,对于《资本论》第一卷中商品二因素、劳动力商品、劳动过程和价值增值过程、剩余价值的本质及其基本生产形式、劳动对资本的形式从属和实际从属、工资的本质、资本积累过程和趋势等理论的理解,都有着重要的意义,起着"枢纽"的作用。

　　劳动二重性是马克思在《政治经济学批判》第一分册中首先作了阐释的。他当时就指出,要理解交换价值由劳动时间决定,必须把握住三个主要观点:一是"劳动化为简单的、可以说是无质的劳动";二是"生产交换价值因而生产商品的劳动借以成为社会劳动的特有方式";三是"以使用价值为结果的劳动和以交换价值为结果的劳动之间的区别"①。这三个主要观点构成劳动二重性范畴和术语的精粹。在《资本论》第一卷德文第一版中,马克思认定:"商品中包含的劳动也具有二重性。这一点首先是由我批判地阐明了的,这是理解政治经济学的枢纽。"②

　　马克思这里讲的"首先",是就马克思在公开出版著述中"首先"提出而言的。从马克思经济思想发展来看,在这之前的《1857—1858年经济学手稿》的"货币章"中,马克思在对商品内在矛盾的分析中,已经提出商品具有"二重存在"形式的观点。这里的"二重存在",是指商品作为"自然存在"和作为"纯经济存在"的"二重存在"形式③。在对资本的劳动过程和价值增值过程的分析中,马克思进一步指出,作为出发点的劳动过程,一方面具有"抽象性、纯粹的物质性,同样是一切生产形式所共有的"性质,另一方面又具有"在资本内部表现为在资本的物质内部进行的过程、构成资本内容的过程"的性质④。劳动的"二重存在"形式是理解劳动过程

---

① 马克思恩格斯全集:第31卷 [M].2版.北京:人民出版社,1998:422.
② 马克思恩格斯全集:第42卷 [M].2版.北京:人民出版社,2017:28.
③ 马克思恩格斯全集:第30卷 [M].2版.北京:人民出版社.1995:90.
④ 马克思恩格斯全集:第30卷 [M].2版.北京:人民出版社.1995:263.

的共有性和资本增值的特殊性的理论上和方法论上的主线。

在 1873 年出版的《资本论》第一卷德文第二版中，马克思对劳动二重性作了更为详细的说明。他指出，对于"首先由我批判地证明的"劳动二重性，"是理解政治经济学的枢纽"，因而"在这里要较详细地加以说明"①。据此，《资本论》第一卷德文第二版增列了《体现在商品中的劳动的二重性》的分节标题，劳动二重性作为《资本论》体系的主线得到更为深入的阐释和更为清晰的呈现。

三是在这三个"崭新的因素"中，工资范畴与剩余价值和劳动二重性范畴不同。工资作为经济学术语，是马克思对当时流行于政治经济学各流派中已有术语的批判性借鉴，并赋予工资范畴以"崭新"的含义，这是马克思政治经济学批判的思想特色所在。

马克思在政治经济学研究之初，就对工资范畴作出多方面的研究，这些研究的显著特点在于：工资范畴与马克思关于异化劳动、雇佣劳动，以及劳动和资本的阶级关系的分析联系在一起。工资范畴与马克思劳动价值论的发展和创新紧密地联系在一起，工资本质的揭示是马克思劳动价值论科学革命的结果，劳动价值论科学革命的实现是以工资范畴这一"崭新的因素"确立为标志的。在《哲学的贫困》中，马克思对蒲鲁东工资理论作了批判。蒲鲁东认为，工人工资的普遍提高必将引起生活必需品价格的普遍上涨，工人同盟组织以争取提高工资而进行的罢工斗争，结果除了"加剧贫困以外，不会有别的结果"②。在对蒲鲁东这一谬误的批判中，马克思指出："普遍提高工资就会使利润普遍降低，而商品的市场价格却不会有任何变化。"③ 工人工资提高的直接结果是资本利润的减少。因此，工人阶级最初以提高工资而联合起来的"同盟"，总是具有"双重目的"，即"消灭

---

① 马克思恩格斯文集：第 5 卷 [M]．北京：人民出版社，2009：54 – 55.
② 蒲鲁东．贫困的哲学：上卷 [M]．余叔通，王雪华，译．北京：商务印书馆，2010：143 – 144.
③ 马克思恩格斯文集：第 1 卷 [M]．北京：人民出版社，2009：649.

工人之间的竞争"和"同心协力地同资本家竞争"①。在这一过程中，工人阶级联合起来，旨在"形成一个自为的阶级。他们所维护的利益变成阶级的利益。而阶级同阶级的斗争就是政治斗争"②。马克思确立了工资范畴中蕴含的科学社会主义的基本立场。

在《资本论》第一卷中，马克思认为那种把工资看作是"劳动的价值和价格"的"用语"的观点，作为一种"直接地、自发地、作为流行的思维形式"③，其结果必然"陷入了无法解决的混乱和矛盾中，同时为庸俗经济学的在原则上只忠于假象的浅薄性提供了牢固的活动基础"④；而工资是劳动力价值或价格的转化形式的观点，却"只有科学才能揭示出来"，在经济思想史上，古典政治经济学"几乎接触到事物的真实状况"，但它"没有自觉地把它表述出来"，这是因为"只要古典政治经济学附着在资产阶级的皮上，它就不可能做到这一点"⑤。马克思"站在工人的立场上"⑥，第一次揭示了工资的本质，揭示了当时经济学流行的工资范畴背后隐藏的经济关系和阶级关系的本质。

二、 恩格斯关于马克思政治经济学 "术语的革命" 论述的基本思想

"一门科学提出的每一种新见解都包含这门科学的术语的革命。"⑦ 恩格斯在《资本论》第一卷英文版序言中，以这一基本的判断展开对马克思经济学科学革命意义的评价。恩格斯对"术语的革命"的科学史意义的判断，也为现

---

① 马克思恩格斯文集：第1卷 [M]．北京：人民出版社，2009：654.
② 马克思恩格斯文集：第1卷 [M]．北京：人民出版社，2009：654.
③ 马克思恩格斯文集：第5卷 [M]．北京：人民出版社，2009：621.
④ 马克思恩格斯文集：第5卷 [M]．北京：人民出版社，2009：617.
⑤ 马克思恩格斯文集：第5卷 [M]．北京：人民出版社，2009：621-622.
⑥ 马克思恩格斯文集：第5卷 [M]．北京：人民出版社，2009：620.
⑦ 马克思恩格斯文集：第5卷 [M]．北京：人民出版社，2009：32.

代科学史研究的学者所认可，托马斯·库恩就曾认为"科学革命"指的就是"某些科学术语发生意义变革的事件"①。他还提出，"接受新范式，常常需要重新定义相应的科学"②，而在"重新定义相应的科学"的过程中，"界定正当问题、概念和解释的标准一旦发生变化，整个学科都会随之变化"③。

在对马克思经济学"术语的革命"基本特征的理解上，恩格斯强调了两个基本观点：一是"术语的革命"中方法论上的整体观。恩格斯认为，当时流行的政治经济学往往满足于"照搬工商业生活上的术语并运用这些术语，完全看不到这样做会使自己局限于这些术语所表达的观念的狭小范围"。在古典政治经济学那里，"从来没有超出通常关于利润和地租的概念，从来没有把产品中这个无酬部分（马克思称它为剩余产品），就其总和即当作一个整体来研究过"，正因为这样，古典政治经济学"也从来没有对它的起源和性质，对制约着它的价值的以后分配的那些规律有一个清楚的理解"④。马克思的"术语的革命"，是基于唯物史观整体方法论的学术成就。

恩格斯的这一论述，高度契合马克思关于政治经济学整体方法论的要义。整体方法论是以唯物史观为基础的。1847 年，唯物史观创立后不久，马克思在《哲学的贫困》中就从"整体"意义上对政治经济学方法论作了阐释。马克思指出："每一个社会中的生产关系都形成一个统一的整体。"⑤这一"整体"的要义就在于"社会关系和生产力密切相连"，而且"随着新生产力的获得，人们改变自己的生产方式，随着生产方式即谋生的方式的改变，人们也就会改变自己的一切社会关系"⑥。社会经济关系的整体性是理解和把握经济范畴、原理、思想的内在要求。基于方法论上的整体观，马克思

---

① 库恩. 必要的张力 [M]. 纪树生，等译. 福州：福建人民出版社，1981：XIV.

② 库恩. 科学革命的结构 [M]. 金吾伦，胡新和，译. 4 版. 北京：北京大学出版社，88.

③ 库恩. 科学革命的结构 [M]. 金吾伦，胡新和，译. 4 版. 北京：北京大学出版社，91.

④ 马克思恩格斯文集：第 5 卷 [M]. 北京：人民出版社，2009：33.

⑤ 马克思恩格斯文集：第 1 卷 [M]. 北京：人民出版社，2009：603.

⑥ 马克思恩格斯文集：第 1 卷 [M]. 北京：人民出版社，2009：602.

对剩余价值以及工资、劳动二重性的规律有了一个清楚的理解，对资本主义经济关系这一同时存在而又互相依存的社会机体也有了一个清楚的理解。

在《1857—1858 年经济学手稿》中，政治经济学整体方法论不仅得到更为深刻的论述，而且得到更为娴熟的运用。在对三个"崭新的因素"的内在联系和整体规定性的论述中，马克思认为，从剩余价值生产过程和流通过程来看，"剩余价值只能在与必要劳动的关系上来测定"，这时"利润只是剩余价值的第二级的、派生的和变形的形式"，因而"只是资产阶级的形式，在这个形式中，剩余价值起源的痕迹消失了"①。对这一逻辑关系的理解，与工资和劳动二重性的"崭新的因素"的理解是联系在一起的：一方面，剩余价值和工资是必要劳动和剩余劳动在资本主义经济的"社会机体"中的本质关系，因为"在既定的生产条件下由资本生产出来的唯一价值，是由新劳动量追加的价值。但是，这种价值是由再生产出工资（资本以工资形式进行的预付）的必要劳动和剩余劳动（因而是超出必要劳动的剩余价值）构成的"②。另一方面，劳动二重性是从整体上理解这一本质关系的"枢纽"，因为"材料和机器上的预付只是从一种形式转变成另一种形式。工具也和原料一样，转变成产品，它的损耗同时也就是产品形式的创造"③，但它们"决不会使产品的价值有所增加。它们的价值是以前的生产的结果，而不是它们在其中充当工具和材料的当前的生产的结果"④。这三个"崭新的因素"构成的整体理论，是马克思政治经济学整体方法论的集中体现，也是马克思认为的《资本论》第一卷三个"崭新的因素"整体性的内在根据和必然逻辑。

二是"术语的革命"中的社会历史观。把资本主义生产关系只看作是"人类经济史上一个暂时阶段"的经济学理论，同把这种生产关系看作是

① 马克思恩格斯全集：第30卷［M］.2版.北京：人民出版社，1995：599.
② 马克思恩格斯全集：第30卷［M］.2版.北京：人民出版社，1995：598.
③ 马克思恩格斯全集：第30卷［M］.2版.北京：人民出版社，1995：598.
④ 马克思恩格斯全集：第30卷［M］.2版.北京：人民出版社，1995：598-599.

"永恒的、最终的阶段"的经济学理论，恩格斯认为，它们在"术语"的使用中，"必然是不同的"①。在经济学术语使用中，社会历史观起着重要的作用。马克思"术语的革命"中坚守的社会历史观，是以唯物史观为圭臬的，是唯物史观在政治经济学方法论中的延伸。

恩格斯的这一论述，同马克思在政治经济学探索中彰显的社会历史观的要义高度契合。在《哲学的贫困》对蒲鲁东政治经济学方法的批判中，马克思已经认识到："人们按照自己的物质生产率建立相应的社会关系，正是这些人又按照自己的社会关系创造了相应的原理、观念和范畴。"据此，马克思在经济思想史上第一次提出，"经济范畴只不过是生产的社会关系的理论表现，即其抽象"②，因而"这些观念、范畴也同它们所表现的关系一样，不是永恒的。它们是历史的、暂时的产物"③。1865 年，在《资本论》第一卷最后成稿时，马克思再次指出，在对经济范畴的理解上，蒲鲁东的错误在于"荒谬地把它看作预先存在的、永恒的观念"，就使得蒲鲁东"通过这种迂回的道路又回到资产阶级经济学的立场上去"；马克思则坚持"把经济范畴看作历史的、与物质生产的一定发展阶段相适应的生产关系的理论表现"④。

在《〈政治经济学批判〉导言》中，马克思提到包括古典政治经济学在内的各种经济学流派和思潮的一种"虚构"和"假象"，即它们都把"单个的孤立的猎人和渔夫"作为经济学的出发点。这种"虚构"和"假象"的根本错误，就在于抹杀了"物质生产"的社会性质和历史性质。马克思认为，把这一类"只是大大小小的鲁滨逊一类故事所造成的美学上的假象"，断定为"国民经济的事实"，并作为经济学的出发点，实在是"缺乏想象力"⑤。其实，不仅马克思那时流行的"最新的经济学"，把这种"虚构"

---

① 马克思恩格斯文集：第 5 卷［M］. 北京：人民出版社，2009：33.
② 马克思恩格斯文集：第 1 卷［M］. 北京：人民出版社，2009：602.
③ 马克思恩格斯文集：第 1 卷［M］. 北京：人民出版社，2009：603.
④ 马克思恩格斯文集：第 3 卷［M］. 北京：人民出版社，2009：19.
⑤ 马克思恩格斯全集：第 30 卷［M］. 2 版. 北京：人民出版社，1995：22.

和"假象"当作经济学的圭臬而奉若神明；而且这之后流行于西方的各种"最新的经济学"，一再地陷于这种"虚构"和"假象"的窠臼，把这种"错觉"当作经济学的出发点。

在对"术语的革命"中社会历史观方法的理解中，恩格斯还强调了"经济史"在政治经济学理论阐释中的重要意义。恩格斯指出，在资产阶级政治经济学那里，经济史上的"重大的、本质不同的时期"往往"被抹杀了"。例如，在古典政治经济学那里，通过把农业和手工业之外的"一切产业"都归结为制造业"这个术语"的办法，使得以手工分工为基础的真正工场手工业时期同以使用机器为基础的现代工业时期之间的区别"被抹杀了"①。恩格斯对经济史研究意义的强调，是对"术语的革命"中社会历史观方法的深化。

经济史是政治经济学理论阐释的重要组成部分，也是实现"术语的革命"的重要内容。马克思在对政治经济学对象的探讨中曾经认为，生产不仅仅活动于一定的特殊生产部门中，而且始终作为"一定的社会体即社会的主体在或广或窄的由各生产部门组成的总体中活动着"，即在一定社会的生产体系或产业部门构成的"总体"中活动着。这里提到的具体的特殊生产部门和生产"总体"的关系，更多涉及的就是经济史问题。马克思认为，关于这些问题的"科学的叙述对现实运动的关系，也还不是这里所要说的"②。经济史作为把握社会经济关系的历史逻辑的探索，是马克思经济学理论逻辑中"所要说的"内容，在《资本论》第一卷中，经济史成为马克思经济学理论逻辑探索"所要说的"内容，特别是在对剩余价值和工资这两个"崭新的因素"的阐释中，经济史的研究成为重要内容，也成为"术语的革命"中社会历史观方法论运用的重要体现。

在《资本论》第一卷中，经济史的研究主要集中在三个问题上：一是

---

① 马克思恩格斯文集：第 5 卷 [M]．北京：人民出版社，2009：33．
② 马克思恩格斯全集：第 30 卷 [M]．2 版．北京：人民出版社，1995：27．

在工作日问题阐释中，对"争取正常工作日的斗争"的经济史研究；二是在相对剩余价值问题阐释中，对工场手工业时期到机器大工业时期发展的经济史研究；三是在资本积累及其过程问题阐释中，对资本原始积累的经济史研究。对经济史所作的这些研究，与剩余价值和工资这两个"崭新的因素"的阐释直接关联，是对这两个"崭新的因素"的历史逻辑的阐释。

绝对剩余价值的生产总是同工作日的长度直接相关。《资本论》第一卷中对"争取正常工作日的斗争"的经济史研究，就是在对绝对剩余价值生产问题阐释中作出的。在《资本论》第一卷德文第一版第三章《绝对剩余价值的生产》中，马克思列出第三节《工作日》对此作出专门研究。在《资本论》第一卷德文第二版中，《绝对剩余价值的生产》改作第三篇。在第三篇第八章《工作日》中，马克思把"争取正常工作日的斗争"划分为两大经济史阶段：一是"14世纪中叶至17世纪末叶关于延长工作日的强制性法律"的阶段；二是"对劳动时间的强制的法律限制。1833—1864年英国的工厂立法"的阶段。14世纪中叶以来的经济史证明，"在资本主义生产的历史上，工作日的正常化过程表现为规定工作日界限的斗争，这是全体资本家即资本家阶级和全体工人即工人阶级之间的斗争"①。

在对"术语的革命"方法的阐释中，恩格斯提到，资产阶级经济学"抹杀"了真正的工场手工业和机器大工业这两个不同时期的"区别"。资产阶级经济学认识上的这一局限性，凸显了《资本论》第一卷对这两个时期经济史阐释的重要性。在《资本论》第一卷德文第一版中，对这两个时期的经济史研究属于第四章《相对剩余价值的生产》的内容。在《资本论》第一卷德文第二版中，第四章改作第四篇，原来第四章的四节也改作第四篇的四章，即第十章《相对剩余价值的概念》、第十一章《协作》、第十二章《分工和工场手工业》和第十三章《机器和大工业》。第十章一开始对相对剩余价值问题阐释时，马克思就强调对以劳动过程变革和生产力发展方

① 马克思恩格斯文集：第5卷［M］．北京：人民出版社，2009：272.

式变革为主题的经济史研究的重要性。与绝对剩余价值生产不同的是，在相对剩余价值生产中，"资本占有历史上遗留下来的或者说现存形态的劳动过程，并且只延长它的持续时间，就绝对不够了"；相对剩余价值产生的基础和条件就在于，"必须变革劳动过程的技术条件和社会条件，从而变革生产方式本身，以提高劳动生产力，通过提高劳动生产力来降低劳动力的价值，从而缩短再生产劳动力价值所必要的工作日部分"①。这时，从"历史上遗留下来的"劳动过程到"变革生产方式"的研究，着力点就是劳动过程的技术条件和社会条件、生产方式和劳动生产力本身的变革问题等等，这些构成这一时期经济史研究的重要内容。

马克思认为："绝对剩余价值的生产只同工作日的长度有关；相对剩余价值的生产使劳动的技术过程和社会组织发生彻底的革命。"②《资本论》第一卷突出对绝对剩余价值生产中争取正常工作日斗争的经济史研究，对相对剩余价值生产中工场手工业到机器大工业的经济史研究，深刻地揭示了绝对剩余价值生产向相对剩余价值生产方式转变的历史逻辑，是对剩余价值这一"术语的革命"的经济史的证明。

三、 马克思经济学 "术语的革命" 的主要形式及其方法论意义

恩格斯在《资本论》第一卷英文版序言中对马克思经济学"术语的革命"的整体方法论和社会历史观的阐述，深刻地把握了马克思经济学理论体系和学术话语体系的核心观点，也形成了理解马克思经济学"术语的革命"的本质及其形式的方法论遵循。

作为马克思经济学"术语的革命"的显著标识，剩余价值、劳动二重性和工资是马克思经济学的新概念、新范畴、新表述，是马克思经济学理

---

① 马克思恩格斯文集：第 5 卷 ［M］．北京：人民出版社，2009：366．
② 马克思恩格斯文集：第 5 卷 ［M］．北京：人民出版社，2009：583．

论体系和学术话语体系的根本方法和基本立场的表达。按照这三个范畴的来源，马克思"术语的革命"可以分为两类：一类是马克思原始创新性的"术语的革命"，如劳动二重性、剩余价值，在《资本论》第一卷中还有资本总公式、劳动力商品、不变资本和可变资本等术语，它们是马克思首次提出的；另一类是批判借鉴性的"术语的革命"，如工资，在《资本论》第一卷中还有资本、交换价值、货币等术语，它们是对当时已有的经济学范畴中合理的因素和成分的批判性借鉴，其中包含对术语内涵的根本性变革。在《1857—1858 年经济学手稿》中，马克思在提到"准确地阐明资本概念是必要的"问题时认为，因为资本概念是"现代经济学的基本概念，正如资本本身——它的抽象反映就是它的概念——是资产阶级社会的基础一样。明确地弄清关系的基本前提，就必然会得出资产阶级生产的一切矛盾，以及这种关系超出它本身的那个界限"①。在对资本术语的批判性借鉴中，马克思准确地把握了对经济学中流行的资本范畴作出"术语的革命"的着力点和关键点。

马克思"术语的革命"的这两种类型不是截然分开的。在《资本论》中，马克思往往通过术语的比较研究，阐明原始创新性术语的意义以及同批判借鉴性术语的关系。与剩余价值这一原始创新性术语相对应，马克思还提出了不变资本和可变资本这些原创性术语。不变资本和可变资本术语实质上是劳动二重性方法在剩余价值理论阐释中的拓展，也是对剩余价值来源及其本质阐释的展开。在对资本流通理论的阐释中，马克思在批判地借鉴固定资本和流动资本术语中，特别注重同不变资本和可变资本术语的比较研究，对"两种有机构成"及其经济学意义作了详尽考察。

马克思从经济思想史上，对重农学派特别是对魁奈关于固定资本和流动资本范畴的理解给予高度评价，认为在魁奈那里固定资本和流动资本的区别表现为原预付和年预付，说明魁奈"正确地把这种区别说成是生产资

---

① 马克思恩格斯全集：第 30 卷［M］. 2 版. 北京：人民出版社，1995：293.

本即并入直接生产过程的资本内部的区别"①。在经济思想的发展中，亚当·斯密把原预付和年预付换成固定资本和流动资本，亚当·斯密的"进步之处在于'资本'这个名词，他使资本这个概念普遍化，摆脱了重农学派特别注意把它应用于'农业'领域这种情况"，同时，亚当·斯密的"退步之处在于把'固定'和'流动'理解为决定性的区别，并且坚持不变"②。亚当·斯密在对固定资本和流动资本的理解上的"唯一进步"是把"范畴普遍化"，在其他方面则"远远落在魁奈后面的"③。亚当·斯密的失误就在于，把"生产资本和处于流通领域的资本（商品资本和货币资本），同固定资本和流动资本根本混同起来"④。马克思认为，从经济思想史来看，"以后的经济学走得更远，它认定，作为本质的东西和唯一的区别的，不是可变资本和不变资本的对立，而是固定资本和流动资本的对立"⑤。马克思在说明不变资本和可变资本的"术语的革命"意义的同时，也阐明了对固定资本和流动资本的批判借鉴的根本点，以及对固定资本和流动资本所实现的"术语的革命"的关键点。即如马克思所概括的："这里我要提醒读者，可变资本和不变资本这两个范畴是我最先使用的。亚·斯密以来的政治经济学都把这两个范畴中包含的规定，同那种由流通过程产生的形式区别，即固定资本和流动资本的区别混淆起来了。"⑥

在《资本论》第一卷中，马克思的"术语的革命"更多地呈现在批判借鉴性术语上。工资作为《资本论》第一卷中三个"崭新的因素"之一，集中体现了马克思在批判借鉴性术语上实现的"术语的革命"的意义。

马克思开始政治经济学研究时就对工资范畴高度关注。在《1844 年经

① 马克思恩格斯文集：第 6 卷 [M]．北京：人民出版社，2009：211.
② 马克思恩格斯文集：第 6 卷 [M]．北京：人民出版社，2009：401.
③ 马克思恩格斯文集：第 6 卷 [M]．北京：人民出版社，2009：212.
④ 马克思恩格斯文集：第 6 卷 [M]．北京：人民出版社，2009：215.
⑤ 马克思恩格斯文集：第 6 卷 [M]．北京：人民出版社，2009：223.
⑥ 马克思恩格斯文集：第 5 卷 [M]．北京：人民出版社，2009：706.

济学哲学手稿》中，马克思从《笔记本Ⅰ》第Ⅰ页起就分作 3 栏，对亚当·斯密《国富论》中关于工资、利润和地租的论述并行地作出摘录，加以评价和比较研究。在《笔记本Ⅰ》的第Ⅰ页到第 XV 页对工资范畴的阐述中，马克思主要引述了亚当·斯密《国富论》中的基本观点，同时也引述了当时刚出版的一些著述的相关论点，如欧·比雷 1840 年出版的《论英法工人阶级的贫困》中关于富裕人口和贫困人口分化状况问题的有关论点。康·贝魁尔 1842 年出版的《社会经济和政治经济的新理论，或关于社会组织的探讨》和查·劳顿同年出版的《人口和生计问题的解决办法，以书信形式向医生提出》中，关于工资与劳动时间的关系、机器大工业发展中女工和童工的命运问题的有关论点。对亚当·斯密《国富论》为主线的经济思想史的探索，与同时代的经济学家理论的研究相结合，成为马克思一开始工资范畴及其"术语的革命"探索的重要特征。

"工资决定于资本家和工人之间的敌对的斗争。"① 这是马克思在《1844 年经济学哲学手稿》《笔记本Ⅰ》第Ⅰ页对工资理论探讨时写下的第一句话，也成为马克思对工资的政治经济学研究的核心观点。1847 年 12 月，马克思在布鲁塞尔德意志工人协会发表的《雇佣劳动与资本》的演讲中，提出的"第一个问题"就是："什么是工资？它是怎样决定的？"② 以此为切入点，马克思对工资理论作了深刻阐释，形成了劳动力商品理论的有决定性意义的观点。1891 年《雇佣劳动与资本》再版之际，恩格斯对马克思在《雇佣劳动与资本》演讲中的劳动力商品理论和工资理论作了肯定，为了同马克思后来的"新的观点一致起来"，作了一些"完全符合"马克思本意的"必要的修改和补充"③。恩格斯所作的"全部修改"，归结为一点就是，把工人为取得工资向资本家"出卖自己的劳动"，改为"出卖自己的劳动力"。

---

① 马克思恩格斯文集：第 1 卷［M］. 北京：人民出版社，2009：115.

② 马克思恩格斯文集：第 1 卷［M］. 北京：人民出版社，2009：712.

③ 马克思恩格斯文集：第 1 卷［M］. 北京：人民出版社，2009：702.

这一"修改"绝对"不是单纯的咬文嚼字，而是牵涉到全部政治经济学中一个极重要的问题"①。其实，马克思关于《雇佣劳动与资本》的演讲，最重要的就是向工人们讲清工资的本质。约·魏德迈所抄录的马克思这一演讲手稿的标题就是《工资》②。

1847年12月底，马克思在关于"工资"的手稿中，对《雇佣劳动与资本》作了多方面的补充性论述。"工资"手稿分作"［A］""［B］补充""［C］"三部分。"［A］"部分是对《雇佣劳动与资本》中"已经阐明"的问题作出的7个方面的概括。"［C］"部分是对要进一步探讨的8个问题的说明。这8个问题包括：生产力的提高对工资的影响问题；工人和企业主之间的竞争问题；工人彼此之间的竞争问题；工资的波动问题；最低工资问题；改善生活状况建议问题；工人联合会问题；雇佣劳动的积极方面问题。这些问题的提出，实际上就是《资本论》第一卷实现的工资范畴的"术语的革命"的重要开端。值得注意的是"［B］补充"部分，这里的"补充"分作9节，分节标题是9位经济学家的名字。他们分别是阿特金森、卡莱尔、麦克库洛赫、约翰·威德、拜比吉、安德鲁·尤尔、罗西、舍尔比利埃和布雷。"［B］补充"部分对这9位经济学家关于工资观点的评价，尽管详略不一，有的只列出一个名词，如在《V. 拜比吉》标题下，只提到"Trucksystem"（实物工资制）一词。但是，马克思在这里所作"补充"的目的却十分清楚，就是通过对这些经济学家关于工资观点的批判性借鉴，进一步完善工资理论，为实现工资范畴的"术语的革命"奠立坚实的经济学理论和经济思想史的基础。

在"［B］补充"部分，马克思首先提到的是英国经济学家阿特金森在《政治经济学原理》（1840）中收录的英国经济学家约翰·包林的一段论述。马克思从中提出"分工的变化和更加细密对确定工资影响"的问题，提出在工资问题

---

① 马克思恩格斯文集：第1卷［M］. 北京：人民出版社，2009：702.
② 马克思恩格斯全集：第6卷［M］. 北京：人民出版社，1961：753.

论述中"关于人口论再谈几句"① 的设想。在对英国经济学家威德《中等阶级和工人阶级的历史》（1835）一书有关工资问题论述的摘录中，马克思注意到"机器和分工以更廉价的劳动代替高价的劳动"② 的问题。在摘录英国经济学家尤尔《工厂哲学和工业经济》（1836）的有关论述中，马克思提出"现代工业的普遍原则"就是"以童工代替成年工，以非熟练工人代替熟练工人，以女工代替男工"的问题，以及"工资平均化"是"现代工业的主要特征"的问题③。在摘录瑞士经济学家舍尔比利埃《富人或穷人》（1840）的有关论述中，马克思提出"在谈到工资的降低或提高的时候，永远也不应该忽视整个世界市场和各个国家工人的状况"④ 的问题，等等。

"工资"手稿涉及的这些经济学家都是马克思同时代人，他们对工资问题的理解更多地与工资理论的现实问题有关。从亚当·斯密古典政治经济学工资理论的研究，到同时代经济学家关于工资的现实问题的探讨，都成为马克思实现工资范畴"术语的革命"中批判借鉴的研究资料，也成为《资本论》中工资范畴这一"崭新的因素"形成的批判借鉴的思想资源。

马克思经济学"术语的革命"中的这两种形式——原始创新性的和批判借鉴性的，不仅揭示了《资本论》第一卷三个"崭新的因素"所包含的"术语的革命"的深刻意蕴，厘清了马克思在《资本论》中实现的更为广泛的"术语的革命"的思想来源和基本过程，而且也为推进当代马克思主义政治经济学"术语的革命"，为发展中国特色社会主义系统化的经济学说提供了理论上和方法论上的指导。

（原载于《马克思主义与现实》2017 年第 2 期）

---

① 马克思恩格斯全集：第 6 卷 [M].北京：人民出版社，1961：636.
② 马克思恩格斯全集：第 6 卷 [M].北京：人民出版社，1961：638.
③ 马克思恩格斯全集：第 6 卷 [M].北京：人民出版社，1961：639.
④ 马克思恩格斯全集：第 6 卷 [M].北京：人民出版社，1961：640.

《资本论》第一卷"第二版跋"
与马克思经济思想史的研究

    1867 年《资本论》第一卷德文第一版出版后的第六年,《资本论》第一卷德文第二版出版。1873 年马克思在"第二版跋"中,对《资本论》第一卷德文第二版的三个方面问题作了说明:一是对《资本论》第一卷第一版结构和内容上的修订作了扼要阐释,体现了"更加科学而严密地"进行理论阐释的科学精神;二是对政治经济学史基本脉络和过程特点的系统论述,从多方面丰富了马克思经济思想史观;三是对《资本论》的研究方法和叙述方法及其关系问题作了深刻论述,对经济学界关于《资本论》方法论理解上的偏差作出澄清。本文仅就"第二版跋"对以上第二方面问题的说明,即马克思对经济思想史的研究及其意义问题作一探索。

一、 马克思的社会历史观是经济思想史研究的核心立场和根本方法

    在"第二版跋"中,针对 19 世纪 70 年代初德国资产阶级政治经济学发展的现状,马克思对经济思想史研究的立场和方法问题作了阐述。马克思认为,在德国,直到 19 世纪 70 年代初,"政治经济学一直是外来的科学",即使是那些被德国人认为是"世袭财产"的"卓越的理论思维能力",

在德国的所谓"有教养的阶级"中实际上也已经"消失"①。回溯经济思想的历史，马克思认为，1848 年之前，由于缺乏资本主义生产方式一定发展这一"生长的土壤"，德国的政治经济学总是从英国和法国输入"成品"；1848 年之后，德国的政治经济学教授一直被看作是英法政治经济学的"学生"，而作为英法国家的"现实在理论上的表现"的政治经济学，搬到德国就变成"教条集成"，充斥着"小资产阶级世界的精神"的解释，从而"被曲解了"。马克思在这里清楚地表明，英国和法国的资产阶级政治经济学是它们的"现实"在"理论"上的表现，在缺乏资本主义生产方式发展基础的德国，盲目地"输入"英法国家的政治经济学"成品"，结果就是理论的"曲解"或者是"教条集成"。在独特的经济和思想文化背景下，德国的资产阶级政治经济学家最后不得不用"博通文史的美装，或用无关材料的混合物来加以掩饰"②，由此产生了自 18 世纪初就在德国延续不断地生长起来的基于重商主义体系的"官房学"。

1848 年之前，德国政治经济学还存在另一种境况，马克思在 1845 年 3 月撰写的关于李斯特刚出版的《政治经济学的国民体系》一书评论中，对此作了分析。马克思指出，李斯特按照德国资产者关心的"保护关税"为理论准则，把所有的英法经济学家"统统归结到'学派'名下"，认为这种"学派"的所有最杰出的代表"都把竞争和自由贸易的现代资产阶级社会作为前提条件"，因而他们的理论是"没有意义"的。马克思认为，李斯特根本"不去研究现实的历史"，更不理解英法经济学形成和发展的内在根据，最后必然落入"认为整个经济学不外是研究室中编造出来的体系"③ 的理论陷阱之中。

结合马克思对 19 世纪 40 年代至 70 年代德国政治经济学境况的研究可

① 马克思恩格斯文集：第 5 卷 [M]．北京：人民出版社，2009：15.

② 马克思恩格斯文集：第 5 卷 [M]．北京：人民出版社，2009：15.

③ 马克思恩格斯全集：第 42 卷 [M]．北京：人民出版社，1979：242.

以看出，马克思论及的"现实在理论上的表现"和"现实的历史"等问题，实际上就是经济思想史研究的社会观和历史观的问题，也就是经济思想史的理论逻辑和历史逻辑的问题。马克思经济思想史研究所秉持的社会观和历史观，是以唯物史观为基本遵循的。这是马克思经济思想史研究的核心立场和基本方法。

资产阶级政治经济学在其社会观和历史观上，总是"把资本主义制度不是看作历史上过渡的发展阶段，而是看作社会生产的绝对的最后的形式"①。在这一社会历史观的制约下，资产阶级政治经济学能够有的"科学"发展，就只有在社会主要阶级即资产阶级和无产阶级之间的斗争，"处于潜伏状态或只是在个别的现象上表现出来的"境况下才有其可能性。对于德国资产阶级经济学家来说，当他们似乎能够"不偏不倚地研究政治经济学"时，德国的现实中还没有资本主义的"现代的经济关系"；1848 年欧洲革命后，德国的资本主义生产方式得到迅速发展，当"现代的经济关系"出现时，他们所处的社会阶级矛盾的境况，却"已经不再容许他们在资产阶级的视野之内进行不偏不倚的研究了"②。在这里，马克思把经济社会发展状况和经济思想变化的性质，同社会阶级斗争发展及其性质联系在一起，这是马克思社会观和历史观的必然结论。社会阶级斗争的性质及其发展状况，是以经济社会发展状况为基础并由其最终决定的。马克思的结论就是："德国人在资产阶级经济学衰落时期，也同在它的古典时期一样，始终只是学生、盲从者和模仿者，是外国大商行的小贩。"③ 脱离本国经济社会发展的实际，就只能做国外经济学的"盲从者和模仿者"，至多也就落得倒卖国外经济思想"小贩"的结局。

在马克思关于经济思想史研究的社会观、历史观及其相应阶级观看来，

---

① 马克思恩格斯全集：第 23 卷［M］. 北京：人民出版社，1972：16.
② 马克思恩格斯文集：第 5 卷［M］. 北京：人民出版社，2009：16.
③ 马克思恩格斯文集：第 5 卷［M］. 北京：人民出版社，2009：18.

英国古典政治经济学是"属于阶级斗争不发展的时期"的。这里的"不发展",是指资本主义社会的资产阶级和无产阶级之间的主要矛盾的"不发展"。马克思认为,在古典政治经济学的"最后的伟大的代表"李嘉图那里,之所以能够"有意识地把阶级利益的对立、工资和利润的对立、利润和地租的对立当作他的研究的出发点",就是因为资产阶级和无产阶级之间的矛盾还没有尖锐地爆发出来,他还能在资产阶级政治经济学的视界内"把这种对立看作社会的自然规律",正是在这一意义上,李嘉图那里的"资产阶级的经济科学也就达到了它的不可逾越的界限"①。在法国,西斯蒙第作为对李嘉图经济思想的补充,已经开始"批判资产阶级的经济科学了"②。马克思在 1859 年《政治经济学批判》第一分册中指出:"如果说在李嘉图那里,政治经济学无情地作出了自己的最后结论并以此结束,那么,西斯蒙第则表现了政治经济学对自身的怀疑,从而对这个结束作了补充。"③

在"第二版跋"中,马克思进一步对古典政治经济学向庸俗政治经济学转化的必然性作了分析。马克思认为,1820—1830 年是英国"政治经济学方面的科学活动极为活跃"时期,这种"活跃"趋势既体现于"李嘉图的理论庸俗化和传播",也体现于"他的理论同旧的学派进行斗争"。除了体现于这两个方面外,"李嘉图的理论也例外地被用作攻击资产阶级经济的武器"④。马克思描述了 19 世纪 20 年代至 30 年代李嘉图学派的嬗变及其分野的基本取向。

资产阶级古典政治经济学的这一命运,是由当时经济社会发展的实际决定的:一方面,在经济关系上,从 1825 年经济危机开始的"现代生活的周期循环"的形成,成为资本主义大工业开始脱离它的"幼年时期"的重要标志;另一方面,在阶级关系上,资本与雇佣劳动之间的矛盾逐渐取代

① 马克思恩格斯文集:第 5 卷 [M].北京:人民出版社,2009:16.
② 马克思恩格斯文集:第 5 卷 [M].北京:人民出版社,2009:16.
③ 马克思恩格斯全集:第 31 卷 [M].2 版.北京:人民出版社,1998:455.
④ 马克思恩格斯文集:第 5 卷 [M].北京:人民出版社,2009:16.

资本和土地所有权之间的矛盾而成为社会的主要矛盾，资产阶级和无产阶级之间的矛盾成为社会的主要矛盾。1830 年以后"最终决定一切的危机发生了"，因为英国和法国的资产阶级已经夺得政权，资产阶级和无产阶级之间的阶级斗争"在实践方面和理论方面采取了日益鲜明的和带有威胁性的形式"，由此而"敲响了科学的资产阶级经济学的丧钟"①。在马克思看来，古典政治经济学性质的这一根本性转变，是当时"资本主义生产方式的对抗性质"在政治经济学理论形态上的反映。

马克思在"第二版跋"中基于唯物史观的对古典政治经济学转折时期的论述，曾引起西方一些经济思想史学者的质疑。哈奇森（Hutchison）认为，在"第二版跋"中，马克思将 1830 年作为古典政治经济学发展的转折是具有"欺骗性的"，因为"在李嘉图写作的年代，阶级对抗至少已经比其他年代尖锐或许更为尖锐"②。显然，这是哈奇森对马克思观点的误读，马克思在这里讲的"阶级斗争"，强调的是社会阶级斗争性质的根本性的变化，突出的是资本主义社会主要矛盾及其相应的社会阶级关系的变化。哈奇森还臆断："马克思把 1830 年作为转折时期或许是依据法国政治史和那年的'资产阶级'革命而得出的。马克思却把法国政治史的这一时期当作英国经济思想史的转折时期。"③ 这显然是对马克思观点的曲解。在马克思看来，1825 年以生产相对过剩为特点的资本主义经济危机的爆发，是英国经济史而且也是世界资本主义经济史的重大事变。马克思正是以这一事变为 1830 年资产阶级古典政治经济学"最终决定一切的危机发生"的基本根据。

金（King）对哈奇森的观点虽然多有质疑，但他同样提出："马克思确

---

① 马克思恩格斯文集：第 5 卷［M］．北京：人民出版社，2009：17．

② Hutchison T W. The Cambridge Version of History Economics［J］．Economics Dept., Univ. of Birmingham, Occasional Paper, 1974（19）．

③ Hutchison T W. On Revolution and Progress in Economic Knowledge［M］．Cambridge：Cambridge University Press，1978．

实认为李嘉图去世后庸俗经济学越发居于支配地位，但'第二版跋'将1830 年确定为政治经济学史的'最终决定一切的危机发生'，与马克思在其他地方更详细的分析并不兼容和协调。古典学说庸俗化的作者活跃于世纪之交，作为李嘉图论敌的庸俗经济学家活跃于 19 世纪 20 年代，而科学的经济学研究在 1830 年之后还在继续。就此而言，1873 年'第二版跋'至多只代表马克思关于经济思想演化的一个极为粗糙的简化的观点。"① 金以"马克思学"（Marxology）的立场提出的这一观点，虽然是对哈奇森为代表的西方主流经济学蓄意诋毁马克思经济思想史观的反驳，而金的结论很大程度上却是对马克思观点的另一种误读。马克思提出 1830 年为古典政治经济学"最终决定一切的危机发生"的观点，是对古典政治经济学向庸俗政治经济学转化的社会的和历史的根源问题的阐释，还不是对庸俗政治经济学理论来源问题的阐释。哈奇森对马克思观点的否定，在根本上是要诋毁支撑马克思这一观点的社会历史观。应该清楚的是，马克思在 1830 年作为政治经济学史"最终决定一切的危机发生"观点中坚持的社会观和历史观及其阶级观，是马克思经济思想观区别于其他经济思想史观的核心立场和根本方法所在。

二、　经济思想流派与庸俗政治经济学的基本特征与理论趋向

对经济思想流派或者学派的探索，是马克思研究经济思想史流变的重要内容，也是研究经济思想史发展阶段、演进过程及其规律的主要根据。19世纪 40 年代初，马克思在开始经济思想史研究时，就关注经济思想流派和学派问题的探索。1845 年，在对李斯特《政治经济学的国民体系》评论时，马克思对德国和英国、法国的政治经济学作出比较研究时，已经完全理解

① King J E. Marx as an Historian of Economic Thought [J]. History of Political Economy, 1979, 11 (3).

政治经济学产生的物质社会基础以及经济思想史据以形成和发展的根本前提，提出政治经济学就其作为"一门科学的发展"来说，它的"实际出发点"是"同社会的现实运动联系在一起的，或者仅仅是这种运动在理论上的表现"①。在此基础上，马克思也已经完全清楚，"斯密学派"就是那个时代的"市民社会"的经济学观念，即"它的实际学派就是'市民社会'"，因而"对这个社会的各个不同发展阶段可以在经济学中准确地加以探讨"②。

在 1847 年的《哲学的贫困》中，马克思在对李嘉图及其"学派"的探讨中已经认识到："李嘉图是复辟时期以来在英国占统治地位的那个学派的领袖。李嘉图的学说严峻地总括了作为现代资产阶级典型的整个英国资产阶级的观点。"③ 李嘉图的学说就是 19 世纪初英国的政治经济学原理。政治经济学的"每个原理都有其出现的世纪"，经济思想史研究要确立的基本的问题意识就是："为什么该原理出现在 11 世纪或者 18 世纪，而不出现在其他某一世纪，我们就必然要仔细研究一下：11 世纪的人们是怎样的，18 世纪的人们是怎样，他们各自的需要、他们的生产力、生产方式以及生产中使用的原料是怎样的；最后，由这一切生存条件所产生的人与人之间的关系是怎样的。"④ 对李嘉图及其"学派"作出的经济思想史上的定位及其引发的问题意识，清晰地表达了马克思经济思想史流派或学派研究的基本导向。

在 1857 年的《巴师夏和凯里》手稿中，马克思对资产阶级主流经济学从古典的到庸俗的演化以及庸俗政治经济学基本特征作了探讨。马克思把以巴师夏和凯里为代表的庸俗经济学的特征，定位于两个主要的方面：一是当时的社会主义者"在李嘉图著作中找到了自己的理论前提"，庸俗政治经济学对李嘉图经济学及其"学派"的贬斥，就是为了反对当时兴起的社

---

① 马克思恩格斯全集：第 42 卷 [M]．北京：人民出版社，1979：242.

② 马克思恩格斯全集：第 42 卷 [M]．北京：人民出版社，1979：249.

③ 马克思恩格斯全集：第 4 卷 [M]．北京：人民出版社，1958：89.

④ 马克思恩格斯文集：第 1 卷 [M]．北京：人民出版社，2009：607 - 608.

会主义者和共产主义者的经济思想；二是面对资本主义社会阶级矛盾和冲突的新变化，庸俗政治经济学的理论指向就是，"在古典经济学家朴素地描绘生产关系的对抗的地方，证明生产关系是和谐的"①。把凯里和巴师夏放在一起，作为当时庸俗政治经济学的批判对象，就是因为凯里的主要对立面是李嘉图，而巴师夏的主要对立面是法国的社会主义者。在《1861—1863年经济学手稿》第 XV 笔记本中，马克思在对蒲鲁东同巴师夏关于利息问题"论战"评论时提到，这一"论战是很有特色的"：一方面它"说明庸俗经济学家是用什么样的方式来维护政治经济学的各种范畴的"，另一方面则"说明肤浅的社会主义（蒲鲁东的论战未必配得上这个称号）是用什么样的方式来攻击这些范畴的"②。在这里，马克思还是把巴师夏庸俗政治经济学的取向，定位于对当时的社会主义者经济学的诘难上，尽管这里的社会主义只是"肤浅的"社会主义，还远不是马克思和恩格斯所坚持的科学社会主义。

在《1861—1863年经济学手稿》中，马克思对庸俗政治经济学探讨的新进展就在于，马克思通过对斯密到李嘉图的经济思想史的研究，从古典经济学自身发展的境遇中，对庸俗政治经济学产生和发展的必然性作了探讨。首先，从社会阶级关系来看，庸俗政治经济学的流行是资本主义生产方式自身矛盾发展的结果，如马克思所指出的，"政治经济学和由它自身产生的反对派的发展，是同资本主义生产中所包含的社会对立以及阶级斗争的现实发展齐头并进的"；其次，古典政治经济学自身"由于它的分析而使它自己的前提瓦解、动摇"，社会主义者经济学说作为李嘉图学派的反对派也已经"多少以经济的、空想的、批判的和革命的形式存在"，在这种境况下，作为李嘉图"学派"的反对者和社会主义者经济学说的对立者，庸俗政治经济学就"开始流行开来"；再次，在古典政治经济学理论体系中，庸

---

① 马克思恩格斯全集：第30卷［M］.2版.北京：人民出版社，1995：4.

② 马克思恩格斯全集：第35卷［M］.2版.北京：人民出版社，2011：390.

俗经济学已经潜在地存在着，在古典政治经济学达到一定的发展程度（即在亚当·斯密以后）并形成稳固的形式时，古典政治经济学中的"一个把单纯的现象复制当作现象的观念的因素，即它的庸俗因素，才作为经济学的特殊表现形式从中分离出来"，例如萨伊就把"渗透在亚·斯密著作中的庸俗观念分离出来，并作为特殊的结晶确定下来，与斯密的理论相提并论"①。在《1861—1863 年经济学手稿》中，马克思没有写出专门论述庸俗经济学思想历史的"章"或"节"，但他还是多次论及庸俗政治经济学问题，以至在 1863 年 1 月拟定的"第三篇《资本和利润》"中，还设立"（11）庸俗经济学"② 专门章节的研究计划。

在"第二版跋"中，马克思对庸俗政治经济学的理论和方法特征作了概括，对于庸俗政治经济学来说，"现在问题不再是这个或那个原理是否正确，而是它对资本有利还是有害，方便还是不方便，违背警章还是不违背警章。无私的研究让位于豢养的文丐的争斗，不偏不倚的科学探讨让位于辩护士的坏心恶意"③。庸俗政治经济学以此为理论的和方法上的特征，在19 世纪 40 年代以后逐渐成为当时资产阶级政治经济学发展的主流形式。对马克思的这些基本判断，国外经济思想史学者多有积极的回应，金在《作为经济思想史学家的马克思》一文中指出：马克思批判庸俗经济学以商人的眼界，并试图用对商业活动表象的描述取代对科学真理的探索；这样，"粗劣的供求价格理论便取代了价值规律，'三位一体'的收入分配公式便取代了剥削理论"，对马克思来说，"科学研究必须深入到表象内部，系统地分析内在的现实。同古典政治经济学不一样的是，庸俗政治经济学背离了这一目标，从而必然沦为资本家阶级的辩护士"④。

在《资本论》第一卷中，马克思在庸俗政治经济学的基本特征的分析

---

① 马克思恩格斯全集：第 35 卷 [M] . 2 版. 北京：人民出版社，2011：360.
② 马克思恩格斯全集：第 36 卷 [M] . 2 版. 北京：人民出版社，2016：312.
③ 马克思恩格斯文集：第 5 卷 [M] . 北京：人民出版社，2009：17.
④ King J E. Marx as an Historian of Economic Thought [J]. History of Political Economy，1979，11（3）.

中，对庸俗政治经济学的理论取向也作了深刻论述。如马克思在对庸俗政治经济学的表现形式和动机的论述中提到，庸俗政治经济学家"只是在表面的联系内兜圈子"，它只是对"最粗浅的现象作出似是而非的解释"，这一理论形式是"为了适应资产阶级的日常需要"，"只限于把资产阶级当事人关于他们自己的最美好世界的陈腐而自负的看法加以系统化，赋以学究气味，并且宣布为永恒的真理"等等[①]。哈奇森对马克思的这些论述多有异议，认为马克思对庸俗政治经济学评价，过分地"诉诸动机和偏见"，而对"这些动机和偏见所导致的经验上无效或者逻辑上错误的观点"却没有作出分析[②]。金在《作为经济思想史学家的马克思》一文中作了反驳，指出"马克思对政治经济学说史最为系统的揭示和批判出现在《剩余价值理论》中"，马克思在那里用了大量的篇幅，对庸俗政治经济学"经验上无效或者逻辑上错误的观点"作出深入的考察[③]。《剩余价值理论》作为《1861—1863年经济学手稿》的部分内容，在马克思生前没有公布于世。实际上，在《资本论》第一卷中，马克思不乏对庸俗政治经济学在"经验上无效或者逻辑上错误的观点"的深刻批判。

在《资本论》第一卷中，马克思对马尔萨斯庸俗政治经济学理论的批判，主要并不是对马尔萨斯的"动机和偏见"的斥责，而是集中对马尔萨斯理论的"经验上无效或者逻辑上错误的观点"的批判。马克思在对资本积累理论的阐释中提到，19世纪20年代初，马尔萨斯曾提出一种"把支出欲和积累欲分开"的所谓"分工"理论，按照这一理论，结果就是"让实际从事生产的资本家承担积累的任务，而让另一些参加剩余价值分配的人，如土地贵族、领受国家和教会俸禄的人等等承担挥霍的任务"。对这种所谓的"分工"理论，甚至连当时的资产阶级政治经济学理论都无法接受，斥

---

① 马克思恩格斯文集：第5卷［M］. 北京：人民出版社，2009：99.

② Hutchison T W. The Cambridge Version of History Economics［J］. Economics Dept., Univ. of Birmingham, Occasional Paper, 1974（19）.

③ King J E. Marx as an Historian of Economic Thought［J］. History of Political Economy, 1979, 11（3）.

之为"这个过程与其说会促进生产，不如说会阻碍生产。而且让一部分人
过着游手好闲的生活，只是为了鞭策另一些人，这也不是十分公正的"①。
显然，马克思所针对的是马尔萨斯的这种"经验上无效或者逻辑上错误的
观点"的批判。值得注意的是，在《资本论》第一卷中，被哈奇森看作是
对马尔萨斯的"动机和偏见"嘲讽的内容，也许是马克思提出的"剽窃能
手马尔萨斯（他的全部人口论都是无耻的剽窃）"② 这一类说法。但是，即
使是这样一些斥责，马克思还是着重从学术和学理上作出评述，认为"马
尔萨斯的《人口原理》的第一版，除了纯粹夸夸其谈的部分以外，除了抄
袭华莱士和唐森两位牧师的著作以外，几乎全部抄袭斯图亚特的著作"③。
毫无疑问，马克思对庸俗政治经济学批判的着力点，就在它的"经验上无
效或者逻辑上错误的观点"上。

三、 经济思想史比较研究的理论视界与学术遵循

在"第二版跋"中，马克思认为，19 世纪 30 年代后庸俗政治经济学的
滋蔓已经成为一种趋势，或者说成为一种"时尚"，这也就"宣告了'资产
阶级'经济学的破产"④。在资产阶级主流经济学演化为庸俗政治经济学之
后，资产阶级政治经济学的代表人物开始分化为"两派"：一派是"精明
的、贪利的实践家"，这一派"聚集在庸俗经济学辩护论的最浅薄的因而也
是最成功的代表巴师夏的旗帜下"；另一派是"以经济学教授资望自负的
人"，这一派"追随约·斯·穆勒，企图调和不能调和的东西"⑤。

资产阶级政治经济学"各种学派"的分野或者分化，同它们对资本主

---

① 马克思恩格斯文集：第 5 卷 [M] . 北京：人民出版社，2009：687.
② 马克思恩格斯文集：第 5 卷 [M] . 北京：人民出版社，2009：580.
③ 马克思恩格斯文集：第 5 卷 [M] . 北京：人民出版社，2009：408.
④ 马克思恩格斯文集：第 5 卷 [M] . 北京：人民出版社，2009：17.
⑤ 马克思恩格斯文集：第 5 卷 [M] . 北京：人民出版社，2009：18.

义经济关系的矛盾和困境的认识有关。在《哲学的贫困》中，马克思认为，当时资产阶级政治经济学"各种学派"的分野，就同它们对现实的资本主义经济关系的矛盾及其困境的不同理解有关，而焦点就在于对当时出现的具有"两重的"性质的三大矛盾或者说三大困境的不同理解有关：一是资本所有者的财富增长和无产者的贫困产生的矛盾，这就是"在产生财富的那些关系中也产生贫困"的困境；二是资产阶级生产关系在成为社会生产力发展动力的同时，也成为社会生产力发展的阻碍力量的矛盾，也就是"在发展生产力的那些关系中也发展一种产生压迫的力量"的困境；三是资产阶级整个财富的增长是无产阶级不断壮大的过程，同时也是单个资产者不断被消灭、财富不断被集中过程的矛盾，也就是"只有不断消灭资产阶级单个成员的财富和产生出不断壮大的无产阶级，才能产生资产者的财富，即资产阶级的财富"的困境。在资产阶级经济关系的发展中，这三个方面的"两重的"矛盾和困境"一天比一天明显了"①。正是对这些矛盾和困境的"对抗性质"的解释和辩解，使得"经济学家们，这些资产阶级生产的学术代表就越和他们自己的理论发生分歧，于是在他们中间形成了各种学派"②。马克思透彻地揭示了政治经济学"各种学派"产生的根源以及"各种学派"区分的依据，这是马克思认识和理解经济思想史各种流派和学派嬗变及其性质的根本原则。

在《哲学的贫困》中，马克思把当时政治经济学的"各种学派"分为三类，除去经历了从"革新的科学"到"革命的科学"发展的"无产阶级的理论家"的"学派"之外，在资产阶级政治经济学内，主要分作"宿命论"学派和"人道学派"两大类。"宿命论"学派在理论上"对他们所谓的资产阶级生产的有害方面采取漠不关心的态度"，这就如"资产者本身在实践中对他们赖以取得财富的无产者的疾苦漠不关心一样"。这一学派可以

---

① 马克思恩格斯文集：第 1 卷 ［M］．北京：人民出版社，2009：614.
② 马克思恩格斯文集：第 1 卷 ［M］．北京：人民出版社，2009：614.

进一步分为"古典派"和"浪漫派"两种,"古典派"是指斯密和李嘉图这样的经济学家,他们作为那一时代的"历史学家",其使命只是表明在资产阶级生产关系下"如何获得财富",证明由此产生的规律、范畴比封建社会的规律和范畴"更有利于财富的生产",对于"工人的贫困"等现实问题,在他们看来"只不过是每一次分娩时的阵痛"。"浪漫派"存在于资产阶级同无产阶级之间处于"直接对立状态"的时期,面对"贫困像财富那样大量产生"的现实,他们"以饱食的宿命论者的姿态出现,他们自命高尚,蔑视那些用劳动创造财富的活人机器"。"人道学派"可能"对无产者的苦难以及资产者之间的剧烈竞争表示真诚的痛心",但它提出的社会改革的方案却是"劝工人安分守己,好好工作,少生孩子",同时"建议资产者节制一下生产热情"[①]。

在《巴师夏和凯里》手稿中,马克思对资产阶级政治经济学的分野,从理论上和方法上区分为四种主要倾向:一是以约翰·穆勒的著述为代表的政治经济学上的"折衷主义的、混合主义的纲要";二是以图克的《价格史》以及英国论述流通的著作为代表的"对个别领域的较为深入的分析",在流通领域研究中"有些新发现",而有些著作"其实只是材料更丰富而已";三是以一些论述自由贸易和保护关税政策的著作为代表,主要是"为了实际解决当前的问题而重复过去经济学上的争论";四是"有倾向性地把古典学派发挥到极端"的著述,如麦克库洛赫和西尼尔的早期著作中"发挥李嘉图"的倾向[②]。马克思在对资产阶级政治经济学主流发展趋势嬗变的分析中,通过经济学各种学派的比较研究,对其中在有些研究领域具有的"较为深入的分析""有些新发现"或者"为了解决当前问题"而作出的有意义的研究,还是给予肯定的。

除此之外,经济思想史中各种流派或者学派的产生及其分野,还同

---

① 马克思恩格斯文集:第 1 卷 [M]. 北京:人民出版社,2009:615 - 616.
② 马克思恩格斯全集:第 30 卷 [M].2 版. 北京:人民出版社,1995:3.

"政治经济学之间的民族对比的起源性叙述"有着密切的关系。在《巴师夏和凯里》手稿中，马克思提到，"对配第和布阿吉尔贝尔两人的著作和性格的比较研究"，涉及英国和法国这两个国家"政治经济学之间的民族对比的起源性叙述"；这种"民族对比"的比较研究在对李嘉图和西斯蒙第的研究中"又重新表现出来"①。在资产阶级政治经济学各种流派或学派具有"同样的意向"的同时，也会由于"民族对比的起源性"的差异，出现在其自理论观点上的区分和纷争。经济思想史研究中注重对不同经济学家的"著作和性格的比较研究"，注重对所在国家的"社会对立"状况的"民族对比的起源性"的分析，是马克思经济思想史观的重要发现，也是马克思对政治经济学的各种流派或者学派比较研究的重要的方法论规定。

从《哲学的贫困》的"古典学派"到"第二版跋"对古典政治经济学的阐释，以及对古典政治经济学同庸俗政治经济学的比较研究，展现了马克思在经济思想史研究中的学术创见，当然也引起后来的经济思想史学者的各种论争。陈岱孙曾对古典政治经济学论争的趋向作过这样的评价，"19世纪后期起，资产阶级经济学家承袭了马克思的这一名词，沿用至今。然而他们虽然沿用了这一名词，却变更了它的内容"。在"内容"的"变更"上，一是"一般地说，他们都认为亚当·斯密《国富论》（1776）的出版标识着古典政治经济学的开始；斯密和李嘉图的经济学说构成了古典经济学的典型体系"；二是"他们否认英国资产阶级经济学曾经历古典和庸俗两个阶段，他们把从18世纪末起即开始从英国古典经济学中分离出来的，并在19世纪后期前继续发展的庸俗经济学，作为英国古典政治经济学的发展"②。这两个方面的趋向，实际上是经济思想史学者秉持的不同的社会观和历史观的反映，不再是一种单纯的所谓的"学术"论争了。

对马克思所作的经济思想史各种流派或者学派的比较研究，像哈奇森

---

① 马克思恩格斯全集：第31卷［M］.2版.北京：人民出版社，1998：445.
② 陈岱孙文集：下卷［M］.北京：北京大学出版社，1989：934－935.

这样的经济思想史学者也认可："毫无疑问，人们可以认为或者不认为马克思是一位经济学家，但人们不得不承认马克思是这门学科历史研究的一位伟大的先驱学者，他比政治经济学史领域大多数领军人物，具有更为广泛的、更为深入的关于前辈经济学著述的知识。马克思既在哲学上也在政治经济学上提出了自己的学说，在学科历史研究上产出大量成果。"[1] 但是，就哈奇森经济思想史研究所持的社会观和历史观而言，他不会赞成马克思对政治经济学比较研究的基本结论。哈奇森就曾断言，马克思"对这一学科大量文献资料的深入研究"止于"李嘉图结束"时[2]，质疑马克思对1830 年以后政治经济思想史文献资料研究的匮缺，试图以此否定马克思对古典政治经济学和庸俗政治经济学比较研究上的科学成就。

　　1843 年马克思一开始政治经济学研究时，就注重经济思想史的探索。在写于 1843 年 10 月至 1845 年 1 月的《巴黎笔记》中，既可以看到马克思阅读亚当·斯密和李嘉图著作的摘录，也可以看到马克思对 19 世纪 30 年代之后法国和英国有影响的一些经济学家，主要如西斯蒙第（1773—1842）、麦克库洛赫（1789—1864）、吉约姆·普雷沃（1799—1883）、安·路·德斯杜特·德·特拉西（1754—1836）以及弗里德里希·李斯特（1789—1846）等著作的摘录。在《1844 年经济学哲学手稿》中，马克思主要对亚当·斯密的《国富论》基本观点作了探索，也对李嘉图的《政治经济学和赋税原理》和萨伊的《政治经济学概论》，以及西斯蒙第的《政治经济学新原理》等著作的基本观点作了探索；但特别引人注意的是，马克思还引述了威·舒尔茨的《生产运动。从历史统计学方面论国家和社会的一种新科学的基础的建立》（1843）著作中关于工资与劳动时间关系以及机器大工业发展中女工和童工的命运问题等方面论述，还引用了康·贝魁尔的《社会

---

① Hutchison T W. On Revolution and Progress in Economic Knowledge ［M］. Cambridge：Cambridge University Press，1978：225.

② Hutchison T W. On Revolution and Progress in Economic Knowledge ［M］. Cambridge：Cambridge University Press，1978：225.

经济和政治经济的新理论，或关于社会组织的探讨》（1842）、查·劳顿的《人口和生计问题的解决办法，以书信形式向医生提出》（1842）和欧·比雷的《论英法工人阶级的贫困》（1840）等论著关于富裕人口和贫困人口分化状况等问题的论述。显然，对以亚当·斯密《国富论》为主线的经济思想史的研究，与对 1830 年后经济学家理论研究的结合，是马克思经济思想史探索的重要特征。在这之后的《布鲁塞尔笔记》（1845—1847）、《曼彻斯特笔记》（1845）和《伦敦笔记》（1850—1853）等一系列经济学研究笔记中更可以看到，在对经济思想史的探索中，马克思从来没有停滞于古典政治经济学的研究，也一直没有离开过对 1830 年之后主流和非主流政治经济学的研究。1857 年下半年，马克思在开始撰写《政治经济学批判》著作时，曾打算从批判巴师夏（1801—1850）和凯里（1793—1879）的"现代"经济学理论开始。马克思希望抓住主流经济学"现代"取向及其特征，在对流行庸俗政治经济学观点的批判中，拓新自己政治经济学研究的视野。

《资本论》第一卷也许更能体现马克思对 19 世纪 30 年代之后政治经济学研究的状况。在《资本论》第一卷中，马克思在章节标题上标明对资产阶级经济学家理论批判的主要有两处，而且这两处的标题都是在《资本论》第一卷德文第二版篇章结构调整中才出现的。在《资本论》第一卷第七章《剩余价值率》第三节《西尼尔的"最后一小时"》中，马克思提到，西尼尔（1790—1864）"这位在英国经济学家中在某种程度上相当于克劳伦的人"[1]，被工厂主从牛津召往曼彻斯特，就是"要他充当斗士去反对新颁布的工厂法和比工厂法更激进的争取十小时工作日的鼓动"[2]。西尼尔是当时地位显赫的经济学家，他在 1825—1830 年受聘于牛津大学首度设置的经济学教授席位，1847—1852 年再度受聘。在《资本论》第一卷第二十五章《现代殖民理论》中，马克思对韦克菲尔德（1792—1862）"在殖民地发现

---

[1] 马克思恩格斯文集：第 5 卷［M］．北京：人民出版社，2009：258.
[2] 马克思恩格斯文集：第 5 卷［M］．北京：人民出版社，2009：259.

了关于宗主国的资本主义关系"谬论作出批判。《新帕尔格雷夫经济学大辞典》在追忆韦克菲尔德经济学理论影响时宣称："在 19 世纪中间的三分之一时期内，他在古典经济学的年鉴中也留下了一个鲜明的足迹。"① 显然，哈奇森对马克思关于 1830 年之后经济思想史研究实际的说法完全是没有根据的，在经济思想史学术研究上更是站不住脚的。

马克思在《资本论》第一卷"第二版跋"阐释的经济思想史观，不仅对马克思主义关于经济思想史的学术研究和理论发展有着重要的指导意义，而且对当代中国马克思主义政治经济学理论体系和学科体系发展也同样有着重要的指导意义。

（原载于《当代经济研究》2017 年第 5 期；副标题：纪念马克思《资本论》第一卷发表 150 周年）

---

① 伊特韦尔，米尔盖特，纽曼. 新帕尔格雷夫经济学大辞典：第 4 卷 [M]. 北京：经济科学出版社，1996：916.

《资本论》的"引证方法"及其
经济思想的"科学史"意义

在马克思去世后不久出版的《资本论》第一卷的"第三版序言"和 1886 年出版的《资本论》第一卷英译本的"英文版序言"中，恩格斯对《资本论》第一卷的"引证方法"作了深刻阐释。在纪念《资本论》第一卷德文第一版出版 150 周年之际，对《资本论》"引证方法"作出探讨，对于马克思政治经济学理论及其当代意义的理解，以及对于经济思想"科学史"的研究更有着重要的意义。

一、恩格斯论《资本论》的"引证方法"及其意义

1883 年 3 月马克思去世，当年 11 月恩格斯就根据马克思对《资本论》第一卷德文第二版的修改意见，完成了《资本论》第一卷德文第三版的修订任务。在"第三版序言"中，恩格斯对《资本论》的"引证方法"及其意义作了深刻阐释。恩格斯提到："我说几句关于马克思的不大为人们了解的引证方法。在单纯叙述和描写事实的地方，引文（例如引用英国蓝皮书）自然是作为简单的例证。而在引证其他经济学家的理论观点的地方，情况就不同了。"[1] 在《资本论》第一卷中，为单纯叙述和描写事实时的"引

---

① 马克思恩格斯文集：第 5 卷 [M]．北京：人民出版社，2009：30．

证”与对经济学家的理论观点的“引证”，这两种“引证方法”马克思都采用了。但是，从“科学史”上来看，后一种“引证方法”有着更为重要的意义。恩格斯认为：“这种引证只是为了确定：一种在发展过程中产生的经济思想，是什么地方、什么时候、什么人第一次明确地提出的。这里考虑的只是，所提到的经济学见解在科学史上具有意义，能够多少恰当地从理论上表现当时的经济状况。至于这种见解从作者的观点来看是否还有绝对的或相对的意义，或者完全成为历史上的东西，那是毫无关系的。”[①]

恩格斯认为，马克思在《资本论》中运用的“引证方法”，在“经济科学的历史”也就是在经济思想史探索中具有重要的意义，因为“这些引证只是从经济科学的历史中摘引下来作为正文的注解，从时间和首倡者两方面来确定经济理论中各个比较重要的成就。这种工作在这样一种科学上是很必要的，这种科学的历史著作家们一直只是以怀有偏见、不学无术、追名逐利而著称”[②]。这种“引证方法”，不仅是经济思想史探索的重要形式，而且也构成经济思想史研究的根本方法。马克思以这种“引证方法”展开的政治经济学理论探索和经济思想史学术研究，从多方面拓展了马克思经济思想的当代视界。

马克思的这一“引证方法”，体现了马克思主义政治经济学的科学精神和科学方法。《资本论》第一卷德文第一版问世后，马克思的这一“引证方法”，哪怕是被恩格斯称作的“单纯叙述和描写事实”中运用的“简单”的“引证方法”，也开始受到过各种“主流”经济学家的责难。1872年，德国新历史学派经济学家路·布伦坦诺在柏林《协和》杂志上匿名发表了《卡尔·马克思是怎样引证的?》一文，指责马克思在起草国际工人协会成立宣言时，歪曲地引证了英国财政大臣威·尤·格莱斯顿的讲话。这里指的是，马克思引证的格莱斯顿1863年一次演说中关于“财富和实力这样令人陶醉

---

① 马克思恩格斯文集：第5卷 ［M］. 北京：人民出版社，2009：30.
② 马克思恩格斯文集：第5卷 ［M］. 北京：人民出版社，2009：30.

的增长完全限于有产阶级"的讲话。布伦坦诺指责马克思"在形式上和实质上增添了这句话"。1872 年 6 月，马克思对这一指责作了驳斥，指出 1863 年 4 月 17 日《泰晤士报》上刊登了格莱斯顿讲的与马克思引文完全相同的话。显然，布伦坦诺对马克思这一引证加以指责的真正的原因，就如马克思所指出的："我的《资本论》一书引起了特别大的愤恨，因为书中引用了许多官方材料来评述资本主义制度，而迄今为止还没有一个学者能从这些材料中找到一个错误。"① 如果能在《资本论》的千百处引证中找到一两处"破绽"，似乎就有可能为诋毁马克思政治经济学理论的科学性提供某种"证据"。马克思在 1872 年 8 月作了两次"答辩"后，就宣布"永远停止"这种争论。

1883 年 11 月，马克思逝世后不久，英国的塞·泰勒写信给《泰晤士报》的主编，重提 11 年前的这件旧事，要求该报出来公开贬损马克思"在写作方面的正直程度"。泰勒的这封信在《泰晤士报》上刊登后，爱琳娜·马克思接连两次写信给该报主编，要求刊登她澄清事实的"答辩"，但都遭到拒绝。最后是由社会主义月刊《今日》把爱琳娜的"答辩"和泰勒的信一起登出。爱琳娜再次提出证据，证明马克思引文的绝对可靠性，对泰勒的所谓新的"控告"作出严正驳斥。

1890 年，恩格斯在《资本论》第一卷第四版序言中，忠实地记下了关于马克思"引证方法"的这段往事。恩格斯指出："据我所知，马克思的引文的正确性只有一次被人怀疑过。因为马克思逝世后这段引文的事又被重新提起，所以我不能不讲一讲。"② 但是，布伦坦诺并不罢休，他在题为《我和马克思的论战。兼论工人阶级的进步及其原因问题》的小册子中重新挑起争论。1891 年初，恩格斯被迫撰写《布伦坦诺 CONTRA 马克思》一文，再度以确凿的事实指出布伦坦诺提供的所有证据的虚假性，揭露了布

---

① 马克思恩格斯全集：第 18 卷 [M]．北京：人民出版社，1964：100.
② 马克思恩格斯文集：第 5 卷 [M]．北京：人民出版社，2009：37.

伦坦诺及其他一些"批判"马克思的人所使用手段的卑劣性。恩格斯的结论就是："第一，马克思没有'增添'任何东西。第二，他没有'删掉'任何东西，足以使格莱斯顿先生有权报怨。第三，布伦坦诺之流在马克思著作中的成千上万条引文里只是像水蛭那样紧紧地吸住这唯一的一条引文，这一情况证明，他们非常清楚地知道'卡尔·马克思是怎样引证的'，——也就是说，他引证的是正确的。"① 恩格斯还以"文件"的形式，公布了这一长达20年争论的全部材料，无可辩驳地证明，马克思的"引证方法"是完全正确的，布伦坦诺及其同伙对马克思"引证"上的所谓"控告"，只能证明这些经济学家理论上的贫乏、手段上的卑鄙和方法上的拙劣。捍卫马克思"引证方法"的科学性，成为恩格斯晚年坚持和发展马克思经济思想的重要标志。

二、"引证方法" 在 《资本论》 第一卷理论阐释中的运用

在《资本论》中，马克思的"引证方法"除了在正文叙述中以"历史材料和统计材料"的形式出现外，更多的是以注释的方式呈现。在《资本论》第一卷德文第二版的修改说明中，马克思特别提到"各处新加的注"②在新修订《资本论》第一卷中的重要性。从马克思在《资本论》第一卷德文第一版和第二版写下的近千条注释中，可以发现马克思的"引证方法"在《资本论》理论阐释中的意义。

一是对《资本论》政治经济学理论特征和思想精髓的深化。在《资本论》第一卷第一章对价值形式探索时，马克思提到："少数经济学家，例如赛·贝利，曾分析价值形式，但没有得到任何结果，这首先是因为他们把价值形式同价值混为一谈，其次，是因为在讲求实用的资产者的粗鄙的影

① 马克思恩格斯全集：第22卷［M］．北京：人民出版社，1955：154.
② 马克思恩格斯文集：第5卷［M］．北京：人民出版社，2009：14.

响下，他们一开始就只注意量的规定性。"① 马克思这里"引证"的是贝利在 1837 年出版的《货币及其价值的变动，这种变动对国家工业和金钱契约的影响》中的观点。在这一"引证"中，马克思肯定了贝利对价值形式问题分析上的成就，再现了价值形式探索的经济思想史过程；更为重要的是，马克思指出了资产阶级经济学的"粗鄙"特征，强调了政治经济学对经济关系和经济范畴的质的规定性探索的重要性。

在第一章对"商品的拜物教性质及其秘密"的分析中，马克思在对经济思想史上有关价值、交换价值论述的引证后，对古典政治经济学方法上的局限及其理论上的"根本缺点"作了评析。马克思指出："古典政治经济学在任何地方也没有明确地和十分有意识地把表现为价值的劳动同表现为产品使用价值的劳动区分开。当然，古典政治经济学事实上是作了这种区分的，因为它有时从量的方面，有时从质的方面来考察劳动。但是，它从来没有意识到，各种劳动的纯粹量的差别是以它们的质的统一或等同为前提的，因而是以它们化为抽象人类劳动为前提的。"② 资产阶级经济学方法论上的这一根本局限性，完全堵塞了古典政治经济学在劳动价值论上可能存有的任何科学通道。

二是对《资本论》涉及的政治经济学理论的"首倡者"或者"第一次明确地提出的"学者的学术地位的评价。在第十三章对机器和大工业中"关于被机器排挤的工人会得到补偿的理论"的批判中，马克思指出："詹姆斯·穆勒、麦克库洛赫、托伦斯、西尼耳、约翰·斯图亚特·穆勒等一整批资产阶级经济学家断言，所有排挤工人的机器，总是同时地而且必然地游离出相应的资本，去如数雇用这些被排挤的工人。"③ 接着，马克思以注释的方式指出："李嘉图起初也持这种观点，但是后来，由于他特有的科

---

① 马克思恩格斯文集：第 5 卷 [M]．北京：人民出版社，2009：64.
② 马克思恩格斯文集：第 5 卷 [M]．北京：人民出版社，2009：98.
③ 马克思恩格斯文集：第 5 卷 [M]．北京：人民出版社，2009：504.

学的公正态度和热爱真理，断然收回了这种观点。见《政治经济学和赋税原理》第 31 章《论机器》。"① 在"一整批"资产阶级经济学家"断言"中，马克思对李嘉图经济思想的转变及其作为"首倡者"的观点作了高度评价，马克思的结论就是："被经济学上的乐观主义所歪曲的事实真相是：受机器排挤的工人从工场被抛到劳动市场，增加了那里已可供资本主义剥削支配的劳动力的数量。"②

即使对那些被马克思贬斥为"拙劣"的经济学家，马克思也不抹杀他们在经济学理论探讨中曾经有过的哪怕是极为细微的成就。马克思对沙尔·加尼耳的经济学理论多有贬斥。在《1861—1863 年经济学手稿》中，马克思曾直言："沙·加尼耳的《论政治经济学的各种体系》是一本很糟糕、很肤浅的拙劣作品。"③ 但是，在《资本论》第一卷第五章对劳动过程的论述中，马克思提到："加尼耳的著作《政治经济学理论》（1815 年巴黎版）一般说来是贫乏的，但针对重农学派，却恰当地列举了一系列构成真正的农业的前提的劳动过程。"④ 在这里，马克思并没有轻视加尼耳在重农学派理论探索中的有益见解，并对其作出了适合于经济思想史的应有的评价。

在第十六章对"剩余价值率的各种公式"的分析中，马克思以注释的方式提到："例如，洛贝尔图斯《给冯·基尔希曼的第三封信：驳李嘉图的地租学说，并论证新的租的理论》1851 年柏林版。关于这一著作，我还要谈到，该著作提出的地租理论虽然是错误的，但他看出了资本主义生产的本质。"⑤ 对于马克思的这一评论，恩格斯在《资本论》第一卷德文第三版中特别提到："从这里可以看出，只要马克思在前人那里看到任何真正的进

① 马克思恩格斯文集：第 5 卷［M］．北京：人民出版社，2009：504．
② 马克思恩格斯文集：第 5 卷［M］．北京：人民出版社，2009：507．
③ 马克思恩格斯全集：第 33 卷［M］．2 版．北京：人民出版社，2004：240．
④ 马克思恩格斯文集：第 5 卷［M］．北京：人民出版社，2009：210．
⑤ 马克思恩格斯文集：第 5 卷［M］．北京：人民出版社，2009：608．

步和任何正确的新思想，他总是对他们作出善意的评价。"①

三是对《资本论》中政治经济学相关理论的比较研究。经济思想的比较研究是马克思经济思想史研究的基本方法，也是马克思"引证方法"运用的基本旨意。在第二十二章对剩余价值转化为资本理论的论述中，马克思在对所谓的"劳动基金"观点的批判中指出："古典经济学从来就喜欢把社会资本看成一个有固定作用程度的固定量。不过这种偏见只是在庸人的鼻祖耶利米·边沁手里，即在19世纪资产阶级平庸理智的这个枯燥乏味的、迂腐不堪的、夸夸其谈的圣哲手里，才确立为教条。"② 按照边沁的这一"教条"，马克思指出："生产过程的最普通的现象，如生产过程的突然扩张和收缩，甚至积累本身，都是完全不可理解的。边沁本人和马尔萨斯、詹姆斯·穆勒、麦克库洛赫等人都利用这一教条以达到辩护的目的，特别是为了把资本的一部分，即可变资本或可转变为劳动力的资本，说成是一个固定的量。"③ 在这一出于"辩护的目的"的"教条"中，"可变资本的物质存在，即它所代表的工人生活资料的量或所谓劳动基金，被虚构为社会财富中一个受自然锁链束缚的而且不能突破的特殊部分"④。显然，这一"教条"的谬误就在于"把劳动基金的资本主义界限改写成劳动基金的社会的自然界限"⑤。从经济思想史的比较研究来看，对资本的两种构成的混淆与误解有着直接的关系，这就是马克思以注释形式得出的如下结论："这里我要提醒读者，可变资本和不变资本这两个范畴是我最先使用的。亚·斯密以来的政治经济学都把这两个范畴中包含的规定，同那种由流通过程产生的形式区别，即固定资本和流动资本的区别混淆起来了。"⑥

---

① 马克思恩格斯文集：第5卷 [M]．北京：人民出版社，2009：608.
② 马克思恩格斯文集：第5卷 [M]．北京：人民出版社，2009：703.
③ 马克思恩格斯文集：第5卷 [M]．北京：人民出版社，2009：704.
④ 马克思恩格斯文集：第5卷 [M]．北京：人民出版社，2009：705.
⑤ 马克思恩格斯文集：第5卷 [M]．北京：人民出版社，2009：705.
⑥ 马克思恩格斯文集：第5卷 [M]．北京：人民出版社，2009：706.

四是对经济理论研究中"怀有偏见、不学无术、追名逐利"庸俗学风的抨击。在第二十三章对资本主义积累的一般规律的论述中，马克思提到，资本积累使得雇佣工人"对自己所生产的、但已人格化为资本家的产品的从属关系永久化"①。在经济思想史上，英国经济学家弗·莫·伊登在出版于1797年的《贫民的状况，或英国劳动者阶级的历史》一书中曾谈到这种从属关系。马克思肯定："在亚当·斯密的学生中，只有弗·莫·伊登爵士在18世纪有过某些重要的成就。"② 接着，马克思在注释中通过大量引证，对与伊登同时期的马尔萨斯理论的地位作了阐释。马克思指出："假如读者想提醒我们不要忘记1798年发表《人口原理》的马尔萨斯，那我也要提醒你们，他这本书最初的版本不过是对笛福、詹姆斯·斯图亚特爵士、唐森、富兰克林、华莱士等人的小学生般肤浅的和牧师拿腔做调的剽窃，其中没有一个他独自思考出来的命题。这本小册子所以轰动一时，完全是由党派利益引起的。"③ 之后，马克思进一步指出：对约·唐森1786年出版的《论济贫法》和《西班牙游记》，"马尔萨斯经常整页整页地加以抄袭，而唐森自己的大部分学说却是从詹·斯图亚特爵士那里抄袭来的，不过加以歪曲了而已"④。在以大量的引证甚至近乎"考据"的方式，抨击弥漫于主流经济学的"肤浅的""拿腔做调的"，甚至是公然剽窃的学术风气过程中，马克思"引证方法"成为犀利的学术批判武器。

三、"引证方法" 与 《资本论》 第一卷经济思想史的研究

《资本论》第一卷对资本的生产过程理论阐释，没有离开过"历史的评论"即经济思想史的探索。马克思在《1861—1863 年经济学手稿》中指出：

---

① 马克思恩格斯文集：第 5 卷 [M]．北京：人民出版社，2009：710.
② 马克思恩格斯文集：第 5 卷 [M]．北京：人民出版社，2009：711.
③ 马克思恩格斯文集：第 5 卷 [M]．北京：人民出版社，2009：711.
④ 马克思恩格斯文集：第 5 卷 [M]．北京：人民出版社，2009：745.

"这种历史的评论不过是要指出，一方面，经济学家们以怎样的形式互相进行批判，另一方面，经济学规律最先以怎样的历史上具有决定意义的形式被揭示出来并得到进一步发展。"① 在《资本论》第一卷清晰呈现的"历史的评论"探索中，"引证方法"起着基本的也是关键的作用。

马克思运用"引证方法"，深刻阐释了资产阶级古典政治经济学的地位，提出了马克思关于古典政治经济学评价的核心观点。在对古典政治经济学系统研究的基础上，马克思在《资本论》第一卷对商品拜物教性质的论述中，以注释的方式提出："古典政治经济学的根本缺点之一，就是它从来没有从商品的分析，特别是商品价值的分析中，发现那种正是使价值成为交换价值的价值形式。恰恰是古典政治经济学的最优秀的代表人物，像亚·斯密和李嘉图，把价值形式看成一种完全无关紧要的东西或在商品本性之外存在的东西。这不仅仅因为价值量的分析把他们的注意力完全吸引住了，还有更深刻的原因。劳动产品的价值形式是资产阶级生产方式的最抽象的，但也是最一般的形式，这就使资产阶级生产方式成为一种特殊的社会生产类型，因而同时具有历史的特征。因此，如果把资产阶级生产方式误认为是社会生产的永恒的自然形式，那就必然会忽略价值形式的特殊性，从而忽略商品形式及其进一步发展——货币形式、资本形式等等的特殊性。"② 对渗透于古典政治经济学体系中的这一"根本缺点"的概括，揭示了古典政治经济学的历史地位及其本质特征，这也是马克思对古典政治经济学"历史的评论"的核心观点。

马克思也运用"引证方法"揭示了资产阶级庸俗政治经济学的基本特征，对19世纪30年代后资产阶级政治经济学发展趋势作了深刻阐释。在对商品拜物教性质的分析中，马克思在对古典政治经济学作出评价的同时，也对庸俗政治经济学的基本特征作出探索。马克思指出："在这里，我断然

---

① 马克思恩格斯全集：第33卷［M］．2版．北京：人民出版社，2004：417．
② 马克思恩格斯文集：第5卷［M］．北京：人民出版社，2009：98-99．

指出，我所说的古典政治经济学，是指从威·配第以来的一切这样的经济学，这种经济学与庸俗经济学相反，研究了资产阶级生产关系的内部联系。而庸俗经济学却只是在表面的联系内兜圈子，它为了对可以说是最粗浅的现象作出似是而非的解释，为了适应资产阶级的日常需要，一再反复咀嚼科学的经济学早就提供的材料。在其他方面，庸俗经济学则只限于把资产阶级当事人关于他们自己的最美好世界的陈腐而自负的看法加以系统化，赋以学究气味，并且宣布为永恒的真理。"①　显然，马克思对庸俗政治经济学的这一评价坚守了思想性和学术性相结合、科学性和阶级性相联系的圭臬，是对 19 世纪 30 年代经济思想史嬗变的准确把握。

马克思对庸俗政治经济学基本特征的把握，决不像哈奇森所认为的，马克思过分"诉诸动机和偏见"，没有精确分析过由这些动机和偏见所产生的"经验上无效或者逻辑上错误的观点"②。金对哈奇森观点提出质疑，认为马克思在评价经济理论的合理性时没有将"动机和偏见"作为一项标准，只是在分析庸俗政治经济学错误根源时起到"微不足道的作用"③。实际上，马克思对庸俗政治经济学的判断与所谓的"动机和偏见"是毫不相干的。马克思在对约翰·穆勒经济思想倾向的判断上认为，"在李嘉图以后半个世纪，约翰·斯图亚特·穆勒先生还在拙劣地重复那些最先把李嘉图学说庸俗化的人的陈腐遁词"④，还在企图调和资产阶级经济学中那些不能调和的东西。但是，马克思并没有"诉诸动机和偏见"简单地作出判断。在《资本论》第一卷第二十二章论述剩余价值转化为资本问题时，马克思特别在注释中引证了穆勒在《政治经济学原理》中的一段论述："现在劳动产品的分配是同劳动成反比的：产品的最大部分属于从来不劳动的人，次大部分

① 马克思恩格斯文集：第 5 卷 [M]. 北京：人民出版社，2009：99.

② Hutchison T W. The Cambridge Version of History Economics [J]. Economics Dept., Univ. of Birmingham, Occasional Paper, 1974 (19).

③ King J E. Marx as an Historian of Economic Thought [J]. History of Political Economy, 1979, 11 (3).

④ 马克思恩格斯文集：第 5 卷 [M]. 北京：人民出版社，2009：590.

属于几乎只是名义上劳动的人，而且劳动越艰苦和越不愉快，报酬就越少，最后，从事最劳累、最费力的体力劳动的人甚至连得到生活必需品都没有保证。"① 在这段引证之后，马克思紧接着就提出："为了避免误解，我说明一下，像约·斯·穆勒这类人由于他们的陈旧的经济学教条和他们的现代倾向发生矛盾，固然应当受到谴责，但是，如果把他们和庸俗经济学的一帮辩护士混为一谈，也是很不公平的。"② 运用"引证方法"，马克思对穆勒这类经济学家作出混合主义倾向的判断，与所谓"诉诸动机和偏见"是大相径庭的。

马克思还以"引证方法"对经济思想史的基本演进过程及其内在规定性问题作出探索。在第二十三章对资本主义积累的一般规律的论述中，马克思以注释的方式提到，马尔萨斯的《人口原理》中没有一个命题是马尔萨斯独立思考出来的，不仅是"拿腔做调的剽窃"，而且追究其理论渊源，所谓的"人口原理"还是"在18世纪逐渐编造出来的，接着在一次巨大的社会危机中被大吹大擂地宣扬为对付孔多塞等人学说的万无一失的解毒剂，英国寡头政府认为它可以最有效地扑灭一切追求人类进步的热望"的理论。马克思揭示了所谓"人口原理"流行的社会政治根源。在此基础上，马克思进一步对经济思想史同社会政治和宗教发展之间的关系展开论述，由此而写就出了《资本论》第一卷中篇幅最长的一条注释。

马克思指出："最初研究政治经济学的，是像霍布斯、洛克、休谟一类的哲学家，以及像托马斯·莫尔、坦普尔、苏利、德·维特、诺思、罗、范德林特、康替龙、富兰克林一类的实业家和政治家，而特别在理论方面进行过研究并获得巨大成就的，是像配第、巴尔本、曼德维尔、魁奈一类的医生。甚至在18世纪中叶，一位当时著名的经济学家，牧师塔克尔先生，

---

① 马克思恩格斯文集：第5卷［M］．北京：人民出版社，2009：705.
② 马克思恩格斯文集：第5卷［M］．北京：人民出版社，2009：705.

还曾为他自己研究钱财而进行过辩解。"① 马克思提到的这些经济学家，除了莫尔等少数经济学家之外，基本上都是活跃于17世纪中期到18世纪中后期的经济学家。后来，随着所谓"人口原理"的出现，"新教牧师的时钟敲响了"，新教牧师的经济学观点与当时正在发展中的古典政治经济学家及其理论是相对立的。马克思认为："把人口看作财富的基础，并且和亚当·斯密一样是牧师们不可调和的敌人的配第，似乎预料到了这些拙劣的插手，他说道：'教士最守苦行时，宗教最繁荣，正如在律师饿死的地方，法律最昌明一样。'"② 斯密的思想更是引起新教牧师们的强烈不满，对斯密赞扬休谟"接近了一个理想的全智全德的人"的说法，高教会派主教大加责难。马克思提到，这位主教向斯密"愤怒地叫喊道：'先生，您向我们把一个不可救药地反对一切叫作宗教的东西并且竭尽全力甚至要使宗教这个名称也从人们的记忆中消失的人的性格和品行，描绘成全智全德的，您这样做合适吗?'"③ 他还指责斯密试图通过《道德情操论》，"抱着残忍的恶意，要在全国宣扬无神论"。马克思提到，"托·查默斯牧师曾怀疑，亚·斯密捏造出'非生产工人'这个范畴纯粹是出于恶意，是专门用来影射新教牧师的"④。马克思对这些看起来好像是经济思想史上的"逸事"的周详引证，历史地再现了古典政治经济学在其发展中与新教教义及其观念的内在的矛盾和冲突。

四、 马克思 "引证方法" 在经济思想 "科学史" 上的意义

从经济思想"科学史"上理解马克思的"引证方法"，对于准确把握马克思经济思想史方法论有着重要的意义。"引证方法"实际上是马克思经济

---

① 马克思恩格斯文集：第5卷［M］．北京：人民出版社，2009：712.
② 马克思恩格斯文集：第5卷［M］．北京：人民出版社，2009：712.
③ 马克思恩格斯文集：第5卷［M］．北京：人民出版社，2009：713.
④ 马克思恩格斯文集：第5卷［M］．北京：人民出版社，2009：713.

思想史方法的集中体现，恩格斯认为，从"引证方法"来看，"科学史"的要旨就在于：第一，要阐明"一种在发展过程中产生的经济思想，是什么地方、什么时候、什么人第一次明确地提出的"[①]；第二，要把握所提到的经济学见解，"能够多少恰当地从理论上表现当时的经济状况"[②]；第三，所提到的经济学见解，从引证者的观点来看，"是否还有绝对的或相对的意义，或者完全成为历史上的东西，那是毫无关系的"[③]；第四，对这些从经济科学的历史中摘引下来的观点，要"从时间和首倡者两方面来确定经济理论中各个比较重要的成就"，这样做的必要性在于，"这种科学的历史著作家们一直只是以怀有偏见、不学无术、追名逐利而著称"[④]。马克思"引证方法"蕴含的"科学史"的要旨，以其深刻的科学精神、思想特征、理论境界和学术意蕴，对经济思想史方法论的理解和建构产生着深刻的和久远的影响。

即使在当代，对于经济思想史方法的理解，还是有着马克思的"科学史"的四个方面要旨的影响。正如海尔布伦纳所认为的那样，"不是因为马克思是永远正确的，而是因为他是无法回避的"；"每一个打算从事马克思所开启的那种类型研究的人，都会发现马克思站在他面前"[⑤]。对于当代经济思想史学研究来说也是如此。当代的一些经济思想史学家往往把马克思"引证方法"中"科学史"的要旨，归在"历史编纂学"（Historiography）名下，以探寻经济思想史的方法论。布劳格在《论经济学的历史编纂学》一文中，对经济思想史方法论问题作了专门探讨。他认为，经济思想史研究要回答的，无非就是历史上伟大的经济学家们"实际上说了什么"、他们事实上"想说什么"，以及"他们应该说什么"等三个方面问题；但是，经

---

① 马克思恩格斯文集：第 5 卷［M］．北京：人民出版社，2009：30．

② 马克思恩格斯文集：第 5 卷［M］．北京：人民出版社，2009：30．

③ 马克思恩格斯文集：第 5 卷［M］．北京：人民出版社，2009：30．

④ 马克思恩格斯文集：第 5 卷［M］．北京：人民出版社，2009：30．

⑤ Heilbroner R L．Marxism：For and Against［M］．London：W．W．Norton & Company，1980：15．

济思想史的研究却发现，这些伟大的经济学家们"想说的"同他们"实际上所说的"不一定相同，"他们应该说的"同他们"实际说的"或他们"想要说的"也未必完全相同。布劳格产生的困惑就是："在试图对上述三个问题中任何一个问题的回答中，经济思想史学的见解往往不一致。"[①] 实际上，布劳格提出的经济思想史三个方面问题的观点，与马克思关于"科学史"的第一方面要旨几近相似；而布劳格的困惑的产生则在于，他没有追寻马克思关注的"科学史"的第二方面要旨，忽略了"能够多少恰当地从理论上表现当时的经济状况"的事实依据和学术圭臬，从而陷于对经济思想史上"说了什么""想说什么"和"应该说什么"之间矛盾的困惑。

布劳格借助于美国哲学家理查德·罗蒂在哲学史研究中倡导的"历史编纂学"观点，对经济思想史方法论作出新的探索。罗蒂从"历史编纂学"的角度，提出了哲学史研究的四种不同类型，布劳格对此作出了经济思想史的不同研究类型的解释。第一种是"精神史"（Geistesgeschichten）研究类型，按字面上解释就是"精神的历史"（history of the spirit）的研究，它所确定的核心问题是，"过去的思想家提出的并加以证明的这些问题，是如何进入他们思想体系中心的"[②]。对于经济思想史来说，诸如对李嘉图执着于利润率下降原因的探索，对拿破仑战争对谷物价格和19世纪开头20年英国地租产生急剧影响的探索，就是经济思想史的"精神史"类型的研究。第二种是"历史再现"（historical reconstructions）研究类型，它试图对过去思想家的体系"用他们自己的术语"（in their own terms）加以考察，也就是说，用过去的思想家能够接受的正确描述的术语，对他们的思想体系作出说明。对于经济思想史来说，如果把李嘉图关于利润率下降的理论归结为由于报酬递减"规律"作用而导致谷物生产成本增长时，就是在运用"历史再现"的方式研究经济思想史。第三种是"理性再现"（rational recon-

---

① Blaug M. On the Historiography of Economics [J]. Journal of the History of Economic Thought, 1990, 12 (1).
② Blaug M. On the Historiography of Economics [J]. Journal of the History of Economic Thought, 1990, 12 (1).

structions）研究类型，它是将过去的已故的伟大的思想家，视为我们可以与之对话的同代人。与"历史再现"相比，"理性再现"注重用现在的术语来分析过去的思想家的思想，找出他们的"错误"，以证明思想史过程中的"理性的进展"（rational progress）。如罗蒂认为的，"我们需要想象，在哲学领域就像在科学领域中一样，犯过错的伟大的逝者，在天堂中俯瞰我们现在的成功，并愉悦地发现他们的错误得到纠正，这种进展当然是由于时代的不同。这种进展如果被充分地看作是时代的不同的结果，是可以接受的"①。第四种是"学说汇编"（doxographies）研究类型，按字面上解释就是"写作赞美诗"（the writing of hyttins of praise），它试图把过去所有的文本都纳入最近的某种正统观念中，以证明那些曾在这个领域探讨过的问题，实质上与新近提出的问题恰好具有同样的深度。罗蒂激烈反对"学说汇编"方式，因为它会让当代人产生一种拥有"绝对真理"的观念。

实际上，罗蒂对哲学史研究的这四种类型的解说，除了第四种"学术汇编"类型外，其他三种类型与经济学说史中"绝对主义方法"（absolutionist approach）和"相对主义方法"（relativist approach）的划分极为相似。布劳格也曾认为，经济学说史研究中的绝对主义方法，可以定义为"用现代经济理论的标准评判过去的经济理论的取向，在这种取向中，似乎大写的真理总是汇聚在经济学知识的最新一个增量上"；相对主义方法可以定义为"每一种过去的理论都是对当前情况或多或少的真实反映"②。在对罗蒂的"历史编纂学"的解说中，布劳格认为，"如果必须在这两个对立面中作出抉择，我认为，'绝对主义'较'相对主义'更值得为之辩护，特别是考虑到严格的'相对主义'在逻辑上是不可能时更是如此。但是，'绝对主义'是'理性重建'的方法还是事实上的'学说汇编'方法？两者之间的区别其实

---

① Rorty R. The Historiography of Philosophy［C］// Rorty R，Schnewind J B，Skinner Q. Philosophy in History. Cambridge：Cambridge University Press：33.

② Blaug M. Economic Theory in Retrospect［M］. 4th ed. Cambridge：Cambridge University Press，1985：8 - 9.

是极为微妙的。'绝对主义'很容易退化成无所不知，在这种情况下，它对经济思想史研究来说就毫无意义了"①。

显然，无论是布劳格诠释的"历史编纂学"的四种研究类型，还是布劳格反复阐释的"相对主义"和"绝对主义"，都可以看到马克思在"引证方法"中提出的"科学史"要旨的印记，都可以发现马克思确实"站在"当代经济思想史学家们面前了。但是，不同的是，在"历史编纂学"名下的经济思想史的方法，并没有确切地把握马克思"科学史"要旨的全部内涵。在马克思看来，在经济思想的"科学史"的研究上，一定的经济学见解是否具有"绝对的"和"相对的"的意义，或者这些经济学见解已经"完全成为历史上的东西"了，与引证本身应该是"毫无关系的"。重要的在于，这些从经济科学的历史中引证的观点，在思想历史时序上和理论"首倡"上的成就和影响。实际上，以"绝对主义"和"相对主义"方法的区分来理解经济思想史，其作用可以说是微乎其微的，甚至可以说是"毫无关系"的。布劳格也承认，"绝对主义"和"相对主义"之间不管"存在多大程度的真正的差别，它们总是趋向于相互转化：在原则上彼此可以区分，但在实际上却形影不离"②。

马克思在《资本论》第一卷对"引证方法"的运用，以及恩格斯对马克思"引证方法"的阐释及其"科学史"上要旨的理解，对于经济思想史研究方法的当代探索有着重要的影响和深刻的启迪。

（原载于《教学与研究》2017年第4期）

① Blaug M. On the Historiography of Economics [J]. Journal of the History of Economic Thought, 1990, 12 (1).
② Blaug M. On the Historiography of Economics [J]. Journal of the History of Economic Thought, 1990, 12 (1).

马克思经济学的对象与
中国特色社会主义经济学的创新

　　在马克思经济学中，有以叙述资本主义经济关系的典型形式和本质特征的经济学对象上的理解，也有以研究资本主义经济关系的特殊形式和现实特征的经济学对象上的理解。在对马克思经济学对象囿于典型形式理解时，社会主义经济学曾受到过限制和扼制。中国特色社会主义经济学对马克思主义经济学的创新，是以马克思经济学特殊形式对象的理解为基础的；中国特色社会主义经济学的体系创新，则是对马克思经济学对象理解的科学拓展。

一、　对马克思经济学对象的理解和社会主义经济学的创立

　　马克思关于经济学对象的理解，最突出地体现在《资本论》中。在《资本论》第一卷中，马克思对资本主义经济关系的研究，主要以英国资本主义发展为"例证"。这是因为，英国是当时资本主义经济最发达、最典型的国家，英国的无产阶级和资产阶级的阶级斗争也最为尖锐，通过对英国资本主义经济关系的分析，能够深刻揭示资本主义经济现象和经济过程的内在的、本质的、必然的联系，透彻理解资本主义经济运动规律，全面认识资本主义经济关系发展的必然趋势。在这种以典型的、发达的资本主义经济关系为对象的经济学中，"工业较发达的国家向工业较不发达的国家所

显示的，只是后者未来的景象"①。在马克思看来，对英国资本主义经济关系叙述的理论结论，对于包括德国、法国在内的其他资本主义国家都具有普遍的意义。唯有现实的典型性，才有理论上的典型性；唯有理论上的典型性，才有现实中的普遍性。对象的典型性，是由马克思《资本论》特定的对象决定的。

对象的典型性，是阐明一定社会经济制度的普遍性规律的内在要求，也是揭示这一社会经济制度本质属性的根本要求。在《资本论》第一卷中，马克思从"我的观点是把经济的社会形态的发展理解为一种自然史的过程"② 开始，以"资本主义生产由于自然过程的必然性，造成对自身的否定"③ 为最后结论。"资本主义私有制的丧钟就要敲响了"④，就是马克思关于资本主义经济学叙述的基本取向。在《资本论》中，对经济体制和经济运行的研究，是从属于经济制度本质阐述的，是对经济制度本质的延伸。因此，在《资本论》中，马克思对资本主义经济学的叙述，以经济制度本质阐述为主线，在论证经济制度本质需要的范围内，才对经济体制和经济运行作出相应的探讨。

值得注意的是，马克思晚年对经济学对象及其特点作出过新的思考。马克思认为："极为相似的事变发生在不同的历史环境中就引起了完全不同的结果，如果把这些演变中的每一个都分别加以研究，然后再把它们加以比较，我们就会很容易地找到理解这种现象的钥匙。"⑤ 他对那种把《资本论》第一卷的一些重要论断当作"万能钥匙"的观点很不以为然，认为"一定要把我关于西欧资本主义起源的历史概述彻底变成一般发展道路的历史哲学理论，一切民族，不管它们所处的历史环境如何，都注定要走这条

---

① 马克思恩格斯文集：第 5 卷 [M]．北京：人民出版社，2009：8.
② 马克思恩格斯文集：第 5 卷 [M]．北京：人民出版社，2009：10.
③ 马克思恩格斯文集：第 5 卷 [M]．北京：人民出版社，2009：874.
④ 马克思恩格斯文集：第 5 卷 [M]．北京：人民出版社，2009：874.
⑤ 马克思恩格斯文集：第 3 卷 [M]．北京：人民出版社，2009：466 - 467.

道路，——以便最后都达到在保证社会劳动生产力高度发展的同时又保证每个生产者个人最全面的发展的这样一种经济形态。但是我要请他原谅。（他这样做，会给我过多的荣誉，同时也会给我过多的侮辱。）"① 马克思相信："使用一般历史哲学理论这一把万能钥匙，那是永远达不到这种目的的，这种历史哲学理论的最大长处就在于它是超历史的。"② 显然，在马克思看来，他以英国典型的资本主义经济关系为对象阐述的理论结论，不可能完全适合于对其他国家和地方的经济关系本质的理解。

马克思晚年的这些思考，对恩格斯肯定产生过重要影响。几乎同一时期，在《反杜林论》中，恩格斯对马克思的这一思考作出呼应，提出了经济学对象的特殊性的观点。恩格斯认为："人们在生产和交换时所处的条件，各个国家各不相同，而在每一个国家里，各个世代又各不相同。因此，政治经济学不可能对一切国家和一切历史时代都是一样的。"③ 这就是说，在经济学对象问题上，存在两个"不可能……一样"的情况：一是社会经济制度相同的不同国家，生产和交换的条件、关系可能不相同，经济学对象"不可能……一样"；二是同一国家处在社会经济制度发展的不同时期，生产和交换的条件、关系可能不相同，经济学对象也"不可能……一样"。恩格斯还举例说明："火地岛的居民没有达到进行大规模生产和世界贸易的程度，也没有到达出现票据投机或交易所破产的程度。谁想把火地岛的政治经济学和现代英国的政治经济学置于同一规律之下，那么，除了最陈腐的老生常谈以外，他显然不能揭示出任何东西。"④

经济学对象的特殊性，决定了经济学国别特色的必然性。这时，经济学对象着重于经济体制和经济运行的探索，通过这一探索达到对经济制度本质的理解，对经济制度本质的理解是对经济体制和经济运行探索的结果。

---

① 马克思恩格斯文集：第 3 卷［M］．北京：人民出版社，2009：466.
② 马克思恩格斯文集：第 3 卷［M］．北京：人民出版社，2009：467.
③ 马克思恩格斯文集：第 9 卷［M］．北京：人民出版社，2009：153.
④ 马克思恩格斯文集：第 9 卷［M］．北京：人民出版社，2009：153.

因此，对马克思经济学对象的这种理解，是以经济体制和经济运行为主线的，对经济制度本质的理解是在主线展开中实现的。

实际上，在马克思经济学对象上的这两种理解，与马克思对经济学的研究阶段和叙述阶段以及由此而产生的研究方法和叙述方法是相一致的。在《资本论》第一卷德文第二版跋中，马克思指出："在形式上，叙述方法必须与研究方法不同。研究必须充分地占有材料，分析它的各种发展形式，探寻这些形式的内在联系。只有这项工作完成以后，现实的运动才能适当地叙述出来。这点一旦做到，材料的生命一旦在观念上反映出来，呈现在我们面前的就好像是一个先验的结构了。"① 以典型性的经济关系为对象的经济学，就是在思维上把握经济关系、从抽象到具体的"结构"的经济学，是以叙述为特征的经济学；以特殊的经济关系为对象的经济学，就是对经济关系的"发展形式"探讨的经济学，是以研究为特征的经济学。我们也可以把马克思经济学对象的这两种理解，简单地称作叙述的经济学对象和研究的经济学对象。当然，这里所说的"叙述"和"研究"，是就马克思在这里所表达的意义而言的，是就其相对意义而言的。

对马克思经济学对象上的这两种理解，没有被后来的马克思主义经济学，特别是社会主义经济学所接受。在恩格斯去世后的30多年间，社会主义经济学作为独立的学科不被认可，当时的主流观点认为社会主义经济学已经"消亡"。"消亡"论产生的原因是多方面的，但与只认可叙述的经济学对象而忽视研究的经济学对象有着直接的关系。20世纪初，鲁道夫·希法亭在《马克思对理论经济学问题的提法》一文中指出：理论经济学涉及的问题，只发生在社会生产关系不受人们自觉意志的调节、整个社会处于无政府状态和自发势力统治的组织结构中，"理论经济学作为揭示社会生产关系本质的科学，有其存在的必然性"。在社会生产关系受到自觉调节的共产主义社会中，社会生产关系本质是显露的，从而理论经济学的对象就不

---

① 马克思恩格斯文集：第5卷 [M]．北京：人民出版社，2009：21－22.

再存在。俄国十月革命前后，社会主义经济学"消亡"论是马克思主义经济学的主流观点。布哈林在写于1912—1914年的《食利者政治经济学》一文中认为："政治经济学作为一门科学，只把商品社会（特别是商品资本主义社会）作为自己的对象。"① 在1920年出版的《过渡时期经济学》一书中，布哈林仍然坚持认为："理论政治经济学是关于以商品生产为基础的社会经济的科学，也就是关于无组织的社会经济的科学……只要我们来研究有组织的社会经济，那么，政治经济学中的一切基本'问题'……就都消失了。"他由此断言："资本主义商品社会的末日也就是政治经济学的告终。"② 当时，俄国有经济学家甚至认为：哪一个经济学家对马克思经济学对象只是商品的资本主义制度本质的观点再有质疑，"简直有失尊严"③。但是，在苏联社会主义经济发展的实践中，特别是在新经济政策实施及之后的社会主义工业化过程中，出现了一系列经济的"发展形式"，其中有涉及苏维埃经济关系本质的问题，但更多涉及的是苏维埃经济体制和运行机制的现实问题，创立以经济现实的"发展形式"为对象的社会主义经济学成为当时苏联经济社会发展的内在要求。

1929年10月，列宁《在尼·布哈林〈过渡时期经济学〉一书上作的批注和评论》公开发表，为破除社会主义经济学"消亡"论的传统观念提供了契机。公开发表列宁写于1920年5月的对布哈林《过渡时期经济学》的批注和评论，在很大程度上是为了适应当时斯大林对布哈林最后"批判"的需要，但这一举动本身却推动了社会主义经济学的确立。在这一批注和评论中，列宁针对布哈林《过渡时期经济学》涉及经济学对象的一些论述提出不同的见解④。列宁认为，布哈林提出的经济学只是研究"以商品生产

① 布哈林文选：下册 [M]．北京：东方出版社，1988：39-40.
② 布哈林．过渡时期经济学 [M]．北京：生活·读书·新知三联书店，1981：1.
③ 列宁格勒大学社会科学教师进修学院政治经济学教研组．社会主义政治经济学史纲 [M]．北京：生活·读书·新知三联书店，1979：18.
④ 列宁全集：第60卷 [M]．2版．北京：人民出版社，1990：275.

为基础的社会经济"、只是研究"无组织的社会经济"的定义，比恩格斯在《反杜林论》中提出的经济学对象的定义"倒退了一步"。列宁认为，布哈林把资本主义商品社会的末日当作经济学的终结是"不对"的，因为"即使在纯粹的共产主义社会里不也有 I v + m 和 II c 的关系吗？还有积累呢？"①

列宁的上述观点，使社会主义经济学"消亡"的观点很快败退下去。苏联许多经济学家开始对社会主义经济学的对象和主题、体系等一系列重大理论问题作出探讨，对社会主义经济学的确立起到至关重要的推动作用。

二、 中国特色社会主义经济学对马克思经济学对象理解上的创新

中国特色社会主义经济学作为中国化马克思主义经济学，一方面是马克思主义经济学的中国化过程，是把马克思主义经济学基本原理运用于中国改革开放的具体实际，用以分析和解决中国社会主义经济的实际问题的过程，正如毛泽东所说的，"使马克思主义在中国具体化，使之在其每一表现中带着必须有的中国的特性，即是说，按照中国的特点去应用它"②；另一方面是中国化的马克思主义经济学过程，是使从中国社会主义经济实际发展和改革开放实践中得出的新思想、新理论马克思主义经济学化，形成具有中国特色的马克思主义经济学的新内涵和新形式，即如毛泽东称作的"使中国革命丰富的实际马克思主义化"③。

无论是从现实基础、发展形式还是从研究任务、理论基点来看，中国特色社会主义经济学只能以研究的经济学对象而不能以叙述的经济学对象为基础和前提。一方面，中国特色社会主义经济学是以当代中国现实的经

---

① 列宁全集：第60卷［M］.2版.北京：人民出版社，1990：275.

② 毛泽东选集：第2卷［M］.北京：人民出版社，1991：534.

③ 毛泽东选集：第2卷［M］.北京：人民出版社，1991：373.

济事实、经济形式为对象的，是以"充分地占有材料，分析它的各种发展形式，探寻这些形式的内在联系"的研究的经济学为对象的；另一方面，中国特色社会主义经济学是以中国这样的不发达的、发展中的社会主义经济关系为对象的，是以非典型性且富有特殊性的社会经济关系为对象的。

中国特色社会主义经济学是从当代中国现实的经济形式出发的，最显著的就是从解放和发展生产力这一当代中国最大的经济现实为出发点的。1978年3月，邓小平在对生产力范畴的重新认识时指出："科学技术是生产力，这是马克思主义历来的观点。早在一百多年以前，马克思就说过：机器生产的发展要求自觉地应用自然科学。并且指出：'生产力中也包括科学'。现代科学技术的发展，使科学与生产的关系越来越密切了。科学技术作为生产力，越来越显示出巨大的作用。"① 关于生产力理论，先论及的是科学技术与生产力关系问题，后来推进到管理与生产力的关系，形成了生产力系统理论，再后来对生产力在社会主义生产关系中意义的新认识，形成以解放生产力和发展生产力为基础内容的社会主义本质理论，嗣后发展到科教兴国、建设创新型国家战略，以及建设人力资源和人才强国的战略等等，这实际上是生产力理论在中国特色社会主义经济学中演进的逻辑过程。

对马克思主义生产力理论的当代诠释，成为中国特色社会主义经济学创立的重要基点；对当代中国解放和发展生产力问题的把握，成为中国特色社会主义经济学发展的重要标识。首先，发展生产力是马克思主义的基本原则，是中国社会主义经济发展的基础。邓小平认为："马克思主义的基本原则就是要发展生产力。马克思主义的最高目的就是要实现共产主义，而共产主义是建立在生产力高度发达的基础上的。"② 回顾中国社会主义经济建设的历史，邓小平指出："社会主义的首要任务是发展生产力，逐步提

---

① 邓小平文选：第2卷 [M]．北京：人民出版社，1994：87.
② 邓小平文选：第3卷 [M]．北京：人民出版社，1993：116.

高人民的物质和文化生活水平。从一九五八年到一九七八年这二十年的经验告诉我们：贫穷不是社会主义，社会主义要消灭贫穷。不发展生产力，不提高人民的生活水平，不能说是符合社会主义要求的。"① 其次，要把发展生产力和解放生产力结合起来。在推进改革开放过程中，邓小平指出："过去，只讲在社会主义条件下发展生产力，没有讲还要通过改革解放生产力，不完全。应该把解放生产力和发展生产力两个讲全了。"② 解放生产力和发展生产力的"完全"，就不只是生产力本身的问题，而是与生产关系相联系的问题，是生产力和生产关系相结合的问题。"讲全"解放生产力和发展生产力，也就抓住了中国特色社会主义经济学的基本问题。再次，生产力问题是关乎社会主义本质的基础问题。在对"什么是社会主义、怎样建设社会主义"问题的探索中，解放生产力和发展生产力问题，成为检验一切改革得失成败的最主要标准。"社会主义优越性的充分发挥和吸引力的不断增强，归根结底，都取决于生产力的发展。一切有利于生产力发展的东西，都是符合人民根本利益的，因而是社会主义所要求的，或者是社会主义所允许的。一切不利于生产力发展的东西，都是违反科学社会主义的，是社会主义所不允许的。在这样的历史条件下，生产力标准就更加具有直接的决定意义。"③ 解放生产力和发展生产力是社会主义本质最基本的前提和最根本的规定。

解放生产力和发展生产力理论，拓展了马克思主义经济学的理论视野，是对马克思主义经济学某些理论成见的突破，赋予马克思主义经济学以新的时代内涵。在《资本论》第一卷中，马克思曾指出："我要在本书研究的，是资本主义生产方式以及和它相适应的生产关系和交换关系。"④ 这里讲的"生产方式"，是劳动者和生产资料的结合方式和方法，是一定社会经

① 邓小平文选：第 3 卷 [M]．北京：人民出版社，1993：116．
② 邓小平文选：第 3 卷 [M]．北京：人民出版社，1993：370．
③ 十三大以来重要文献选编：上 [M]．北京：人民出版社，1991：57 - 58．
④ 马克思恩格斯文集：第 5 卷 [M]．北京：人民出版社，2009：8．

济关系中的生产力要素的结合方式和生产力的社会运动方式。马克思指出："不论生产的社会的形式如何，劳动者和生产资料始终是生产的因素。但是，二者在彼此分离的情况下只在可能性上是生产因素。凡要进行生产，它们就必须结合起来。实行这种结合的特殊方式和方法，使社会结构区分为各个不同的经济时期。在当前考察的场合，自由工人和他的生产资料的分离，是既定的出发点，并且我们已经看到，二者在资本家手中是怎样和在什么条件下结合起来的——就是作为他的资本的生产的存在方式结合起来的。"①《资本论》所研究的，就是资本主义生产力结合的方式和方法即雇佣劳动和资本结合的特殊生产方式，以及与之相适应的资本主义生产关系和交换关系。中国特色社会主义经济学确立的解放生产力和发展生产力理论视阈，凸显了对《资本论》关于"生产方式"、生产关系结合的"特殊方式和方法"内涵的深刻把握。

对中国社会主义经济形式认识的基本结论，就是社会主义初级阶段论断的提出。在党的十三大前夕，邓小平提出："我们党的十三大要阐述中国社会主义是处在一个什么阶段，就是处在初级阶段，是初级阶段的社会主义。社会主义本身是共产主义的初级阶段，而我们中国又处在社会主义的初级阶段，就是不发达的阶段。一切都要从这个实际出发，根据这个实际来制订规划。"② 社会主义初级阶段是当代中国最重要的国情，也是最基本的经济形式；社会主义初级阶段的经济关系是中国特色社会主义经济学的对象和研究的出发点。就中国特色社会主义经济学发展而言，以生产力问题的探索为起点，以社会主义初级阶段的论断为前提，以经济制度、经济体制和经济运行研究为主线，以完善和发展社会主义经济关系为目标，刻画了中国特色社会主义经济学历史演进和理论逻辑的内在统一性。

在解放生产力和发展生产力理论、社会主义初级阶段理论的基础上，

---

① 马克思恩格斯文集：第6卷 [M]．北京：人民出版社，2009：44.
② 邓小平文选：第3卷 [M]．北京：人民出版社，1993：252.

我们提出了社会主义社会的主要矛盾是人民日益增长的物质文化需要同落后的社会生产之间矛盾的理论，增强了以人为本的社会主义经济发展的核心立场和社会主义的根本任务、本质关系的认识；明晰了以经济建设为中心的党在社会主义初级阶段基本路线的理论，确定了以实现社会主义现代化为根本目标的经济发展战略及与其相适应的战略规划和战略步骤的基本内涵；厘清了社会主义初级阶段生产力布局和经济关系多样性现状的认识，形成了社会主义初级阶段基本经济纲领，特别是关于所有制结构和分配体制的基本格局；清楚了经济体制改革的核心问题和目标模式的选择，明确了社会主义市场经济体制改革的路径和目标。以解放生产力和发展生产力理论、社会主义初级阶段理论为基础的所有这些理论观点，生动地刻画了中国特色社会主义经济学体系中的演进轨迹和重要成就。

三、 中国特色社会主义经济学的体系创新

1984 年，党的十二届三中全会通过的《中共中央关于经济体制改革的决定》明确提出"社会主义经济是公有制基础上的有计划的商品经济"，这是适合于当时中国经济体制改革实际的"新话"[1]，也是马克思主义经济学的"新话"。对此，邓小平作出高度评价，认为这些"新话"，给人以"写出了一个政治经济学的初稿"[2] 的印象，是"马克思主义基本原理和中国社会主义实践相结合的政治经济学"[3]，也就是中国特色社会主义经济学。

中国特色社会主义经济学，在对象方法上，以社会主义初级阶段经济关系为研究对象，突出经济制度、经济体制和经济运行的整体研究，把握解放生产力和发展生产力理论基础地位、以"剥离下来"和"结合起来"

---

① 邓小平文选：第 3 卷 [M]．北京：人民出版社，1993：21．
② 邓小平文选：第 3 卷 [M]．北京：人民出版社，1993：83．
③ 邓小平文选：第 3 卷 [M]．北京：人民出版社，1993：83．

为方法论要义；在理论结构上，以经济改革论、经济制度论、市场经济论、科学发展论和对外开放论为主导理论。这些主导理论的相互联系、相互依存，构成一个有机整体。这些主导理论的相互结合、相互作用，生成其他一系列衍生性理论。主导理论和衍生性理论结合在一起，共同构成中国特色社会主义经济学理论体系。

一是以中国社会主义初级阶段经济关系为研究对象。社会主义初级阶段是当代中国最重要的国情，也是最基本的经济形式和经济事实，是中国特色社会主义经济学研究的对象和出发点。显然，中国特色社会主义经济学，是以发展中的社会主义经济关系为对象的，是以中国社会主义道路为实践路径和中国特色社会主义经济制度为基本特征的。以社会主义初级阶段为对象的中国特色社会主义经济学，是对马克思研究的经济学对象理解的发展。

二是对社会主义初级阶段经济制度、经济体制和经济运行的整体研究。中国特色社会主义经济学以对经济制度本质研究为前提，着力于经济体制和经济运行的研究和探索。对经济体制和经济运行的研究，成为社会主义初级阶段经济制度研究的重要内容和必然展开形式。中国特色社会主义经济学以社会主义经济制度和市场经济体制结合、发展和完善的研究为主线，以市场经济体制和经济运行研究为展开内容，形成对社会主义初级阶段经济关系的整体研究。

三是以解放生产力和发展生产力为理论基点。"解放和发展生产力是中国特色社会主义的根本任务。"[①] 列宁认为："只有把社会关系归结于生产关系，把生产关系归结于生产力的水平，才能有可靠的根据把社会形态的发展看作自然历史过程。"[②] 中国特色社会主义经济学确立的解放生产力和发

---

① 胡锦涛. 坚定不移沿着中国特色社会主义道路前进 为全面建成小康社会而奋斗：在中国共产党第十八次全国代表大会上的报告 [M]. 北京：人民出版社，2012：14.

② 列宁专题文集：论辩证唯物主义和历史唯物主义 [M]. 北京：人民出版社，2009：161.

展生产力的理论视阈，凸显了"生产力的水平"这一中国的具体实际，为中国特色社会主义道路提供了"可靠的根据"。

四是"剥离下来"和"结合起来"的方法论要义。方法创新是理论创新的先导，方法创新意蕴于重大理论的创新之中。对社会主义市场经济体制的理论创新，最显著地展示了中国特色社会主义经济学的方法创新。在经济思想史上，抽象的经济范畴的形成，大多经历了"极其艰难地把各种形式从材料上剥离下来并竭力把它们作为特有的考察对象固定下来"① 的过程。"剥离下来"，就是要离析市场经济对资本主义私有制的依附关系，从资本主义经济中"剥离"出市场经济这一具有体制性规定的抽象范畴。但是，抽象范畴只有在思维的一定层面上才有意义。"一切生产阶段所共有的、被思维当作一般规定而确定下来的规定，是存在的，但是所谓一切生产的一般条件，不过是这些抽象要素，用这些要素不可能理解任何一个现实的历史的生产阶段。"② 这就是说，市场经济作为体制性范畴，只有与一定的社会基本经济制度相结合才是充分的、现实的市场经济体制。市场经济体制必然要与一定的社会基本经济制度"结合起来"，"必须把坚持社会主义基本制度同发展市场经济结合起来，发挥社会主义制度的优越性和市场配置资源的有效性，使全社会充满改革发展的创造活力"③。以"剥离开来"为离析、为抽象过程，以"结合起来"为综合、为具体化过程，就是对两个过程统一性的理解。从"剥离开来"到"结合起来"，是运用于社会主义市场经济体制认识的方法论创新，也是中国特色社会主义经济学诸多理论形成和发展的方法论要义。

五是经济改革论。"改革开放是坚持和发展中国特色社会主义的必由之

---

① 马克思恩格斯全集：第46卷：下 [M]．北京：人民出版社，1980：383.
② 马克思恩格斯全集：第46卷：上 [M]．北京：人民出版社，1979：25.
③ 十七大以来重要文献选编：上 [M]．北京：中央文献出版社，2009：800.

路。"① 党的十一届三中全会提出："实现四个现代化，要求大幅度地提高生产力，也就必然要求多方面地改变同生产力发展不相适应的生产关系和上层建筑，改变一切不适应的管理方式、活动方式和思想方式，因而是一场广泛、深刻的革命。"② 改革不是原有经济体制的细枝末节的修补，而是经济体制的根本性变革，是社会主义经济关系的根本性调整。要积极推进农村改革、国有企业改革、市场体系建设、价格体系改革和计划、财政、金融、分配、流通体制的综合改革。实施创新驱动发展战略，推动经济结构战略性调整，推动城乡发展一体化，全面提高开放型经济水平。社会主义经济制度的完善和发展，根本上就是社会主义经济体制改革和创新的问题。

六是基本制度论。"一个公有制占主体，一个共同富裕，这是我们所必须坚持的社会主义的根本原则。我们就是要坚决执行和实现这些社会主义的原则。"③ 公有制为主体、多种所有制经济共同发展，是我国社会主义初级阶段的基本经济制度，是中国特色社会主义经济发展的坚实的、可靠的制度保证。加快国有企业的现代企业制度的改革和发展，不断增强国有经济活力、控制力、影响力。毫不动摇地巩固和发展公有制经济，毫不动摇地鼓励支持引导非公有制经济发展。"共同富裕是中国特色社会主义的根本原则。"④ 坚持以按劳分配为主体、多种分配方式并存的分配制度。调整国民收入分配格局，加大再分配的调节力度。经济发展的成果更多更公平地惠及全体人民，朝着共同富裕方向稳步前进。

七是市场经济论。社会主义市场经济体制改革理论是中国经济体制改革目标模式选择的重大问题，其核心就是计划和市场或者说是政府和市场

---

① 胡锦涛. 坚定不移沿着中国特色社会主义道路前进　为全面建成小康社会而奋斗：在中国共产党第十八次全国代表大会上的报告 [M]. 北京：人民出版社，2012：14.

② 十一届三中全会以来重要文献选编：上 [M]. 北京：人民出版社，1982：4.

③ 邓小平文选：第3卷 [M]. 北京：人民出版社，1993：111.

④ 胡锦涛. 坚定不移沿着中国特色社会主义道路前进　为全面建成小康社会而奋斗：在中国共产党第十八次全国代表大会上的报告 [M]. 北京：人民出版社，2012：15.

的关系问题。党的十四大确立了社会主义市场经济体制的目标模式，党的十四届三中全会通过的《中共中央关于建立社会主义市场经济体制若干问题的决定》，提出了社会主义市场体制的基本框架。近 20 年来，中国坚持社会主义市场经济的改革方向，适时提出发展和完善社会主义市场经济体制的阶段性任务。完善社会主义基本经济制度和分配制度，更大程度更大范围发挥市场在资源配置中的基础性作用，完善宏观调控体系，加快形成统一开放竞争有序的现代市场体系，努力形成公开、公平、公正的市场主体和竞争环境，完善开放型经济体系，推动经济更有效率、更加公平、更可持续发展。社会主义市场经济体制改革和发展问题，是中国特色社会主义经济学中最具创新性的理论和实践问题。

八是科学发展论。改革开放以来，中国共产党一直关注中国经济的发展问题。从提出"发展才是硬道理""中国的主要目标是发展"，到"必须把发展作为党执政兴国的第一要务"等，体现了对发展问题的深邃见解。科学发展观强调发展是第一要义、以人为本是核心立场、全面协调可持续是基本要求、统筹兼顾是根本方法，阐明了发展观念、发展道路、发展战略、发展目标、发展方式和发展动力等一系列基本问题。科学发展是中国经济发展的主题。坚持从社会主义初级阶段的国情出发，科学制定并适时完善阶段性的发展战略，全面建成小康社会，推进社会主义现代化建设。加快转变经济发展方式，经济结构战略性调整是主攻方向、科技进步和创新是重要支撑、保障和改善民生是根本出发点和落脚点、建设资源节约型和环境友好型社会是重要着力点、改革开放是强大动力。推进信息化和工业化深度融合、工业化和城镇化良性互动、城镇化和农业现代化相互协调，促进工业化、信息化、城镇化、农业现代化同步发展，坚持走中国特色的现代化道路。科学发展观赋予中国特色社会主义经济学以崭新的中国内涵和时代特征。

九是对外开放论。实行对外开放是我国社会主义现代化建设的一项基本国策，也是中国特色社会主义经济学的重要组成部分。改革开放以来，中国共产党确立了实行对外开放和积极参与经济全球化的进程的基本国策，形成了中国特色社会主义经济开放理论。对外开放是全方位的开放，包括对发达国家和发展中国家的开放，包括经济、科技、教育、文化等各领域的开放，包括沿海、沿边、沿江地带及内陆城市和地区的开放。要适应经济全球化的新变化的要求，实行更加积极主动的开放战略，完善互利共赢、多元平衡、安全高效的开放型经济体系。要加快实施"走出去"战略，积极参与全球经济治理和区域合作，提高抵御国际经济风险的能力。正确处理对外开放同独立自主、自力更生的关系，维护国家经济安全。在坚持对外开放的同时，把立足点放在依靠自身力量的基础上，大力推进自主创新，实现自主发展。

（原载于《当代经济研究》2013 年第 6 期）

政治经济学对象：从《导言》到
中国特色"系统化的经济学说"

　　建设中国特色的"系统化的经济学说"①，是习近平总书记 2015 年 11 月在主持以"马克思主义政治经济学基本原理与方法论"为主题的中共中央政治局第二十八次集体学习时提出的要求。这里讲的"系统化的经济学说"，就是中国特色社会主义政治经济学。这一"系统化的经济学说"，是以马克思主义政治经济学为主要的理论资源，是 21 世纪中国马克思主义的重要组成部分。本文通过对马克思《〈政治经济学批判〉导言》（以下简称为《导言》）中关于政治经济学对象问题的理论探索，展示中国特色的"系统化的经济学说"在当代马克思主义政治经济学发展和创新中的理论成就与理论品质。

一、 政治经济学对象社会的和历史的规定性

　　《导言》写于 1857 年，这一年马克思经济思想发生着重要转折。这一转折的显著特征，就是马克思从 1843 年开始的以研究为主的政治经济学发展阶段，转向以叙述为主的政治经济学发展阶段；这一转折的标志性成果，就是马克思大约在这一年 8 月下旬撰写的《导言》。《导言》是马克思为他

① 立足我国国情和我国发展实践　发展当代中国马克思主义政治经济学 [N]．人民日报，2015 – 11 – 25（1）．

当时构思的《政治经济学批判》巨著撰写的"总的导言"的手稿。在《导言》手稿的封面上，马克思把《导言》分作四节，标题依次为《生产》《生产、分配、交换和消费之间的一般关系》《政治经济学的方法》和《生产、生产资料和生产关系。生产关系和交往关系。国家形式和意识形式同生产关系和交往关系的关系。法的关系，家庭关系。》《导言》没有最后完成，因为马克思觉得"预先说出正要证明的结论总是有妨害的"①。但是，《导言》对政治经济学对象、方法和结构的阐释，还是形成了马克思关于政治经济学体系的基本观点，奠定了马克思政治经济学体系的重要基础。在《导言》正文的开头两节"1. 生产"和"2. 生产与分配、交换、消费的一般关系"中，马克思对政治经济学对象问题的阐释，形成了马克思主义政治经济学对象问题的基本观点，对马克思主义政治经济学的发展有着重要的指导意义。

《导言》开宗明义，提出政治经济学"对象"首先就是"物质生产"②。以"物质生产"为政治经济学出发点，是马克思在《1844年经济学哲学手稿》中提出的"从当前的国民经济的事实出发"③观点的赓续。在"国民经济的事实"意义上的"物质生产"，具有一定的社会的和历史的规定性，这是马克思对政治经济学对象理解的核心观点，是马克思主义政治经济学的基本立场。

马克思认为，亚当·斯密和大卫·李嘉图的古典政治经济学，都以"虚构"和"假象"的"单个的孤立的猎人和渔夫"为出发点。这种"虚构"和"假象"，是古典政治经济学对18世纪以后资本主义发展理解上的"错觉"，"因为按照他们关于人性的观念，这种合乎自然的个人并不是从历史中产生的，而是由自然造成的"④。以这种"虚构"和"假象"为出发

① 马克思恩格斯文集：第2卷［M］. 北京：人民出版社，2009：588.
② 马克思恩格斯文集：第8卷［M］. 北京：人民出版社，2009：5.
③ 马克思恩格斯文集：第1卷［M］. 北京：人民出版社，2009：156.
④ 马克思恩格斯文集：第8卷［M］. 北京：人民出版社，2009：6.

点，无非为了表明现在社会是从来就存在的，是"自然"生成因而也是永久存在的。这种"虚构"和"假象"，在马克思当年面对的"最新的"经济学中得以延续，只是在形式上有所差别。如在法国经济学家弗·巴师夏那里，"非历史的要素只不过是对18世纪的法国概括方式的留恋"；在美国经济学家亨·查·凯里那里，"非历史的因素是现在北美的历史原则"①。值得注意的是，马克思之后一个半世纪以来的经济思想史表明，西方的许多"最新的经济学"一直因袭这种"虚构"和"假象"，一再将这种"错觉"当作各自经济学的出发点。

政治经济学对物质生产的社会的和历史的规定性的观点，内在地包含在物质生产的一般性质和特殊性质的理解之中。马克思认为，生产一般中包含的对不同时代的物质生产"经过比较而抽出来的共同点"，有些是属于一切时代共有的，有些是几个时代共有的，有些则是最新时代和最古时代共有的。在政治经济学中，不能因为有了生产一般的规定，而忘记不同社会、不同历史阶段存在的生产特殊之间的"本质的差别"。生产一般寓于生产特殊之中，生产特殊是一定社会物质生产的社会性和历史性的存在方式。在方法论上，对物质生产的社会和历史规定性的理解，就在于厘清生产一般和生产特殊的关系，既要搞清它们之间的联系，又要澄清它们之间的区别。马克思提出的最根本的问题就在于："一切生产阶段所共有的、被思维当作一般规定而确定下来的规定，是存在的，但是所谓一切生产的一般条件，不过是这些抽象要素，用这些要素不可能理解任何一个现实的历史的生产阶段。"②

对政治经济学对象的社会的和历史的规定性的观点，贯穿于马克思经济思想发展的全过程。在《导言》中，马克思还强调："在研究经济范畴的发展时，正如在研究任何历史科学、社会科学时一样，应当时刻把握住：

---

① 马克思恩格斯全集：第30卷［M］.2版.北京：人民出版社，1995：11.
② 马克思恩格斯文集：第8卷［M］.北京：人民出版社，2009：5.

无论在现实中或在头脑中，主体——这里是现代资产阶级社会——都是既定的；因而范畴表现这个一定社会即这个主体的存在形式、存在规定，常常只是个别的侧面；因此，这个一定社会在科学上也决不是在把它当作这样一个社会来谈论的时候才开始存在的。"① 两年之后，他在 1859 年发表的《政治经济学批判》第一分册中指出，《政治经济学批判》是"考察资产阶级经济制度"② 的。十年之后，在《资本论》第一卷德文第一版序言中进一步明确："我要在本书研究的，是资本主义生产方式以及和它相适应的生产关系和交换关系。"③ 马克思关于政治经济学对象社会的和历史的规定性的观点，是马克思关于政治经济学对象问题的本质所在。

中国特色的"系统化的经济学说"，是以中国社会主义初级阶段的"物质生产"为出发点的，是以社会主义初级阶段的"国民经济的事实"为基础的。中国特色的"系统化的经济学说"对象所具有的社会的和历史的规定性，就体现于社会主义初级阶段的经济关系及其相联系的经济制度和经济体制中。

以社会主义初级阶段的物质生产为出发点，立足于中国经济改革和发展的实际，集中于中国特色社会主义经济关系特殊的探索，就要确立与此相联系的"问题意识"。在对党的十八届三中全会《关于全面深化改革若干问题的决定》的说明中，习近平指出："要有强烈的问题意识，以重大问题为导向，抓住关键问题进一步研究思考，着力推动解决我国发展面临的一系列突出矛盾和问题。"④ 在对《关于全面深化改革若干问题的决定》的说明中，习近平紧紧扣住中国特色社会主义经济关系的社会的和历史的规定性，凸显社会主义市场经济发展中的"问题意识"，提出"经过二十多年实践，我国社会主义市场经济体制已经初步建立，但仍存在不少问题，主要

---

① 马克思恩格斯文集：第 8 卷 [M]．北京：人民出版社，2009：30.

② 马克思恩格斯文集：第 2 卷 [M]．北京：人民出版社，2009：588.

③ 马克思恩格斯文集：第 5 卷 [M]．北京：人民出版社，2009：8.

④ 中共中央文献研究室．十八大以来重要文献选编：上 [M]．北京：中央文献出版社，2014：497.

是市场秩序不规范，以不正当手段谋取经济利益的现象广泛存在；生产要素市场发展滞后，要素闲置和大量有效需求得不到满足并存；市场规则不统一，部门保护主义和地方保护主义大量存在；市场竞争不充分，阻碍优胜劣汰和结构调整；等等。这些问题不解决好，完善的社会主义市场经济体制是难以形成的"①。

　　社会主义市场经济理论是我们党把马克思主义政治经济学基本原理同改革开放实际结合起来形成的重要理论成果。《导言》关于政治经济学对象中"生产一般"和"生产特殊"关系的观点不仅得到应用，而且还得到多方面的拓展。社会主义市场经济既有市场经济体制的"生产一般"的含义，又有社会主义经济制度"生产特殊"的含义，它是经济体制一般和经济制度特殊的统一。社会主义市场经济是社会主义条件下市场对资源配置起决定作用的经济体制，是以社会主义基本经济制度为根基的经济关系。党的十八届三中全会《关于全面深化改革若干问题的决定》据此指出："以公有制为主体、多种所有制经济共同发展的基本经济制度，是中国特色社会主义制度的重要支柱，也是社会主义市场经济体制的根基。"②

　　在中国特色的"系统化的经济学说"中，社会主义基本制度和市场经济的结合，集中体现于三个方面：一是在公有制为主体多种经济形式共同发展这一基本经济制度背景下，市场经济体制和机制与不同所有制经济之间的结合。习近平强调："要坚持社会主义市场经济改革方向，坚持辩证法、两点论，继续在社会主义基本制度与市场经济的结合上下功夫，把两方面优势都发挥好。"③ 二是在市场经济运行中，不同所有制经济形式在统一的市场主体地位和作用基础上的结合。在社会主义市场经济中，要坚持和完善社会主义基本经济制度，毫不动摇巩固和发展公有制经济，毫不动

① 中共中央文献研究室．十八大以来重要文献选编：上 [M]．北京：中央文献出版社，2014：500．
② 中共中央文献研究室．十八大以来重要文献选编：上 [M]．北京：中央文献出版社，2014：514－515．
③ 立足我国国情和我国发展实践　发展当代中国马克思主义政治经济学 [N]．人民日报，2015－11－25 (1)．

摇鼓励、支持、引导非公有制经济发展，推动各种所有制取长补短、相互促进、共同发展。同时，公有制主体地位不能动摇，国有经济主导地位不能动摇，这是保证我国各族人民共享发展成果的制度性保证，也是巩固党的执政地位、坚持我国社会主义制度的重要保证。三是在市场作用和政府作用的问题上，市场在资源配置中起决定性作用和更好发挥政府作用，二者是有机统一的，不是相互否定的，不能把二者割裂开来、对立起来，既不能用市场在资源配置中的决定性作用取代甚至否定政府作用，也不能用更好发挥政府作用取代甚至否定市场在资源配置中起决定性作用。

中国特色的"系统化的经济学说"，是以中国社会主义初级阶段的物质生产为出发点，是以中国经济现实及其社会的和历史的规定性为背景的，说的是中国的事情，直面的是中国发展的问题，提出的是解决好中国问题、办好中国的事情、建设好和发展好中国经济的理论和对策，因而形成的也是适合于中国社会主义初级阶段国情和时代特点的当代中国马克思主义政治经济学。

二、 政治经济学对象的要素及其关系

进入 19 世纪，流行于欧洲国家的政治经济学教科书已经开始对生产、交换、分配和消费问题作出论述。让·巴蒂斯特·萨伊 1803 年出版的《政治经济学概论》，就分作《财富的生产》《财富的分配》《财富的消费》三篇。詹姆斯·穆勒 1821 年出版的《政治经济学要义》小册子分作四章，标题分别为《生产》《分配》《交换》《消费》。马克思认为，这些教科书的共同特点在于：其一，认为生产不同于分配，生产"应当被描写成局限在与历史无关的永恒自然规律之内的事情"，这样"资产阶级关系就被乘机当作社会一般的颠扑不破的自然规律偷偷地塞了进来。这是整套手法的多少有意识的目的"。其二，把分配同生产"粗暴割裂"开来，或者同样抹杀分配的社会性和历史性，其实质就是"把一切历史差别混合或融化在一般人类

规律之中"①。

在批判这些隶属于"资产阶级关系"的经济学错误观点的基础上，马克思对生产与分配、交换、消费的关系从三个方面作出展开论述。

第一，关于生产和消费的关系。在经济运行过程中，生产和消费之间的统一和对立的关系，体现于两者的相互作用中。生产对消费的决定作用主要体现在三个方面：一是生产为消费提供了材料和对象；二是生产在提供消费对象的同时，也创造了产品的消费方式和消费者；三是生产的产品在消费者身上引起新的需要，成为人们追求新的消费的动力。消费对生产的反作用主要体现在两个方面：一是生产的产品只有在消费中才成为现实的产品，消费使生产得到最后完成；二是消费作为人的需要得到满足的过程，又会产生对新的需要的追求，从而在观念上提出生产的方向，提供再生产的动力。可见，生产和消费在经济运行过程中是相互依存、互不可缺的：生产为消费创造外在的对象，即提供可供消费的产品；消费则为生产创造内在的对象，即规定生产内在的动力和目的。因此，"没有生产就没有消费；没有消费就没有生产"②。

第二，生产和分配的关系。在经济运行过程中，生产和分配是反映社会经济关系本质的两个相互联系的方面。生产对分配起着决定的作用，"分配的结构完全决定于生产的结构。分配本身是生产的产物，不仅就对象说是如此，而且就形式说也是如此。就对象说，能分配的只是生产的成果，就形式说，参与生产的一定形式决定分配的特定形式，决定参与分配的形式"③。因此，李嘉图把分配规定为政治经济学对象，就是因为他直觉地感到，分配形式正是资产阶级生产关系得以确立的最确切的表现。

社会成员在生产中的地位，是由社会的分配规律所决定的。人们在对

---

① 马克思恩格斯文集：第 8 卷 ［M］. 北京：人民出版社，2009：11.
② 马克思恩格斯文集：第 8 卷 ［M］. 北京：人民出版社，2009：17.
③ 马克思恩格斯文集：第 8 卷 ［M］. 北京：人民出版社，2009：19.

产品分配之前，已经存在着对生产工具的分配和对社会成员在各类生产部门的分配。这种对生产条件的分配，"包含在生产过程本身中并且决定生产的结构，产品的分配显然已是这种分配的结果"①。在考察生产时，如果撇开了对生产条件的分配，那么，生产也就是一个空洞的抽象。可见，生产条件的分配决定了生产的结构，但不能由此认为分配决定生产，因为对生产条件的分配形式是由社会生产方式的发展决定的，就如马克思后来在《哥达纲领批判》中所指出的："消费资料的任何一种分配，都不过是生产条件本身分配的结果；而生产条件的分配，则表现生产方式本身的性质。"②

第三，生产和交换的关系。流通是从"总体"上来看的交换，"总体"上的交换表现于四个方面：一是生产过程中发生的各种活动和各种能力的交换，如生产过程中劳动者在分工和协作过程中发生的活动和能力的交换，它"直接属于生产，并且从本质上组成生产"；二是生产过程中的产品交换，如在生产成品过程中各道工序之间的原材料或半成品的交换，它本身就是"生产之中的行为"；三是产品在最后进入消费领域之前，各个不同生产单位之间在产品生产运输、包装、保管等过程中的交换；四是直接为了消费而进行的交换，即产品进入最后消费领域的交换。显然，交换的性质也是由生产的性质决定的，以私有制为基础的生产决定了交换的私有性质；交换的深度、广度和方式也是由生产的发展和结构决定的。可见，"交换就其一切要素来说，或者是直接包含在生产之中，或者是由生产决定"③。

马克思对生产与分配、交换、消费关系的阐释，不仅在中国特色的"系统化的经济学说"中得到应用而且还得到多方面的拓展。经济新常态和供给侧结构性改革理论，是中国特色的"系统化的经济学说"的重要组成部分，在理论资源上就是对马克思关于生产与分配、交换、消费关系基本

---

① 马克思恩格斯文集：第 8 卷 [M]．北京：人民出版社，2009：20.

② 马克思恩格斯文集：第 3 卷 [M]．北京：人民出版社，2009：436.

③ 马克思恩格斯文集：第 8 卷 [M]．北京：人民出版社，2009：22 – 23.

观点的应用与拓展。

2014 年 7 月，习近平在提出"适应新常态，共同推动经济持续健康发展"问题时强调："要把转方式、调结构放在更加突出的位置，针对突出问题，主动作为，勇闯难关，努力提高创新驱动发展能力、提高产业竞争力、提高经济增长质量和效益，实现我国社会生产力水平总体跃升。"① 我国经济发展进入新常态，没有改变我国经济发展过程总体向好的基本面，改变的是这一过程中生产和再生产的内涵和条件，改变的是经济运行的方式和经济过程的结构，改变的是社会生产与交换、分配、消费之间的关系及其作用方式和途径。

马克思认为，社会再生产是"连续地并列进行的"②。对经济过程的时间维度和空间维度及其综合性的科学把握，是经济新常态对生产与交换、分配、消费关系理解的重要特征。从时间维度上看，经济新常态适应了进入 21 世纪以来我国经济发展更替变化的内在逻辑。改革开放以来，我们用几十年的时间走完了发达国家几百年走过的发展历程，经济总量跃升为世界第二。但是，随着时间的推移，经济总量的不断扩大，关键的是"过去生产什么都赚钱、生产多少都能卖出去的情况不存在了"③，生产环节长期累积的低端产能增长过快甚至产生产能过剩，必然要求对原有的生产与交换、分配、消费方式作出结构性调整；相应地，生产环节的问题延伸地表现为交换过程阻塞，特别表现在消费环节上结构性矛盾更为突出；生产环节中长期形成的主要以低成本资源和要素投入形成的驱动力明显减弱，生产环节的中高端产业成长受制于经济过程其他环节；以创新为核心的更为强劲的经济增长驱动力，亟待经济运行过程各环节及其关系的调整。从空间维度上看，改革开放以来几十年间形成的国内国外两个资源、两个市场

---

① 中共中央召开党外人士座谈会 ［N］. 人民日报，2014－07－30（1）.

② 马克思恩格斯文集：第 6 卷 ［M］. 北京：人民出版社，2009：117.

③ 习近平. 在省部级主要领导干部学习贯彻党的十八届五中全会精神专题研讨班上的讲话 ［N］. 人民日报，2016－05－10（2）.

的整体格局，在 2008 年国际金融危机爆发后发生了深刻变化，世界经济范围内交换环节和过程受到生产和消费环节和过程滞呆和阻隔的冲击，全球贸易进入发展低迷期。从交换总体上对国际市场和资源的有效利用，不仅对生产也对分配和消费环节及其关系调整提出了新的要求，经济增长动力在转到更多地依靠创新驱动和扩大内需特别是消费需求上的时候，如何在生产和交换、分配环节和过程上推进世界贸易的发展，成为我国经济发展的必然要求。

"新常态将给中国带来新的发展机遇。"2014 年 11 月，习近平在亚太经合组织工商领导人峰会开幕式的演讲中，对经济新常态的基本特征作出四个方面的概括：一是"经济增速虽然放缓，实际增量依然可观"，即使是 7% 左右的增长，无论是速度还是体量，在全球也是名列前茅的；二是"经济增长更趋平稳，增长动力更为多元"，经济的强韧性是防范风险的最有力支撑，经济将更多地依赖国内消费需求拉动，避免依赖出口的外部风险；三是"经济结构优化升级，发展前景更加稳定"，经济增长朝着质量更好、结构更优方向发展；四是"政府大力简政放权，市场活力进一步释放"，要放开市场这只"看不见的手"，用好政府这只"看得见的手"①。从时间维度和空间维度变化上，对经济环节和过程及其格局的综合分析，成为谋划经济新常态战略的主要依据和重要基础，也清晰地呈现了经济新常态的根本特征。

马克思对生产与分配、交换、消费关系的阐释，在供给侧结构性改革理论中得到新的创造性运用。马克思认为："在供求关系借以发生作用的基础得以说明以前，供求关系绝对不能说明什么问题。"② 供给和需求作为市场经济内在关系的两个基本方面，是既相对立又相统一的辩证关系，也是基于一定的社会的和历史的规定性的经济关系。马克思认为："说到供给和需求，那么供给等于某种商品的卖者或生产者的总和，需求等于这同一种

① 习近平.谋求持久发展 共筑亚太梦想［N］.人民日报，2014－11－10（2）.
② 马克思恩格斯文集：第 7 卷［M］.北京：人民出版社，2009：202.

商品买者或消费者（包括个人消费和生产消费）的总和。而且，这两个总和是作为两个统一体，两个集合力量来互相发生作用的。"因此，供给和需求两种力量的竞争，在根本上"显示出生产和消费的社会性质"①。这就是说，供求关系体现的就是生产和消费关系的"社会性质"。马克思对生产与分配、交换、消费关系的阐释，特别是关于生产和消费关系的阐释，为供给侧结构性改革问题的探讨提供了丰富的理论资源。

从"两个总和""两个统一体"或"两个集合力量"来看，供给侧和需求侧是宏观经济的两个基本方面，供给侧管理和需求侧管理则是宏观经济管理的两个基本方面。在这一意义上，供给侧管理"重在解决结构性问题，注重激发经济增长动力，主要通过优化要素配置和调整生产结构来提高供给体系质量和效率，进而推动经济增长"；需求侧管理"重在解决总量性问题，注重短期调控，主要是通过调节税收、财政支出、货币信贷等来刺激或抑制需求，进而推动经济增长"②。深化供给侧结构性改革，就是要从生产端发力，促进产业优化重组、降低企业成本、发展战略性新兴产业和现代服务业以及增加公共产品和服务供给，就是要在消费端着力，促进交换、分配、消费端对过剩产能和库存的有效化解，在适度扩大总需求的同时，反作用于供给侧结构性改革。供给侧结构性改革与经济新常态连为一体，既注重生产环节的决定性作用又凸显交换、分配和消费的反作用，既发力于供给的结构性改革又着力于需求的结构性调整，既重视发挥市场在资源配置中的决定性作用又强调更好发挥政府作用，既突出发展社会生产力又注重完善社会生产关系。在这里，马克思关于政治经济学对象的要素及其关系的理论观点得到广泛运用和深度发展，开拓了中国特色的"系统化的经济学说"的新境界。

---

① 马克思恩格斯文集：第 7 卷［M］．北京：人民出版社，2009：215.

② 习近平．在省部级主要领导干部学习贯彻党的十八届五中全会精神专题研讨班上的讲话［N］．人民日报，2016－05－10（2）.

三、 政治经济学对象的总体规定性

在《导言》中，马克思在对政治经济学对象问题的阐释中，还提出了生产与交换、分配、消费之间"总体"关系的理论，强调生产与交换、分配、消费这一"有机整体"中，"一定的生产决定一定的消费、分配、交换和这些不同要素相互间的一定关系。当然，生产就其单方面形式来说也决定于其他要素"。这些环节之间，"构成一个总体的各个环节，一个统一体内部的差别"①。对这一"总体"关系，马克思从政治经济学方法论上的概括就是："在一切社会形式中都有一种一定的生产决定其他一切生产的地位和影响，因而它的关系也决定其他一切关系的地位和影响。这是一种普照的光，它掩盖了一切其他色彩，改变着它们的特点。这是一种特殊的以太，它决定着它里面显露出来的一切存在的比重。"② 对于资本主义经济关系"总体"来说，资本就是这一"总体"中的"普照的光"，就是"特殊的以太"，就是资产阶级社会中支配一切的"经济权力"。对此，马克思指出，"在资本处于支配地位的社会形式中，社会、历史所创造的因素占优势。不懂资本便不能懂地租。不懂地租却完全可以懂资本。资本是资产阶级社会的支配一切的经济权力。它必须成为起点又成为终点"③。马克思从社会生产过程"总体"上所作的阐释，是对政治经济学对象理解的深化，同时也是对政治经济学方法的科学概括。

在中国特色的"系统化的经济学说"的主题、主线和主导的形成和发展中，马克思关于政治经济学对象"总体"方法不仅得到应用也得到多方面的拓展。

---

① 马克思恩格斯文集：第8卷 [M]．北京：人民出版社，2009：23.
② 马克思恩格斯文集：第8卷 [M]．北京：人民出版社，2009：31.
③ 马克思恩格斯文集：第8卷 [M]．北京：人民出版社，2009：31-32.

社会主义市场经济理论是中国特色的"系统化的经济学说"的主题。党的十四大在对社会主义市场经济的最初定义中就认为,"我们要建立的社会主义市场经济体制,就是要使市场在社会主义国家宏观调控下对资源配置起基础性作用"①,就强调"社会主义市场经济体制是同社会主义基本制度结合在一起的"②。这里提到的"结合在一起",就是一种"总体"方法和"总体"思维,其意蕴就在于:"我国实行的是社会主义市场经济体制,我们仍然要坚持发挥我国社会主义制度的优越性、发挥党和政府的积极作用。"③ 市场经济体制必然要与社会主义基本经济制度"结合起来"的创新性理论,是对马克思政治经济学对象"总体"方法的新的应用。

解放和发展生产力理论是中国特色的"系统化的经济学说"的主线。"各个人借以进行生产的社会关系,即社会生产关系,是随着物质生产资料、生产力的变化和发展而变化和改变的。"④ 这是马克思提出的贯通于唯物史观和政治经济学的总体理论。改革开放之初,邓小平就提出"社会主义的首要任务是发展生产力,逐步提高人民的物质和文化生活水平"⑤;后来他又提出"应该把解放生产力和发展生产力两个讲全了"⑥ 的思想。"讲全"生产力,是对马克思主义政治经济学关于生产力和生产关系矛盾运动原理的总体把握和运用。在党的十六大,江泽民把"必须高度重视解放和发展生产力"⑦,确立为中国共产党"执政兴国"的要义。在党的十八大,胡锦涛把"必须解放和发展社会生产力",确立为夺取中国特色社会主义新胜利必须牢牢把握的"基本要求"⑧。

---

① 中共中央文献研究室. 改革开放三十年重要文献选编:上 [M]. 北京:中央文献出版社,2008:659.
② 中共中央文献研究室. 改革开放三十年重要文献选编:上 [M]. 北京:中央文献出版社,2008:660.
③ 中共中央文献研究室. 十八大以来重要文献选编:上 [M]. 北京:中央文献出版社,2014:500.
④ 马克思恩格斯文集:第1卷 [M]. 北京:人民出版社,2009:724.
⑤ 邓小平文选:第3卷 [M]. 北京:人民出版社,1993:116.
⑥ 邓小平文选:第3卷 [M]. 北京:人民出版社,1993:370.
⑦ 中共中央文献研究室. 十六大以来重要文献选编:上 [M]. 北京:中央文献出版社,2005:10.
⑧ 中共中央文献研究室. 十八大以来重要文献选编:上 [M]. 北京:中央文献出版社,2014:11.

党的十八大以后，在推进生态文明建设中，习近平提出"牢固树立保护生态环境就是保护生产力、改善生态环境就是发展生产力的理念"①。"保护生产力"和"发展生产力"，成为谋划生态文明建设的理论基础和实践指向。在提出新常态经济问题时，他强调"努力提高创新驱动发展能力、提高产业竞争力、提高经济增长质量和效益，实现我国社会生产力水平总体跃升"②。"实现社会生产力水平总体跃升"，是对经济新常态辩证认识和全面谋划的新的概括，是对马克思政治经济学对象的"总体"方法论的运用和拓展。

发展理念是中国特色的"系统化的经济学说"的主导。毛泽东在1956年4月发表的《论十大关系》讲话是中国特色社会主义政治经济学的始创之作。在《论十大关系》中，毛泽东提出的"按自然发展规律、按社会发展规律"③的原则、"要采取积极合理发展的方针"④的思想，以及坚持"从发展的观点看"⑤的方法，对中国特色社会主义政治经济学形成和发展发生着重要的、持续的影响。在改革开放的历史进程中，邓小平以"中国解决所有问题的关键是要靠自己的发展"⑥"发展才是硬道理"⑦这样一些朴实的话语和坚定的信心，从思想理念和政治意识上阐明了中国为什么需要发展、怎样持续稳定发展的深刻内涵。邓小平把"发展才是硬道理"看作是能否体现社会主义本质、能否解决中国社会主义初级阶段所有问题、能否充分发挥社会主义经济制度优越性的总体问题。在把中国特色社会主义推向21世纪的进程中，江泽民强调"发展是硬道理，这是我们必须始终

① 坚持节约资源和保护环境基本国策　努力走向社会主义生态文明新时代 ［N］. 人民日报，2013 - 05 - 25（1）.
② 中共中央召开党外人士座谈会 ［N］. 人民日报，2014 - 07 - 30（1）.
③ 毛泽东年谱（1949—1976）：第2卷 ［M］. 北京：中央文献出版社，2013：535.
④ 毛泽东年谱（1949—1976）：第2卷 ［M］. 北京：中央文献出版社，2013：540.
⑤ 毛泽东文集：第7卷 ［M］. 北京：人民出版社，1999：44.
⑥ 邓小平文选：第3卷 ［M］. 北京：人民出版社，1993：265.
⑦ 邓小平文选：第3卷 ［M］. 北京：人民出版社，1993：377.

坚持的一个战略思想"①，提出了"把发展作为党执政兴国的第一要务"②的重要论断，把发展问题同党的性质、党的执政基础紧密地联系起来。进入新世纪，"发展才是硬道理"的理念在科学发展观得到多方面的丰富，胡锦涛明确提出"以人为本"是科学发展观的本质和核心立场，强调"以经济建设为中心是兴国之要，发展仍是解决我国所有问题的关键"，"必须坚持发展是硬道理的战略思想，决不能有丝毫动摇"③。

党的十八大以来，以习近平总书记为核心的党中央，以全面建成小康社会为奋斗目标，以实现中华民族伟大复兴的中国梦为历史使命，对中国特色社会主义的发展问题作出了多方面的新阐释。习近平从治国理政的高度提出"我们要坚持发展是硬道理的战略思想"④，使新发展理念成为"发展行动的先导，是管全局、管根本、管方向、管长远的东西，是发展思路、发展方向、发展着力点的集中体现"⑤。以创新、协调、绿色、开放、共享为核心内容的新发展理念，成就了发展的总体观，形成了总体的发展观，赋予"实现什么样的发展、怎样发展"问题以更为丰富的内涵，赋予中国特色的"系统化的经济学说"以更为深刻的意蕴。

创新、协调、绿色、开放、共享的新发展理念，是治国理政新理念新思想新战略的重要内涵。从总体上看，新发展理念的要义在于：一是着力实施创新驱动发展战略。创新是引领发展的第一动力，发展动力决定发展速度、效能、可持续性；以创新为发展基点，形成促进创新的体制整体架构，塑造更多依靠创新驱动、更多发挥先发优势的引领型发展。二是着力增强发展的整体性协调性。协调是持续健康发展的内在要求，要坚持区域

① 中共中央文献研究室. 十五大以来重要文献选编：中 [M]. 北京：人民出版社，2001：1399.
② 中共中央文献研究室. 十六大以来重要文献选编：上 [M]. 北京：中央文献出版社，2005：10.
③ 中共中央文献研究室. 十八大以来重要文献选编：上 [M]. 北京：中央文献出版社，2014：15.
④ 中共中央文献研究室. 十八大以来重要文献选编：上 [M]. 北京：中央文献出版社，2014：236.
⑤ 中共中央文献研究室. 十八大以来重要文献选编：中 [M]. 北京：中央文献出版社，2016：774.

协同、城乡一体、物质文明精神文明并重、经济建设国防建设融合；协调是发展手段又是发展目标，还是评价发展的标准和尺度。三是着力推进人与自然和谐共生。绿色是永续发展的必要条件和人民对美好生活追求的重要体现，要坚持绿色富国、绿色惠民，为人民提供更多优质生态产品，推动形成绿色发展方式和生活方式，协同推进人民富裕、国家富强、中国美丽。四是着力形成对外开放新体制。开放是国家繁荣发展的必由之路，要丰富对外开放内涵，提高对外开放水平，协同推进战略互信、经贸合作、人文交流，开创对外开放新局面，形成深度融合的互利合作格局。五是着力践行以人民为中心的发展思想。共享理念实质就是坚持以人民为中心的发展思想，体现的是逐步实现共同富裕的要求；共享作为中国特色社会主义的本质要求，要注重解决社会公平正义问题，让广大人民群众共享改革发展成果，真正体现社会主义制度优越性。新发展理念蕴含的"崇尚创新、注重协调、倡导绿色、厚植开放、推进共享"[①] 的总体观，对《导言》关于政治经济学总体规定性观点作出了多方面的拓展。

习近平指出："要坚持新的发展理念，创新、协调、绿色、开放、共享的发展理念是对我们在推动经济发展中获得的感性认识的升华，是对我们推动经济发展实践的理论总结，要坚持用新的发展理念来引领和推动我国经济发展，不断破解经济发展难题，开创经济发展新局面。"[②] 新发展理念集发展方向、发展目标、发展方式、发展动力、发展路径等为"总体"，是对改革开放30多年来我国发展经验的深刻总结，是对马克思关于政治经济学对象总体规定性观点的创新，彰显了当代中国马克思主义政治经济学的理论品质。

从马克思《导言》对政治经济学对象问题的阐释，到中国特色的"系

---

① 习近平. 在省部级主要领导干部学习贯彻党的十八届五中全会精神专题研讨班上的讲话 [N]. 人民日报，2016－05－10（2）.

② 立足我国国情和我国发展实践　发展当代中国马克思主义政治经济学 [N]. 人民日报，2015－11－25（1）.

统化的经济学说"的建设和发展，生动展示了中国特色社会主义政治经济学是对马克思主义政治经济学的当代应用、发展和创新，开拓了 21 世纪马克思主义政治经济学的新境界。

（原载于《山东社会科学》2017 年第 1 期）

马克思经济思想史研究的两种形式及其意义

在经济思想史研究领域，马克思无疑是最重要的经济思想史学家。马克思关于经济思想史的主题、方法和形式等系列观点的总和，构成马克思经济思想史观。马克思关于经济思想史研究的两种形式及其探索，不仅在马克思经济思想史观中占有重要地位，而且对马克思经济学体系的理解，对基于马克思主义经济学的经济思想史学科发展都有着重要的意义。

一、　马克思经济学的形成与经济思想史的研究

1843 年底，马克思开始政治经济学研究时，就把政治经济学的理论研究与经济思想的历史探索结合在一起。《巴黎笔记》（1843 年 10 月—1845 年 1 月）是借助经济思想史的"批判"来理解经济学理论的，包含马克思首次阅读亚当·斯密和大卫·李嘉图著作的摘录，以及那一时代在法国和英国有影响的一些经济学家，主要如萨伊、西斯蒙第、麦克库洛赫、詹姆斯·穆勒、吉约姆·普雷沃（Guillaume Prévost）、安·路·德斯杜特·德·特拉西（A. L. Destutt de Tracy）以及弗里德里希·李斯特等著作的摘录。在《巴黎笔记》的第四笔记本和第五笔记本中，马克思留下了阅读詹姆斯·穆勒的《政治经济学原理》（*Elements of Political Economy*，又译作《政治经济学要义》）的摘要笔记，这是马克思对经济学原理研究、也是对经济思想史探索的最初记录。

《1844 年经济学哲学手稿》是马克思开始经济学研究的重要著述。这部手稿的显著特点就是，马克思以其娴熟掌握的哲学话语来阐述他刚开始接触的经济学理论问题。值得注意的是，这一研究也是以经济思想史的探索为开端的。在这部手稿的《笔记本Ⅰ》中，马克思在稿纸上分作三栏，对斯密《国富论》中关于工资、资本的利润和地租这三个经济学范畴并列地进行摘录和评价。除了主要对《国富论》的经济思想史探索外，还对李嘉图《政治经济学和赋税原理》关于地租问题的论述、萨伊《政治经济学概论》关于资本对他人劳动产品私有权基础问题的论述、西斯蒙第《政治经济学新原理》的有关论述作了探索。

在大约写于 1845 年 3 月的对李斯特《政治经济学的国民体系》一书的评论中，马克思在对李斯特经济学无视"现实的历史"的批判中认为："如果说亚当·斯密是国民经济学的理论出发点，那么它的实际出发点，它的实际学派就是'市民社会'，而对这个社会的各个不同发展阶段可以在经济学中准确地加以探讨。"① 马克思已经认识到，起始于斯密的经济思想历史，无非是"市民社会"即资产阶级社会不同发展阶段的各种经济学流派的演进过程，"斯密学派"就是他那个时代的"市民社会"所具有的经济学观念。

1845—1846 年，马克思唯物史观的创立为他经济学科学研究提供了全新的世界观和方法论，也为马克思经济思想史观的形成奠定了方法论基础。在 1847 年公开发表的《哲学的贫困》中，马克思已经认识到，"每个原理都有其出现的世纪"，为了"顾全原理和历史"，我们就必然"自问"，"为什么该原理出现在 11 世纪或者 18 世纪，而不出现在其他某一世纪，我们就必然要仔细研究一下：11 世纪的人们是怎样的，18 世纪的人们是怎样的，他们各自的需要、他们的生产力、生产方式以及生产中使用的原料是怎样

---

① 马克思恩格斯全集：第 42 卷［M］．北京：人民出版社，1979：249．

的；最后，由这一切生存条件所产生的人与人之间的关系是怎样的"①。基于唯物史观的这些观点表明，马克思已经明确了经济思想史研究的基本问题和根本原则。

在《哲学的贫困》中，马克思第一次对经济思想史的"各种学派"作出探讨。他认为，资产阶级生产关系的性质是"两重的"，其突出表现：一是"在产生财富的那些关系中也产生贫困"，资产者的财富增长和无产者的贫困产生"两重的"结果；二是"在发展生产力的那些关系中也发展一种产生压迫的力量"，资产阶级生产关系在作为生产力发展动力的同时也在成为生产力发展的阻碍力量；三是"这些关系只有不断消灭资产阶级单个成员的财富和产生出不断壮大的无产阶级，才能产生资产者的财富，即资产阶级的财富"，资产阶级整个财富的增长既是无产阶级不断壮大的过程，同时也是单个资产者不断被消灭、财富不断被集中的过程。这三个方面的"两重的"冲突，"一天比一天明显了"。面对社会"对抗性质"的冲突，"经济学家们，这些资产阶级生产的学术代表就越和他们自己的理论发生分歧，于是在他们中间形成了各种学派"②。马克思揭示了经济学"学派"产生的根源及"各种学派"区分的依据的观点。这是马克思经济思想史观的根本立场。

马克思把"各种学派"分为三类。一是"宿命论"学派，这一学派可以分为"古典派"和"浪漫派"两种。"古典派"是指斯密和李嘉图这样的经济学家，他们是"这一时代的历史学家，他们的使命只是表明在资产阶级生产关系下如何获得财富，只是将这些关系表述为范畴、规律并证明这些规律和范畴比封建社会的规律和范畴更有利于财富的生产"。"浪漫派"面对的是"资产阶级和无产阶级处于直接对立状态"，这时"他们的一言一语都仿照他们的前辈，可是，前辈的漠不关心只是出于天真，而他们的漠

---

① 马克思恩格斯文集：第 1 卷 [M]．北京：人民出版社，2009，607－608.
② 马克思恩格斯文集：第 1 卷 [M]．北京：人民出版社，2009，614.

不关心却已成为卖弄风情了"①。二是"人道学派",其特点主要在于,"对于无产者的苦难以及资产者之间的激烈竞争表示真诚的痛心;他们劝工人安分守己,好好工作,少生孩子;他们建议资产者节制一下生产热情"②。三是归于"无产阶级的理论家"的经济学家,这一学派可以分作"革新的科学"到"革命的科学"的两个发展阶段。前一阶段,"这些理论家不过是一些空想主义者,他们为了满足被压迫阶级的需要,想出各种各样的体系并且力求探寻一种革新的科学";后一阶段,"这个由历史运动产生并且充分自觉地参与历史运动的科学就不再是空论,而是革命的科学了"③。马克思已经较为完整地表达了分辨和认识经济学学派和思潮的基本立场和根本方法。

自 1850 年 8 月到 1853 年底(其中主要是 1851 年),在《伦敦笔记》中马克思的政治经济学研究更显示了经济学理论原理和经济思想历史研究相结合的显著特点,马克思甚至自认为"已经多年完全埋头于政治经济学批判和政治经济学史"④ 这两个方面的研究。

从马克思经济思想史观的形成和发展来看,写于 1857 年 7 月的《巴师夏和凯里》手稿,应该是对 19 世纪 50 年代前半期经济思想史研究的总结,同时也是 1857—1859 年,连续三年对经济思想史研究的开端。

在《巴师夏和凯里》手稿中,马克思对古典政治经济学历史的整体过程作了概括,提出了"现代政治经济学的历史"的概念,认为这一"历史",是"以李嘉图和西斯蒙第(两个相对立的人,一个讲英语,一个讲法语)结束的,同样,它在 17 世纪末是以配第和布阿吉尔贝尔开始的"⑤。在《伦敦笔记》写作期间,马克思曾在"现代政治经济学……结束"的意义上

① 马克思恩格斯文集:第 1 卷 [M].北京:人民出版社,2009:615.
② 马克思恩格斯文集:第 1 卷 [M].北京:人民出版社,2009:615.
③ 马克思恩格斯文集:第 1 卷 [M].北京:人民出版社,2009:616.
④ 马克思恩格斯全集:第 27 卷 [M].北京:人民出版社,1972:602.
⑤ 马克思恩格斯全集:第 30 卷 [M].2 版.北京:人民出版社,1995:3.

提出过，"实际上，这门科学从亚·斯密和大·李嘉图时代起就没有什么进展，虽然在个别的常常是极其精巧的研究方面作了不少事情"①。马克思后来把经济思想这一"历史"过程，定义为"古典政治经济学"阶段。

《巴师夏和凯里》手稿接续《哲学的贫困》对经济学"学派"最初划分的观点，进一步阐释了"古典政治经济学"或"古典经济学"的内涵，特别是对李嘉图在古典经济学发展中的特殊贡献作了中肯的评价。古典经济学在具有"同样的意向"的同时，也会由于"民族对比的起源性"差异而出现具体理论观点上的差异。显然，对经济思想史上不同经济学家的"著作和性格的比较研究"，注重于所在国家的"社会对立"状况的"民族对比的起源性"的分析，是马克思经济思想史研究的重要因素，是马克思经济思想史观的重要发现，也是马克思经济思想史观的重要方法论规定。其实，在这一手稿中，马克思对巴师夏和凯里经济学所作的就是"民族对比的起源性"的分析。

《巴师夏和凯里》手稿对李嘉图和西斯蒙第之后政治经济学发展的"一个例外"——以巴师夏和凯里为代表的政治经济学的"庸俗"倾向作了探讨。马克思强调，这种"例外"倾向的特点就在于，它是以"社会主义和共产主义"为"对立面"的：一方面他们看到，李嘉图是"古典政治经济学的最完备的和最后的表现"；另一方面，他们也看到，"社会主义和共产主义"是"在李嘉图的著作中找到自己的理论前提的"。所以，在理论倾向上，"凯里的主要对立面是李嘉图，总之，是英国现代经济学家；巴师夏的主要对立面是法国社会主义者"②。在这里，马克思实际上已经揭示了他后来称作的庸俗政治经济学的本质。

---

① 马克思恩格斯全集：第 27 卷［M］. 北京：人民出版社，1972：246.

② 马克思恩格斯全集：第 30 卷［M］. 2 版. 北京：人民出版社，1995：11.

二、 政治经济学方法的 "两条道路" 与经济思想史的两种形式

1857 年 7 月完成《巴师夏和凯里》手稿之后，马克思于 1857 年 8 月下旬撰写《〈政治经济学批判〉导言》这一未完成的手稿，1857 年 10 月到第二年 5 月撰写以"货币章"和"资本章"为主要内容的《1857—1858 年经济学手稿》。1858 年初，马克思决定以分册的方式出版他的《政治经济学批判》著作，1859 年 6 月《政治经济学批判》第一分册正式出版。在马克思长达 40 年的经济科学探索历程中，这三年是马克思经济思想发展最为关键的时期，也是马克思对经济思想历史探索和马克思经济思想史观发展最为重要的时期。

在《〈政治经济学批判〉导言》论述"政治经济学的方法"的一开始，马克思就提出，在对一个国家的经济关系考察时，人们可能会从该国的"人口""人口……的分布""输出和输入""全年的生产和消费""商品价格"等这样一些"实在和具体"的问题开始。这样做，表面上来看，"似乎是正确的"，但是，"更仔细地考察起来，这是错误的"。这一被马克思称作"第一条道路"的错误主要在于，从人口着手，只是关于"整体的一个混沌的表象"，在分析中会达到越来越简单的概念，即"从表象中的具体达到越来越稀薄的抽象"，而结果只是实现了"完整的表象蒸发为抽象的规定"，这样的"道路"并不能理解和把握一国经济关系的总体。马克思认为，正确的方法在于，从最抽象、最简单的规定出发，直到"最后又回到人口，但是这回人口已不是关于整体的一个混沌的表象，而是一个具有许多规定和关系的丰富的总体了"，这就是思维中再现一国经济关系总体的"第二条道路"①。显然，《〈政治经济学批判〉导言》所讲的"政治经济学的方法"，专指建立政治经济学理论体系的方法，而不是泛指一般意义上的政治经济

---

① 马克思恩格斯文集：第 8 卷［M］．北京：人民出版社，2009：24－25．

学的方法。正是在这一意义上，马克思才毫不含糊地认为："抽象的规定在思维形成中导致具体的再现"的"第二条道路"，是"科学上正确的方法"；而"完整的表象蒸发为抽象的规定"的"第一条道路"，则是"错误的"①。

值得注意的是，马克思在认为"第一条道路"作为建立政治经济学理论体系的方法是"错误"的同时，对它作为"经济学在它产生时期在历史上走过的道路"还是肯定的。"第一条道路"刻画了17世纪以来经济思想史的过程："17世纪的经济学家总是从生动的整体，从人口、民族、国家、若干国家等等开始；但是他们最后总是从分析中找出一些有决定意义的抽象的一般关系，如分工、货币、价值等等。这些个别要素一旦多少确定下来和抽象出来，从劳动、分工、需要、交换价值等等这些简单的东西上升到国家、国际交换和世界市场的各种经济学体系就开始出现了。"②

马克思在这里提到的"经济学在它产生时期在历史上走过的道路"，就是经济思想史本身的发展过程。这一意义上的经济思想史，呈现的是经济思想历史本身的演进过程，突出体现的是这一过程中经济范畴、基本理论和规律形成和发展的历史，以及这一过程中各经济学派、流派等的演化。因此，"第一条道路"可以看作对经济思想史特定形式的一种概述，呈现的是经济思想历史自身的演化过程。在《〈政治经济学批判〉导言》中，马克思对这一意义的经济思想史没有作更多的说明，因为他这时关注的是建立政治经济学理论体系的方法，以及以这一方法为导引的经济学体系和结构的问题；相应的，在经济思想史形式上，关注的也是与此相联系的经济思想史呈现形式问题。

从经济学的理论原理阐述上升到思想历史阐述的序列，就是马克思基于政治经济学理论体系建立所关注的经济思想史的形式。在1859年出版的《政治经济学批判》第一分册中，与"第二条道路"方法相结合的经济思想

---

① 马克思恩格斯文集：第8卷［M］．北京：人民出版社，2009：24－25.

② 马克思恩格斯文集：第8卷［M］．北京：人民出版社，2009：24.

史形式首次得到呈现。《政治经济学批判》第一分册是马克思计划写作的《政治经济学批判》著作的开头部分。第一分册包括论述《资本》册第一篇《资本一般》的第一章《商品》和第二章《货币或简单流通》。在这里，马克思以"双重结构"的方式，呈现了与"第二条道路"相联系的经济思想史形式。这一"双重结构"如下：

第一章　商品

　A. 关于商品分析的历史

第二章　货币或简单流通

1. 价值尺度

　B. 关于货币计量单位的学说

2. 流通手段

3. 货币

4. 贵金属

　C. 关于流通手段和货币的学说

这一"双重结构"，一是以理论原理阐述为主题，如"第一章商品""第二章货币或简单流通"，第二章分作四节："1. 价值尺度""2. 流通手段""3. 货币""4. 贵金属"；二是以思想历史阐述为主题，如"A. 关于商品分析的历史""B. 关于货币计量单位的学说""C. 关于流通手段和货币的学说"。马克思有时把后者简称为"历史附录"，例如，马克思在谈到金属货币相对价值同价格的思想史研究问题时就提到，"以后将作为货币同价格的关系这一章的历史附录来进行研究"①。

这一"双重结构"表明，马克思在《政治经济学批判》第一分册中坚持并实现了他先前提出的从理论原理阐述到思想历史阐述的序列。如第一章关于商品理论阐述之后，就是"A. 关于商品分析的历史"的思想历史的阐述；第二章"1. 价值尺度"论述货币的价值尺度基本原理阐述之后，就

---

① 马克思恩格斯全集：第30卷 [M]．2版．北京：人民出版社，1995：130.

是"B. 关于货币计量单位的学说"对价值尺度作为货币基本职能时货币计量单位的思想历史的阐述；等等。这一"双重结构"以章和节为基本论述单元，体现理论原理阐述到思想历史阐述的序列和逻辑关系。

《1861—1863年经济学手稿》（以下简称《手稿》）是一部包括23个笔记本1400多页的卷帙浩繁的手稿，马克思对全部笔记本依次作了第Ⅰ至第ⅩⅩⅢ的编号。在写作《手稿》第Ⅹ笔记本时，马克思对他在"历史的评论"即经济思想史方面的探讨作出概括，认为"这种历史的评论不过是要指出，一方面，政治经济学家们以怎样的形式自行批判，另一方面，政治经济学规律最先以怎样的历史路标的形式被揭示出来并得到进一步发展"①。在这里，马克思区分"历史的评论"即经济思想史的两种形式：一是以"政治经济学家们以怎样的形式自我批判"为主题的经济思想史形式，之前马克思对经济理论原理阐述到思想历史阐述序列的理解就是这种经济思想史的基本逻辑，这是以马克思经济学理论为主题的经济思想史的逻辑；二是以"政治经济学规律最先以怎样的历史路标的形式被揭示出来并得到进一步发展"为主题的经济思想史，这是以经济思想自身发展为主线的经济思想史的演进和过程的逻辑，也就是经济思想史自身的逻辑。显然，"历史的评论"即经济思想史的两种形式，与《〈政治经济学批判〉导言》中的"两条道路"方法论基础上的经济思想史的两种形式，在本质上是相一致的：一是以"第二条道路"方法为基础的，接续理论原理阐述的经济思想史形式，就是以"自行批判"为特征的经济思想史形式；二是以"第二条道路"方法为基础的，对经济思想史自身演进阐述的独立形式，就是以

---

① 《马克思恩格斯全集》第26卷第1册，北京：人民出版社，1972年，第367页。需要说明的是，马克思这一段论述，在最新的中文译本中译作："这种历史的评论不过是要指出，一方面，经济学家们以怎样的形式互相进行批判，另一方面，经济学规律最先以怎样的历史上具有决定意义的形式被揭示出来并得到进一步发展。"（《马克思恩格斯全集》第33卷，北京：人民出版社，2004年，第417页）在这里，"历史的评论"的两个方面，一方面的"自行批判"改译为"互相进行批判"，另一方面的"历史路标的形式"改译为"历史上具有决定意义的形式"。以下论述还沿用1972年出版的《马克思恩格斯全集》第26卷的中文译文。

"历史路标"为特征的经济思想史形式。

三、《剩余价值理论》与"自行批判"的经济思想史形式的呈现

马克思在《手稿》的"剩余价值理论"部分提出并呈现的就是经济思想史"自行批判"形式。

《手稿》最初是作为《政治经济学批判》第二分册来写的，内容是接续第一分册第一章《商品》和第二章《货币或简单流通》之后的第三章《资本》。《手稿》开始论述的是资本生产过程的"（1）货币转化为资本"和"（2）绝对剩余价值"。在写作"（3）相对剩余价值"手稿时，马克思提到，"在相对剩余价值之后，应该把绝对剩余价值和相对剩余价值结合起来考察"①。这样，"（3）相对剩余价值"之后的（4）就调整为"绝对剩余价值和相对剩余价值的结合"。大约在1862年1月，马克思在第Ⅵ笔记本写作时，中断了对"（3）相对剩余价值"的论述，也没有接着撰写"（4）绝对剩余价值和相对剩余价值的结合"，而是直接撰写"（5）剩余价值理论"。显然，新提出的"（5）剩余价值理论"，是对之前阐述的剩余价值理论原理所作的剩余价值经济思想历史的考察，或如《手稿》提出的对经济思想史"自行批判"的经济思想史形式的考察，这也是《政治经济学批判》第一分册"双重结构"形式的。

在《手稿》中，"（5）剩余价值理论"部分从第Ⅵ笔记本到第ⅩⅤ笔记本共10个笔记本、计730页，后来被统称为《剩余价值理论》。恩格斯认为："这一部分包括政治经济学核心问题即剩余价值理论的详细的批判史。"② 对剩余价值理论的经济思想史探索，成为马克思经济思想史观中最

---

① 马克思恩格斯全集：第47卷［M］．北京：人民出版社，1979：351.
② 马克思恩格斯文集：第6卷［M］．北京：人民出版社，2009：4.

辉煌的内容。

在第Ⅵ笔记本第 220 页上，马克思写下了对剩余价值思想历史阐述的主线和核心思想，这就是："所有经济学家都犯了一个错误：他们不是就剩余价值的纯粹形式，不是就剩余价值本身，而是就利润和地租这样特殊形式来考察剩余价值。"① 以剩余价值理论的"自行批判"为特征的经济思想史形式，是"（5）剩余价值理论"的主题。根据马克思在第Ⅵ笔记本到第ⅩⅤ笔记本这 10 个笔记本封页上编写的目录来看，马克思是以"自行批判"的形式，展开剩余价值理论的历史演进探索的。

对剩余价值理论的经济思想史"自行批判"，按照马克思这 10 个笔记中探索的思想逻辑，大体分为以下九个问题。

一是对詹姆斯·斯图亚特区分"绝对利润"和"相对利润"意义的分析。马克思以斯图亚特的剩余价值理论为出发点，是因为在经济思想史上，斯图亚特实际上是"货币主义和重商主义体系的合理的表达者"②。首先对斯图亚特作出剩余价值理论史的批判，更多地包含了马克思对重农主义之前的"重商主义体系"的"复制"的"批判"③。

二是对重农学派"把关于剩余价值起源的研究从流通领域转到直接生产领域，这样就为分析资本主义生产奠定了基础"④ 的分析。马克思认为："重农学派的重大功绩在于，他们在资产阶级视野以内对资本进行了分析。正是这个功绩，使他们成为现代政治经济学的真正鼻祖。"⑤

三是对斯密在剩余价值理论探索上得失的评价。马克思认为："亚·斯密把剩余价值，及剩余劳动……理解为一般范畴，而本来意义上的利润和地租只是这一般范畴的分枝。然而，他并没有把剩余价值本身作为一个专

---

① 马克思恩格斯全集：第 26 卷：第 1 册 [M]．北京：人民出版社，1972：7.
② 马克思恩格斯全集：第 26 卷：第 1 册 [M]．北京：人民出版社，1972：13.
③ 马克思恩格斯全集：第 26 卷：第 1 册 [M]．北京：人民出版社，1972：11.
④ 马克思恩格斯全集：第 26 卷：第 1 册 [M]．北京：人民出版社，1972：19.
⑤ 马克思恩格斯全集：第 26 卷：第 1 册 [M]．北京：人民出版社，1972：15.

门范畴同它在利润和地租中所具有的特殊形式区别开来。"① 这样，"在对剩余价值的分析上，因而在对资本的分析上，亚当·斯密比重农学派前进了一大步"②。这一"分析上"的"前进了一大步"，体现的正是经济学家以怎样的形式进行"自行批判"的过程，也正是作为"历史附录"的经济思想史形式的意蕴。

四是对斯密之后、李嘉图之前的经济学家奈克尔、兰盖等对剩余价值理论探讨意义的评价。这两位几乎被马克思同时代的经济思想史研究遗忘的经济学家，在剩余价值理论史的"自行批判"中有着独特的地位。如奈克尔"在考察剩余价值时，他注意到相对剩余价值，即不是从延长整个工作日而是从缩短必要劳动时间得出的剩余价值"③。

五是对洛贝尔图斯在"租"这一无酬劳动产品现象上对剩余价值一般的理解，马克思认为："洛贝尔图斯先生模糊地猜到的，是剩余价值同它的特殊形式，但是他不得要领，因为在他那里，问题一开始就只是说明一定的现象（地租），而不是要揭示普遍规律。"④

六是李嘉图在剩余价值理论上的探讨，这是《剩余价值理论》中论述得最为详尽的部分。马克思认为："李嘉图在任何地方都没有离开剩余价值的特殊形式——利润（利息）和地租——来单独考察剩余价值。"⑤ 但李嘉图"只是从对可变资本即花费在工资上的那部分资本的关系来考察利润"⑥，李嘉图陷于这一窠臼，也在于他无法解决劳动与资本交换的问题，他只在工作长度既定的前提下，研究剩余价值量和工资量的相对的量的比率关系，"相对剩余价值——这实际上是李嘉图在利润名义下研究的剩余价值的唯一

---

① 马克思恩格斯全集：第26卷：第1册 [M]．北京：人民出版社，1972：60－61.
② 马克思恩格斯全集：第26卷：第1册 [M]．北京：人民出版社，1972：64.
③ 马克思恩格斯全集：第26卷：第1册 [M]．北京：人民出版社，1972：320.
④ 马克思恩格斯全集：第26卷：第2册 [M]．北京：人民出版社，1972：61.
⑤ 马克思恩格斯全集：第26卷：第2册 [M]．北京：人民出版社，1972：423.
⑥ 马克思恩格斯全集：第26卷：第2册 [M]．北京：人民出版社，1972：424.

形式"①。

七是马尔萨斯在剩余价值理论的研究上，是以反对李嘉图的理论为出发点的，在马克思看来，马尔萨斯"所以能够反对李嘉图……只是因为李嘉图有种种自相矛盾之处"②。马克思认为："和李嘉图不同，马尔萨斯先生想一下子把'利润'包括在价值规定之中，以便使利润直接从这个规定得出。"③ 马克思也没有忽视马尔萨斯著述中的"真正贡献"之处，如马尔萨斯"强调了资本和雇佣劳动之间的不平等交换"④。

八是对李嘉图学派的解体的阐释，涉及的经济学家主要包括托伦斯、詹姆斯·穆勒、普雷沃、麦克库洛赫、威克菲尔德、斯特林、约翰·穆勒等。"这个学派的解体是在这样两点上：（1）资本和劳动之间按照价值规律交换。（2）一般利润率的形成。把剩余价值和利润等同起来。不理解价值和费用价格的关系。"⑤

九是政治经济学的反对派对剩余价值的思想历史的探索。这里讲的"反对派"，就是"以李嘉图理论为依据反对政治经济学家的无产阶级反对派"。马克思认为："在政治经济学上的李嘉图时期，同时也出现了反对派——共产主义（欧文）和社会主义（傅立叶、圣西门）（社会主义还只是处在它的发展的最初阶段）。"⑥

《手稿》中"（5）剩余价值理论"的内容，主要在第Ⅵ笔记本至第ⅩⅤ笔记本这10个笔记本中，在之后的几个笔记本中，如在《手稿》第ⅩⅩⅡ笔记本上，马克思从"历史的评论"的角度对威廉·配第在剩余价值理论史上的地位作了评价，认为在英国配第较之斯图亚特更早对剩余价值问题作出

① 马克思恩格斯全集：第26卷：第2册［M］．北京：人民出版社，1972：475.
② 马克思恩格斯全集：第26卷：第3册［M］．北京：人民出版社，1974：4.
③ 马克思恩格斯全集：第26卷：第3册［M］．北京：人民出版社，1974：9.
④ 马克思恩格斯全集：第26卷：第3册［M］．北京：人民出版社，1974：7.
⑤ 马克思恩格斯全集：第26卷：第3册［M］．北京：人民出版社，1974：259.
⑥ 马克思恩格斯全集：第26卷：第3册［M］．北京：人民出版社，1974：260.

探索。在第XVIII笔记本中，马克思续写了"政治经济学家的反对派"其他一些人的思想观点。如第XVIII笔记本中对拉姆赛、舍尔比利埃、理查·琼斯等人在剩余价值理论史的"自行批判"中的意义和地位作了分析。

1862年底，马克思改变了原来的写作计划，不再以《政治经济学批判》为标题出版自己的经济学著作，决定"以《资本论》为标题单独出版，而《政治经济学批判》这个名称只作为副标题"①。马克思从《政治经济学批判》到《资本论》的写作计划的变化，没有改变"双重结构"的形式。1863年1月，马克思在写作《手稿》第XVIII笔记本时，提出了《资本论》计划写作的三篇结构，承续了《政治经济学批判》第一分册的"双重结构"。其中，第一篇《资本的生产过程》的"双重结构"如下：

第一篇　资本的生产过程

（1）导言：商品，货币

（2）货币转化为资本

（3）绝对剩余价值

（4）相对剩余价值

（5）绝对剩余价值和相对剩余价值的结合

（6）剩余价值再转化为资本

（7）生产过程的结果

（8）剩余价值理论

（9）关于生产劳动和非生产劳动的理论

在第一篇《资本的生产过程》的结构计划中，从（2）到（7）阐述剩余价值的基本理论，最后两部分即"（8）剩余价值理论"和"（9）关于生产劳动和非生产劳动的理论"，是关于剩余价值理论的思想历史的阐述。马克思对《资本论》最初结构的这一构思，也为之后《资本论》四卷结构中前三卷理论原理阐述到第四卷思想历史阐述序列的形成奠定了基础。

---

① 马克思恩格斯全集：第30卷 ［M］．北京：人民出版社，1974：636．

1865 年 7 月，马克思在给恩格斯的信中提到《资本论》的结构时明确提出："至于我的工作，我愿意把全部实情告诉你。再写三章就可以结束理论部分（前三册）。然后还得写第四册，即历史文献部分；对我来说这是最容易的一部分，因为所有的问题都在前三册中解决了，最后这一册大半是以历史的形式重述一遍。"① 关于"历史文献部分"，马克思后来进一步明确为"17 世纪中叶以来的政治经济学史"②。《资本论》四卷（册）结构发生的变化在于，体现理论原理阐述到思想历史阐述的序列，由原来《政治经济学批判》第一分册以章和节为基本论述单元，转变为《资本论》以卷（册）为基本论述单元。这样，《资本论》四卷结构就表现为前三卷的理论原理阐述到最后第四卷思想历史阐述的序列，延续了"自行批判"的经济思想史形式。

四、《〈批判史〉论述》与"历史路标"的经济思想史形式的呈现

以"历史路标"为主题的经济思想史形式，是相对独立的经济思想史。这种形式的经济思想史是依据经济学历史发展的脉络展开的，是随着经济思想历史的发展而接续延伸的。马克思在为《反杜林论》撰写的《〈批判史〉论述》中，对"历史路标"的经济思想史形式作了探索。

恩格斯在 1876—1878 年完成的《反杜林论》，是为回击杜林对马克思学说的攻击和清除杜林对德国社会民主党的影响而撰写的著作。《反杜林论》第二编《政治经济学》在批判杜林的经济学观点的同时，对马克思经济学说作了系统阐释。这一编的第十章《〈批判史〉论述》是马克思撰写的。

---

① 马克思恩格斯文集：第 10 卷 [M]．北京：人民出版社，2009：230．
② 马克思恩格斯文集：第 10 卷 [M]．北京：人民出版社，2009：254．

为了写作《〈批判史〉论述》这一章，1877 年 1 月，马克思开始阅读杜林《国民经济学和社会主义批判史》（1875 年柏林版）一书，并写了对该书评论的草稿，1877 年 2 月底至 3 月初写了《评杜林〈国民经济学批判史〉》的手稿。恩格斯对《评杜林〈国民经济学批判史〉》手稿作了修改和删节后，定名为《〈批判史〉论述》，编作《反杜林论》第二编《政治经济学》的第十章。1894 年，在《反杜林论》新版（第三版）中，恩格斯提到：《〈批判史〉论述》这一章，"所有重要的部分都是马克思写的。在原定作为报刊文章的初稿上，我不得不把马克思的手稿大加删节，而恰恰在删掉的部分里，他对经济学史的独立的阐述比起对杜林主张的批判要重要得多。这些阐述恰恰又是手稿当中甚至直到现在还具有重大意义和长远意义的部分。我认为，自己有责任把马克思说明配第、诺思、洛克、休谟等人在古典经济学产生过程中所应占的地位的那些部分，尽可能完全地并逐字逐句地发表出来；而他的对魁奈的《经济表》所作的解释就更是如此了，这个表对整个现代经济学来说，仍然是不可解的斯芬克斯之谜。相反，凡是专门涉及杜林先生著作的地方，只要不影响上下文的联系，我都把它删掉了"①。按照这些想法，恩格斯根据马克思《评杜林〈国民经济学批判史〉》手稿对第十章作了增补。在恩格斯看来，经过增补的《〈批判史〉论述》这一章，包含了马克思《评杜林〈国民经济学批判史〉》手稿中，"甚至直到现在还具有重大意义和长远意义的部分"；而手稿本身则是马克思"对经济学史的独立的阐述"。因此，对这一时期马克思阐释的"历史路标"形式的经济学说史的理解，所依据的文献应该包括《〈批判史〉论述》章和《评杜林〈国民经济学批判史〉》手稿。

在《〈批判史〉论述》中，马克思以对政治经济学作为"一门独立的科学"认识为基础，对经济思想史的形成作了说明。马克思提到，他在 1867 年出版的《资本论》第一卷德文第一版已经提到，"政治经济学作为一门独

---

① 马克思恩格斯文集：第 9 卷 [M]．北京：人民出版社，2009：17 - 18.

立的科学，是在工场手工业时期才产生的"①。与此相联系，在之前的1859年出版的《政治经济学批判》第一分册中，就已经得出"古典政治经济学在英国是从威廉·配第开始，到李嘉图结束，在法国从布阿吉尔贝尔开始，到西斯蒙第结束"②的明确结论。显然，马克思一开始就表明，这里将呈现的经济思想史形式是不同于先前《剩余价值理论》呈现的经济思想史形式的。

与《剩余价值理论》的经济思想史形式不同，"对经济学史的独立的阐述"的经济思想史形式，以古代的经济思想为"出发点"。马克思认为："因为历史地出现的政治经济学，事实上不外是对资本主义生产时期的经济的科学理解，所以，与此有关的原则和定理，能在例如古代希腊社会的著作家那里见到，只是由于一定的现象，如商品生产、贸易、货币、生息资本等等，是两个社会共有的。就希腊人有时涉猎这一领域来说，他们也和在其他一切领域一样，表现出同样的天才和创见。所以他们的见解就历史地成为现代科学的理论的出发点。"③古代社会所有的对经济学"原则""定理"现象的"见解"，实际地成为"历史路标"的经济思想史形式的"出发点"，这与《剩余价值理论》呈现的"自行批判"的经济思想史形式的出发点不同。

作为这一形式经济思想史"出发点"的，包含古代的一些重要著述者的"天才和创见"，如亚里士多德"发现货币流通的两种不同形式，一种是货币执行单纯流通手段的职能，另一种是货币执行货币资本的职能"。这里，亚里士多德"实际上正确地提出了这个对货币学说有如此决定性意义的问题"④。而柏拉图"把分工描述为城市的（在希腊人看来，城市等于国

---

①　马克思恩格斯文集：第5卷［M］．北京：人民出版社，2009：422．

②　马克思恩格斯全集：第31卷［M］．2版．北京：人民出版社，1998：445．

③　马克思恩格斯文集：第9卷［M］．北京：人民出版社，2009：240．

④　马克思恩格斯文集：第9卷［M］．北京：人民出版社，2009：242．

家）自然基础”的见解，“在当时说来是天才的描述”①。

在对重商主义所作的经济思想史研究中，马克思提到，杜林沿袭李斯特认为安东尼奥·塞拉 1613 年发表的《略论以金银充分供应无贵金属矿的王国的手段》是“意大利第一部专门的政治经济学著作”的讹误。马克思认为，“实际上并非如此”，其实“早在 1609 年，即在《略论以金银充分供应无贵金属矿的王国的手段》出现前四年，已经发表了托马斯·曼的《论英国和东印度的贸易》”，这是“重商主义具有一部划时代的著作”。马克思认为：“这一著作，早在第一版就具有特殊的意义，即它攻击了当时的英国作为国家政策还受到保护的原始的货币主义，因而代表了重商主义体系对于自身的母体系的自觉的自我脱离。”因此，“如果说重商主义具有一部划时代的著作……那就是托马斯·曼的著作”②。马克思对经济思想史的这一探索，不仅澄清了经济思想史的一些史实，而且也非常清晰地表达了经济思想史应该具备的基本的科学方法。

马克思对配第在经济思想史中的地位作了高度评价，认为他是“现代政治经济学的创始人”。从“对经济学史的独立的阐述”意义上来看，配第在《赋税论》（1662 年第 1 版）中，已经“对商品的价值量作了十分清楚的和正确的分析”，除此“配第的十分圆满的、浑然一体的著作，是他的《货币略论》，这本书在他的《爱尔兰解剖》一书出版十年之后，即 1682 年出版”。进而在《货币略论》中，配第“在其他著作中所包含的重商主义见解的最后痕迹，在这里完全消失了”③。在《政治算术》中对统计方法的创造和运用，成为配第创作的一部“真正经济学的著作”④。

马克思对配第到斯密这一期间，即 17 世纪下半叶到 18 世纪上半叶这一时期经济思想史的“历史路标”作了概要论述。在对作为“配第的直接后

---

① 马克思恩格斯文集：第 9 卷 [M]．北京：人民出版社，2009：241．
② 马克思恩格斯文集：第 9 卷 [M]．北京：人民出版社，2009：243 - 244．
③ 马克思恩格斯文集：第 9 卷 [M]．北京：人民出版社，2009：246．
④ 马克思恩格斯文集：第 9 卷 [M]．北京：人民出版社，2009：246．

继者"洛克和诺思在经济思想史上地位的评价中，马克思认为，"洛克的《略论降低利息和提高货币价值》和诺思的《贸易论》是在同一年即 1691年出版的"①，但洛克和诺思"差不多只是照抄配第"②。马克思指出："洛克和诺思的例子向我们提供了证明：配第在政治经济学的几乎一切领域中所作的最初的勇敢尝试，是如何——为他的英国的后继者所接受并且作了进一步的研究的。"比较这一时期重要的经济学著述，可以看到"无论赞成还是反对配第，总是从配第出发的。因此这个充满有创建的思想家的时期，对研究政治经济学的逐渐产生来说是最重要的时期"③。马克思这里对配第所作的经济思想史的探索，较之前在《剩余价值理论》的论述更为广泛和深入。对配第在经济思想史中地位的轻视或忽视，是马克思同时代的流行的经济思想史研究的一个显著局限。

马克思对重农学派和魁奈的《经济表》作了高度评价。他认为："重农学派在魁奈的《经济表》中给我们留下了一个谜，为解开这个谜，经济学的以前的批评家和历史编纂学家绞尽脑汁而毫无结果。这个表本来应该清楚地表明重农学派对一国总财富的生产和流通的观念，可是它对后世的经济学家仍然是一团模糊。"④ 马克思解开了《经济表》之谜。他指出："魁奈的《经济表》就是要通过图解来清楚地说明：一个国家（实际上就是法国）每年的总产品，怎样在这三个阶级之间流通，怎样为每年的再生产服务。"⑤ 因此，"经济表这种对于以流通为中介的年度再生产过程所作的简单的、在当时说来是天才的说明，非常准确地回答了这种纯产品在国民经济的循环中究竟成了什么这一问题"⑥。马克思对魁奈《经济表》的分析，后

---

① 马克思恩格斯文集：第9卷 [M]．北京：人民出版社，2009：248.
② 马克思恩格斯文集：第9卷 [M]．北京：人民出版社，2009：249.
③ 马克思恩格斯文集：第9卷 [M]．北京：人民出版社，2009：250.
④ 马克思恩格斯文集：第9卷 [M]．北京：人民出版社，2009：258.
⑤ 马克思恩格斯文集：第9卷 [M]．北京：人民出版社，2009：262.
⑥ 马克思恩格斯文集：第9卷 [M]．北京：人民出版社，2009：268.

来成为经济思想史科学研究的范例。

马克思还对杜林认为的"到杜尔哥，法国重农学派在实际上和理论上都告终了"的观点作了反驳，明确地认为："米拉波按其经济学观点来说实质上是重农学派，他在 1789 年的制宪议会上是第一个经济学权威，这次制宪议会在其经济改革上把很大一部分的重农学派原理从理论变成了实际。"马克思还提到，对于经济思想史，杜林在"把 1691 年到 1752 年这一时期勾销"时，"也就把休谟的一切先驱者勾销了"，杜林继而"又大笔一挥，把休谟和亚当·斯密之间的詹姆斯·斯图亚特勾销了"。对斯图亚特的《政治经济学原理研究》这部"经久地丰富了政治经济学的领域"的著作，在杜林那里甚至"没有看到片言只字"的评价；而对斯图亚特本人，杜林"把自己的字典中最恶毒的谩骂的言辞都搬出来了"[①]。

对杜林关于亚当·斯密及其之后的经济思想的评价，马克思没有再作出批判，其中的原因马克思在他的《评杜林〈国民经济学批判史〉》中作了如下说明："正像杜林先生不了解重农学派一样，他也同样不了解亚当·斯密——更不用说他的后继者。因此，如果再去听他妄谈马尔萨斯、李嘉图和西斯蒙第等人，纯粹是浪费时间。"[②] 尽管如此，《〈批判史〉论述》以批判杜林的经济思想史研究的讹误和谬论为主要线索，还是在总体上呈现了马克思的"历史路标"为主题的经济思想史形式的探索，体现了马克思对经济思想史这一形式的深刻理解。

五、 马克思关于经济思想史两种形式的内涵及其意义

根据以上的分析，可以对马克思经济思想史的"自行批判"和"历史路标"两种形式作出以下概述。

---

① 马克思恩格斯文集：第 9 卷 [M]．北京：人民出版社，2009：269.
② 马克思恩格斯全集：第 26 卷 [M]．2 版．北京：人民出版社，2015：428.

第一，经济思想史的"自行批判"和"历史路标"这两种形式，是马克思关于政治经济学方法在经济思想史探索上的运用。以"自行批判"为特征的经济思想史形式，是遵循"第二条道路"的方法，与理论原理阐述的抽象上升到具体过程相联系的经济思想史形式，呈现为政治经济学理论原理阐述的"历史附论"的形式；而以"历史路标"为特征的经济思想史形式，依据的是"第一条道路"所体现的经济思想自身在"历史上走过的道路"，是以经济学范畴、重要理论和规律以及经济学派的思想史研究为主题的。

第二，马克思在建立政治经济学理论体系中关注的是以"自行批判"为主题的经济思想史形式，在马克思经济思想史观中，经济思想史这一形式的特点主要在于：其一，在马克思经济学体系中，"自行批判"的经济思想史是对经济学理论逻辑所作的思想历史逻辑的阐述。其二，"自行批判"的经济思想史形式是按照理论原理阐述的逻辑，对与此相联系的"政治经济学家们以怎样的形式自我批判"为主题的，其逻辑是以经济学理论原理的逻辑为依据、为根据的。在1859年的《政治经济学批判》第一分册中，马克思对"关于商品分析的历史""关于货币计量单位的学说""关于流通手段和货币的学说"的思想历史的逻辑，就是以"商品""货币或简单流通"理论原理的逻辑为依据、为根据的；在《资本论》体系中，《剩余价值理论》就是对《资本论》前三卷以剩余价值理论为核心的理论原理阐述的经济思想史的"自行批判"形式的呈现。其三，"自行批判"的经济思想史不是独立的经济思想史形式，而是以经济学体系为主线的，也是以其为基础和根据的，以"历史附论"的形式呈现的。

第三，以"历史路标"为主题的经济思想史形式，是相对独立的经济思想史形式。"历史路标"的经济思想史形式，一是以对经济思想历史中范畴、理论和规律及各经济学派的形成和发展为主题的；二是注重对经济思想历史的连续性和间断性的研究，特别是以经济学形式和流派形成和发展及其比较的研究为主题的，注重对经济学演进具有"历史路标"意义的经济范畴、经济理论、经济规律和经济学派的研究；三是"历史路标"的经济思想史形式是独立形态的经济思想史，旨在呈现"经济学规律最先以怎样的历史上具有决定意义的形式被揭示出来并得到进一步发展"的。

对"历史路标"形式的经济思想史和"自行批判"形式的经济思想史的理解，对推进马克思主义经济思想史学的当代发展有着重要的意义。但是，长期以来，马克思经济思想史观的这些见解，并没有在马克思主义经济学领域得到全面实现，出现了某些误读和误解。最严重的就是把马克思关于"自行批判"形式的经济思想史误读和误解成唯一的经济思想史形式。这一误读和误解在理论上的消极后果，突出地反映在两个方面：一方面，把马克思在以《政治经济学批判》第一分册或《资本论》理论原理阐述到理论历史阐述序列的体系分离开来，即把这一体系中体现的"自行批判"的经济思想史与这一理论体系分离，直接地当作经济思想史的全部内容和形式。一直以来，基于马克思主义经济学的经济思想史的探索，就是以马克思在《剩余价值理论》的内容和结构为"蓝本"的，把经济思想史直接当作对价值、货币、资本、剩余价值、利润等范畴为主要线索的经济思想历史形式。另一方面，在马克思主义经济学领域，与"自行批判"的经济思想史相对应的"历史路标"的经济思想史，一直没有能够建立起来，或者说没有能够完全地建立起来。流行的一些经济思想史不是因袭《剩余价值理论》体系，就是在《剩余价值理论》体系基础上延续，把马克思经济学以前的经济思想史和马克思以后的经济思想史，都当作价值、资本、剩余价值为主要线索的经济思想史，或者是以马克思关于价值、资本、剩余价值的理论为圭臬的经济思想批判史。

经济思想史学是马克思主义经济学的重要组成部分，也是当代马克思主义经济学发展的重要方面。如果基于马克思主义经济学的经济思想史，还是因袭以《剩余价值理论》为唯一式样的经济思想史的路子，就无益于马克思主义经济思想史观的当代发展，更易于堵塞"历史路标"的经济思想史形式的发展。加强和完善"历史路标"形式的经济思想史的研究，无论对基于马克思主义经济学的经济思想史观的发展，还是对经济思想史学科本身的发展都有着重要的意义。

（原载于《马克思主义研究》2015 年第 12 期）

关于 20 世纪西方学者对
马克思经济学研究的几个问题

对 20 世纪这百年间马克思经济学的历史回顾，对于理解马克思经济学的当代意义极其重要。显然，这一历史回顾不能只限于中国学者的理论成就和学术成果，也要关注国外学者，特别是西方学者的学术探索和理论建树。在我国学术界，马克思主义经济学研究视阈的"盲区"之一，就在于对西方学者关于马克思经济学所作的多方面、多视野研究的缺乏和偏见。在经济思想史和马克思主义经济思想史的教学中，缺乏对西方学者研究的了解和理解，就难以对 20 世纪经济思想史和马克思主义经济学发展作出整体的理解，也难以对 20 世纪马克思主义发展历史作出整体的把握。近年来，我在主编《百年论争——20 世纪西方学者马克思经济学研究述要》（三卷本）的过程中，一直注重于西方学者对马克思经济学研究课题的探索和思考，形成了一些初步心得。

一、 理解 20 世纪西方学者对马克思经济学研究的基本视点

对 20 世纪西方学者马克思经济学研究的探索，要确立两个基本的视点：一是关于"马克思经济学"（Marxian Economics）限界的视点；二是"西方学者"范围的视点。

（一）对"马克思经济学"限界的理解问题

马克思是马克思主义经济学的创立者，"马克思经济学"是"马克思主义经济学"（Marxist Economics）的理论渊源，"马克思主义经济学"则是"马克思经济学"的理论流域。

"马克思经济学"的主要内容就是马克思创立的经济学基本理论。这些基本理论构成马克思经济学体系主要的和基本的概念、范畴和原理，是马克思实现的经济学科学革命的最显著的标识，也是马克思主义经济学理论体系的基本构件和主要支柱。显然，全面把握马克思经济学的基本原理，是全面理解 19 世纪 40 年代及之后 40 年间马克思实现的经济学科学革命意义的基点，是认识一个半世纪以来马克思主义经济学体现的科学理论和科学精神的基础，也是现时代发展和拓新马克思主义经济学的基础。对马克思经济学基本理论的理解和研究的主要思路和方法之一，就是综合分析国内外学者有关马克思及马克思之后经济学基本理论的研究成果，以及据此而形成的各种理论流派和思潮，特别是 20 世纪发生的重要理论的论争和新提理论的探索，重要理论争论各方的主要观点、分析方法和学术背景、争论结果及其影响的评价，等等。

与"马克思经济学"相对应的"马克思主义经济学"，主要是指"把其方法论和研究建立在卡尔·马克思基础上的那些较为近期的经济学家的研究成果"。其中心论题首先在于认为，"资本主义制度具有本质上的矛盾，这种矛盾指的是由资本主义制度结构产生的根本上的失灵，而不是某些和谐机制上表现出来的'不完善性'"。其次，在于认为，"资本主义制度结构的核心是资本与劳动之间的关系，它在本质上是一种剥削关系。这种在其结构上对资本主义制度产生关键性影响的冲突，在各方面都得到了发展，在技术形式方面已发展到采取国家政策的形式"。再次，在于认为，"对作为这一制度动力的资本积累，不能只从量上加以分析，它所引起的经济结构上的变化受到阶级关系的影响，反过来促进阶级关系尖锐化"。最后，在于认为，资本主义制度尽管会发生一些变化，但"资本主义的根本逻辑仍然没有改变，它的历史可以区分为以一系列的特殊的阶级关系、技术、国家政策和国际结构为特征的不同阶段"①。这一解说表明，"马克思主义经济学"是指建立在"马克思经济学"基础上的、由马克思之后的马克思主义经济学家发展起来的经济学，是对马克思主义经济学派的基本理论取向的统称。

（二）对马克思经济学研究探讨中"西方学者"范围的理解

这里的"西方学者"，是一个较为宽泛的概念，不仅包括西方国家的马克思主义经济学的赞成者，也包括马克思主义经济学的反对者，还包括那些热心于"沟通"马克思经济学和西方主流经济学的研究者，以及那些自称"价值无涉"的所谓"纯学术性"的马克思经济学研究者。由不同学术流派构成的这些"西方学者"，对马克思经济思想作出的不同方面、不同倾向、不同观点的解说和理解，对 20 世纪马克思主义经济学的发展起着不同的作用。特别是这些"西方学者"之间在不同方面进行的不同倾向和不同观点的交流、交锋和交融，对 20 世纪马克思主义经济学的发展更是起着重要的影响。

即使在自诩为马克思主义经济学家的"西方学者"中，学术倾向也色彩斑斓、学术观点莫衷一是。如果从他们的政治立场、学术观点和研究方法等方面的差异来看，大体可以区分出三种主要的理论倾向或者说主要的理论流派。一是"正统的"马克思主义经济学家。这些学者在政治上大多参加本国的或国际的工人运动组织或类似性质的组织、团体，有的甚至是这些组织、团体的主要理论家。这些学者自视能坚持马克思的唯物史观和

---

① 伊特韦尔，米尔盖特，纽曼. 新帕尔格雷夫经济学大辞典：第 3 卷 [M]. 北京：经济科学出版社，1996：420.

剩余价值理论，在一些重要的理论结论及主要的研究方法上，则从属于他们所在的组织、团体的理论上的需要。如莫里斯·多布自 20 世纪 20 年代末之后的半个世纪，一直是英国共产党的重要理论家；埃内斯特·曼德尔在 20 世纪 60 年代以后，也长时期是第四国际的重要理论家之一。二是"激进的"社会主义者或"新"马克思主义经济学家。他们自认为能够坚持和运用马克思经济学原理，但在政治上同西方国家的工人运动和政党组织只在理论研究论题上有着某种联系。他们强调对马克思经济学的"重新研究"（restudying）和"重新塑造"（reshaping）。在这一类型的学者中，最有影响的有保罗·巴兰和保罗·斯威齐。三是"教授的"或"校园的"马克思主义经济学家。他们是以"纯粹"的学者、教授来看待和研究马克思经济学的，主张"赞成"（for）马克思经济学的科学成就，"反对"（against）马克思经济学自身的缺损和对马克思经济学非科学的理解，包括剔除他们认为的马克思经济学中已经"过时"或者"被扭曲"的成分。持这种倾向的较有影响的学者有 M. C. 霍华德、J. E. 金等①。

对"西方学者"的马克思经济学倾向或流派的理解可能是多维度的。皮特·贝尔认为，在"西方学者"中，对马克思主义理论的认识上的差异往往来源于一些最基本的问题，特别是奠定马克思经济学方法论基础的一些历史悠久的哲学问题，对这些哲学意蕴的不同理解，可能成为政治上和理论上分歧的深刻基础。贝尔从马克思主义运动整体中区分出"西方学者"的不同理论倾向的"谱系"。这些"谱系"体现了赞成马克思经济学倾向的不同群体，"（1）那些有着激进的和无政府主义倾向的人，他们把资本主义看作是不道德的、无法无天的、爱搞阴谋的，或导致人们异化的体制；（2）旧的'左派'群体，在'辩证唯物主义'中找到了共同的思想基础，他们参与到一种与'资本主义生产规律'能够被用作'实践'的指南相联系的马克思学（Marxology）的论争中；（3）黑格尔主义的马克思主义者（Hege-

---

① 顾海良. 西方马克思主义经济学发展的主要趋向及基本特点 [J]. 教学与研究，1997（12）.

lian Marxist），受到法兰克福学派的激励，被吸引到黑格尔体系的整体性上来，并通过完善资产阶级社会理论把马克思置于黑格尔的计划之中，马克思成了理念实现的一部分；（4）根据资产阶级经济理论阅读《资本论》的马克思主义经济学，把马克思主义经济学理解为一系列需要借助数理工具加以阐明的技术问题，从而去完成一系列关于资本主义经济的更好的理论"①。贝尔提出的这四个"群体"的区分，对于理解"西方学者"中马克思经济学不同学派是有一定意义的。

对"西方学者"中那些马克思经济学的反对者或质疑者，从其理论倾向上，也可以作出相似的理解和区分。卡尔·屈内把西方"学术圈"内马克思经济学反对者或质疑者的理论倾向划分为四类。第一类是那些讨论马克思的著述是为了驳斥马克思并指责马克思"固有的错误"的经济学家，其中重要的有庞巴维克、萨缪尔森等。第二类是那些追随琼·罗宾逊的"著名评论"的经济学家。这里所讲的琼·罗宾逊的"著名评论"就是："向一个被认为是科学家的经济学家学习，必须把他对经济体系进行的描述中有效的内容和他服务于自己的意识形态而进行的公开的或无意识的宣传区分开来。"② 这一经济学家群体在贬斥马克思经济学在社会和政治领域阐述的重要原则的同时，也力求使用马克思经济学思想内涵和结构中蕴含的启发性的建议。第三类是接受马克思经济学提出的基本问题，从而也在很大程度上接受马克思主义经济学观点的经济学家，但他们并没有成为真正意义上的马克思主义者，这类经济学家中较为著名的有卡莱茨基、里昂惕夫等。第四类是那些最初的思想源于马克思主义经济学的经济学家，随后开始朝着其他的方向发展，有的越来越疏远了马克思经济学，这类经济学家中包括马丁·布朗芬布伦纳和罗·林·米克等。

---

① Bell F. Marxist Theory, Class Struggle, and Crisis of Capitalism［M］// Jesse Schwartz. The Subtle Anatomy of Capitalism. Santa Monica, California：Goodyear Publishing Company, Inc. , 1977：171.

② 罗宾逊. 论马克思主义经济学［M］. 北京：商务印书馆，1962：2.

　　这里所说的"西方学者"在马克思经济学理论倾向上的这些复杂组合，同 20 世纪马克思经济学命运的变化有着直接的关系。屈内指出：19 世纪末和 20 世纪初以后的专业经济学家，试图忽视马克思已经不再是"荣耀的标志"，因为"试图忽视马克思的并不是由那些真正伟大的经济学家作出的。比如，熊彼特、里昂惕夫和马歇尔等都对马克思的成就表示了极大的钦佩"。屈内特别强调："必须注意到，马克思的思想曾在保守主义思想界引起过一定的反响。作为重要的保守分子，哈耶克就曾鼓足勇气承认，通过杜冈－巴拉诺夫斯基和施皮特霍夫，他受到过马克思的影响。"[①] 屈内还认为："马克思主义理论中有一部分就是资本过剩理论，而真正继承了这一理论的，却是一位铁杆保守主义者冯·哈耶克，他略有反常地但却是坦率地承认自己受到过马克思的影响……重要的不只是注意哈耶克的保守主义的结论，而要看到他对繁荣和萧条的原因的分析，这种分析和马克思的分析非常接近。"[②] 即使是庞巴维克，他在对马克思经济学理论体系激烈攻击的同时，仍然承认"在马克思体系的中间部分，逻辑的发展和联结呈现出一种令人赞叹的严密性和内在一致性……以其异乎寻常的逻辑连贯性，永远地确立了马克思作为第一流思想家的声誉"[③]。

　　以上论及的两个视点，是对 20 世纪西方学者对马克思经济学研究理解的基本视点，也是对 20 世纪马克思经济学在西方命运理解的基本前提。

二、　理解 20 世纪西方学者对马克思经济学历史地位的多层面研究

　　对 20 世纪马克思经济学在西方发展的理解，难以依照西方学者所在的

① Kühne Karl. Economics and Marxism：vol. 1 ［M］. English Translation ed. London：Macmillan Press Ltd，1979：43 - 44.

② Kühne Karl. Economics and Marxism：vol. 2 ［M］. English Translation ed. London：Macmillan Press Ltd，1979：222 - 223.

③ von Böhm - Bawerk Eugen. Karl Marx and the Close of His System ［M］. NewYork：Augustus M. Kelley，1949：88 - 89.

不同国家和地区，或者依照西方学者的不同理论观点、理论流派来展示他们的研究状况，较为适宜的是依照马克思经济学基本理论来展示西方学者研究和论争的主线和内容。按照马克思经济学基本理论，特别是按照《资本论》体系的主要理论，可以将 20 世纪西方学者对马克思经济学的研究分为九个方面的基本理论，即关于马克思经济思想的历史地位，关于马克思经济学对象和方法，关于劳动价值理论，关于货币理论，关于剩余价值理论，关于转形问题研究，关于利润、利润率和利润率趋于下降理论，关于资本积累和社会资本再生产理论，关于危机理论等。

在这些基本理论中，关于马克思经济思想的历史地位的评价，应该是居于首位的问题。在 20 世纪，几乎所有的西方经济学流派都对马克思经济学在经济思想史中的地位作过评价。各种评价上的差异，实际上是各经济学流派具有的不同理论趋向的集中体现。对西方学者在这一方面研究，我国学术界比较注重西方部分学者所作的正面的、积极的评价，目的是为了印证马克思主义经济学在西方的理论影响；同时，也比较关注贬损马克思经济学的某些西方学者的观点，这是为了批判反马克思主义经济学思潮的需要。在我国学术界，多有忽视的是对一些标榜"公正的""学术的"或"分析的"西方学者观点的关注，而这些由西方一些显赫的主流经济学家或有声望的"学院经济学派"提出的观点，反映了马克思经济学在西方面临的复杂的、多变的境遇。

自 20 世纪 40 年代初以来，琼·罗宾逊就对马克思经济学在经济思想史中的地位多有论述。她曾认为，马克思经济学和传统的正统派经济学之间的根本区别，"首先在于正统派经济学家认为资本主义制度是永恒的自然秩序的一部分，而马克思则认为它是从过去的封建经济过渡到将来的社会主义经济的一个转瞬即逝的阶段。其次，正统派经济学家主张社会各部分之间利益的调和，而马克思则以为在经济生活中，不从事劳动的财产所有人和不占有财产的劳动者之间的利益是冲突的"①。她认为，在危机、垄断和失业理论等方面，现代学院派经济学要向马克思"学习很多东西"；同时，现代学院派经济学也能向马克思主义者提供一些有用的东西，如"用现代分析的更为准确和细致的方法来重新考虑马克思的论点"，可以澄清马克思学说中"许多费解之处，并且有助于显示它的优点和弱点"②。1973 年，琼・罗宾逊在宣布西方主流经济学面临"第二次危机"③ 后又提到："有学者谴责我把马克思看作'博学的政治经济学家'，而不是'无产阶级革命的理论家'。我认为，任何人只要稍加浏览《资本论》或《剩余价值理论》后，都不会否认马克思是一位政治经济学家。"④ 琼・罗宾逊认为，马克思从哲学的立场出发研究政治经济学是非常必要的，在这样的研究中，马克思对政治经济学作出了"巨大的原创性贡献"⑤。如果现代马克思主义者不再对政治经济学感兴趣，并且不想去努力理解马克思的政治经济学，那么几乎就没有任何领域可以讨论政治经济学了。基于上述判断，琼・罗宾逊对马克思经济学作了自己的解释，提出了她所认为的马克思经济学的价值。她在与约翰・伊特韦尔合著的《现代经济学导论》一书中认为："马克思依据他自己的历史哲学，重新表述了李嘉图的分析。马克思的广阔思路使他的著作超出了古典学派经济学的狭隘界限，不过他的分析的重要因素仍是来自古典学派的观念。"⑥ 她对归为"古典学派"的马克思经济学的理解主要在于："从李嘉图以后，一直到 19 世纪最后 25 年，约翰・斯图亚特・穆勒支配了古典学派政治经济学的自由传统。穆勒的分析适合于中产阶级日

---

① 罗宾逊. 论马克思主义经济学 [M]. 北京：商务印书馆，1962：5.

② 罗宾逊. 论马克思主义经济学 [M]. 北京：商务印书馆，1962：2.

③ 1971 年 12 月，琼・罗宾逊在一次题为《经济理论的第二次危机》的演讲中指出："第一次危机是由那种不能解释就业水平的理论的破产而产生的。第二次危机则是由这种不能解释就业内容的理论而产生的。"（琼・罗宾逊：《经济理论的第二次危机》，《现代国外经济学文选》第一辑，商务印书馆 1979 年版，第 11 页）

④ Robinson J. Marxian Economics Today [J]. Social Scientist, 1973, 1 (8)：43.

⑤ Robinson J. Marxian Economics Today [J]. Social Scientist, 1973, 1 (8)：43.

⑥ 罗宾逊，伊特韦尔. 现代经济学导论 [M]. 北京：商务印书馆，1982：15.

益昌盛的时期，在这个时期内，资本家和地主的冲突已经缓和，而一种把社会描绘为趋向美好将来的分析，却没有强调资本家和工人之间日益加剧的对抗。"就在穆勒《政治经济学原理》写作期间，穆勒的观点受到了一种"强调资本主义经济所固有的基本矛盾"的"全新解释"的挑战，"这个新体系是卡尔·马克思建立的，他把李嘉图的许多思想同一般的社会和历史理论结合起来了"。琼·罗宾逊还提出："马克思接受了李嘉图关于收入分配的许多思想的要旨，但是他断定李嘉图分析的问题不对头。要分析剩余产品的来源才能理解资本主义的性质，而剩余产品的来源不能单从技术关系方面进行探索。"① 琼·罗宾逊的这些评价不仅影响了学院经济学派，也影响了这一时期的马克思主义经济学派，也是我们现在理解这一时期马克思经济学在西方发展的重要视界。

约瑟夫·熊彼特是 20 世纪上半期西方主流经济学界的最有影响的经济学家之一，他对马克思经济学在经济思想史中的地位作出过独特的评价。熊彼特一方面承袭近代资产阶级经济学家庞巴维克、瓦尔拉斯、马歇尔等人的理论，另一方面又与早期社会党人有过密切的关系。多布认为，这是理解"熊彼特的哲学观点、政治见解和经济学说渊源的重要依据"②。正因为如此，在对 20 世纪西方学者对马克思经济学研究的探索中，需要认真地理解熊彼特对马克思经济学的评价。熊彼特曾指出："关于批评马克思与拥护马克思的文献非常丰富。但是只有很少数的批评者深入到他的思想结构的最深处。"③ 熊彼特自己想成为一个深入到马克思的"思想结构的最深处"的批判者。在马克·帕尔曼看来，熊彼特在《从马克思到凯恩斯十大经济学家》一书中，对马克思评价的目标就是试图分辨和甄别出马克思体系中有价值的内容，或者说试图对马克思体系进行"去芜存菁"的研究。值得

---

① 罗宾逊，伊特韦尔. 现代经济学导论 [M]. 北京：商务印书馆，1982：35-36.

② 熊彼特. 资本主义、社会主义与民主 [M]. 北京：商务印书馆，1999：3.

③ Schumpeter J A. Economic Doctrine and Method：An Historical Sketch [M]. New York：Oxford University Press，1954：122.

注意的是，在这种"去芜存菁"的研究中，熊彼特批判的指向更多的可能是对一些后来的马克思主义者观点的不满。帕尔曼认为，真正让人感到惊讶的是两件事情："第一，熊彼特的确在马克思体系中发现了一些很有价值的内容；第二，尽管他发现了较无价值的东西，但熊彼特（和他的读者）还是在一定程度上认为他们是马克思的学生。"在帕尔曼看来，熊彼特虽然"一般性地批判了马克思思想中的不完善之处，但事实他批判的几乎都是马克思主义者的观点"，熊彼特可能第一个强调了"称为马克思的学生并不必然意味着成为一个马克思主义者"的观点①。

英国学者博托莫尔认为，对于熊彼特来说，他"不仅对马克思本人的著作有渊博的知识，而且对后来的马克思主义思想家们的最重要的著作也有渊博的知识，在经济学领域更是如此"②。多布则认为，尽管20世纪西方主流经济学家对马克思经济理论有着"强烈的反感"，但熊彼特却不乏"清醒的评价"③。多布认为："约瑟夫·熊彼特在他的不朽的《经济分析史》中讲到马克思，'作为一个整体，他的见解的完整性在每一个细节上都表现其正确，并明显地成为所有从事研究他的朋友和敌人领受智慧魔力的源泉'；另一处又说，'在他的《资本论》第一卷问世时，在德国没有人在思想魅力或理论知识上衡量自己能够与他匹敌'。"④可以认为，熊彼特同其他主流经济学家不同的是，他不是在"反感"的驱使下对马克思经济学进行研究和评价，而是在力求周详了解的基础上对马克思经济学作出分析和评述的这些分析和评述对我们全面地理解马克思经济学的当代价值和意义是有启迪的。

---

① Schumpeter J A. Ten Great Economists：From Marx to Keynes［M］. London：Routledge，1997：xvii – xviii.
② 博托莫尔. 现代资本主义理论［M］. 北京：北京经济学院出版社，1989：43.
③ Dobb M. Creative Marxism in Political Economy［J］. Science and Society，1964，28（4）.
④ Dobb M. Creative Marxism in Political Economy［J］. Science and Society，1964，28（4）.

三、 理解 20 世纪西方学者对马克思经济学主要理论的研究

在以上提到的九个方面基本理论中，后八个方面构成马克思经济学的基本原理和主要理论。马克思的劳动价值论、剩余价值论和资本积累理论等，构成了马克思经济学的精髓和理论支柱，这些主题同马克思经济学在20 世纪的几度"复兴"密切相关，是几次"复兴"的内在的理论动因。卡尔·屈内在对 20 世纪 60 年代中期马克思经济学在西方"复兴"原因的分析时认为，马克思经济学中存在着三个对现代经济学发展可能产生影响的因素，可能成为马克思经济学"复兴"的动因。这些因素，一是"马克思为现代宏观经济理论创建了基础"；二是"马克思不只是经济学研究中许多理论的先驱者，而且为继续发展这些理论奠定了基础"；三是"尽管马克思在未来的社会主义社会问题上保持了沉默，但是马克思至少是在《政治经济学批判大纲》中对远至自动化时代的社会制度变革进行了概略的叙述"[1]。这三个因素涉及的马克思经济学的基本理论就包含在这八个基本理论之中。

这些基本理论呈现了 20 世纪西方经济学界对马克思经济学研究和争论的主要论题和延承脉络。如转形问题，就是 20 世纪西方各经济学流派，包括马克思主义经济学和主流经济学之间多次探讨和激烈论争的理论主题。甚至可以说，转形问题争论的起伏跌宕，就是 20 世纪马克思经济学在西方命运多舛的写照，也是我们理解 20 世纪马克思主义经济学在西方发展的主要线索。

西方学者所谓的"转形问题"（the transformation problem），指的是马克思在《资本论》第一卷和第三卷中论及的价值转化为生产价格的理论问题。在马克思经济学中，价值转化为生产价格的理论是劳动价值论和剩余价值论发展的综合成果。一方面，生产价格作为价值的转化形式，对其形成机

---

① Kühne Karl. Economics and Marxism: Vol. 1 [M]. English Translation ed. London: Macmillan Press Ltd, 1979: 5.

制和形成过程的理解是以劳动价值论为基础的，不理解价值实体、价值实现及其转化机制，就不可能搞清抽象层次上的价值向具体层次上的生产价格转化的逻辑过程。另一方面，生产价格中的平均利润是剩余价值的转化形式，离开了剩余价值理论就不可能搞清剩余价值到利润、利润到平均利润的内在的转化关系。据此可以认为，转形问题论争实质上就是关于马克思劳动价值论和剩余价值论的地位及其意义的论争。

　　冯·博特凯维茨在 1906 年发表的《关于马克思体系中价值计算和价格计算问题》① 和 1907 年发表的《对马克思〈资本论〉第三卷基本理论结构的修正》② 的文章中，试图用一个联立方程组来完善马克思对价值到生产价格的量的转化关系的论述，特别是希望能找到一个数学模型，解决成本价格在按生产价格计算时的这种量的转化关系。博特凯维茨的论文在当时并没有产生什么影响，直到 1942 年保罗·斯威齐在《资本主义发展论》③ 一书中重提博特凯维茨这两篇文章时，才引起了西方经济学界的关注。同时，斯威齐也提出一个新的联立方程组，对博特凯维茨的论述作出补充。1948年，温特尼茨发表的《价值和价格：所谓转形问题的解决》一文，是英国马克思主义经济学研究者对博特凯维茨的第一次批判；莫里斯·多布 1955年发表的《关于价值问题的探讨》一文、米克 1956 年出版的《劳动价值学说史的研究》一书和同年发表的《关于"转形"的若干问题的探讨》一文，以及塞顿 1957 年发表的《关于"转形问题"》一文，都对转形问题作出了新的论述。这一时期对转形问题的探讨，大多是以"补充"或"完善"马克思既有理论为基本导向的，因而更多的是马克思主义经济学"圈子内"的有着显著的学术取向的论争。

---

　　① von Bortkiewicz L. Value and Price in the Marxian System［J］. International Economic Papers, 1952（2）: 5 - 60.

　　② On the Correction of Marx's Fundamental Theoretical Construction in the Third Volume of Capital［M］// Sweezy. Karl Marx and the Close of His System. New York: Augustus M. Kelley, 1949: 197 - 221.

　　③ Sweezy P M. Theory of Capitalist Development［M］. New York: Monthly Review Press, 1970: 112 - 25.

1960 年，斯拉法《用商品生产商品》一书的出版，使得转形问题"开始从对马克思的价值理论构建的技术性批判，转向试图证明对经济分析而言劳动价值论是不必要的，而且应当被抛弃"① 的争论。西方主流经济学营垒内的新古典综合学派和新李嘉图学派，对转形问题提出了各自富有挑战性的争论。20 世纪 70 年代初，转形问题争论开始围绕价值理论的"可行性和重要性"展开，"参与争论的学者的数目和多样性，以及所考察的理论问题涉及的范围，都使得这次争论成为漫长的经济理论历史上最为显著的争论之一"②。

新古典综合学派的代表人物保罗·萨缪尔森，在 1971 年发表的《理解马克思的剥削概念：马克思的价值与竞争价格间所谓转化问题概述》等文，提出了他的"橡皮擦算法"，认为"马克思对工业再生产的模式的分析确实是原创性的"，但是，"马克思《资本论》第一卷的劳动价值论似乎是一种迂回，对于理解竞争条件下的资本主义是不必要的。而剩余价值理论对于不完全竞争和垄断竞争的这两个重要问题的分析，也几乎或完全没有帮助"③。他在一定程度打破了从庞巴维克开始沿袭下来的认为马克思劳动价值论是错误的观点，转而认为劳动价值论是对于理解生产价格和一般利润率完全是"不必要的、多余的"。萨缪尔森的研究同时受到赞成和反对劳动价值论的学者的质疑。1973 年，森岛通夫在《马克思的经济学》一书中，主要利用冯·诺依曼的线性规划技术，强调马克思的生产价格概念只有在产业是"线性相关"的情况下才是有效的，他以异质劳动和联合生产或固定资本时存在的理论上的困难为由，建议放弃马克思劳动价值论，用冯·

---

① Mandel Ernest. Introduction [M] // Mandel Ernest, Freeman Alan. Ricardo, Marx, Sraffa: The Langston Memorial Volume. Schocken Books, 1985: xi.

② Itoh Makoto. The Value Controversy Reconsidered [M] // Roberts Bruce, Feiner Susan. Radical Economics Kluwer Academic Publishers, 1992: 53.

③ Samuelson Paul A. Understanding the Marxian Notion of Exploitation: A Summary of the So - Called Transformation Problem Between Marxian Values and Competitive Prices [J]. Journal of Economic Literature, 1971, 9 (2): 408.

诺依曼的理论模型替代它。1974 年，鲍莫尔《价值转形：马克思的"真实"含义》① 一文用一种新的形式考察了转形问题，认为马克思转形问题的真实意图是用一个数学模型说明通过竞争实现剩余在不同形式的资本之间收入分配的问题。这样，转形问题似乎成了纯粹的剩余价值的分配问题。

在新李嘉图学派中，伊恩·斯蒂德曼在《依照斯拉法研究马克思》一书中，试图根据斯拉法《用商品生产商品》中提出的基本理论和方法附和萨缪尔森的观点，认为均衡价格能够按照斯拉法的方法，直接从实物量体系和实际工资的计算中得出，利润率和生产价格的确定，完全不必求助于价值和剩余价值理论，劳动价值论是"多余的"和"不必要的"。当时对转形问题争论的这些变化，"在年轻的西方学者中产生了一种意想不到的后果，这些学者现在意识到，马克思主义经济理论同新古典和新李嘉图主义经济学一样，可能值得进行数学分析。与此同时，他们被沿着斯拉法相同的思路进行的批判所感染"②。

这一时期的争论转变为新古典主义、新李嘉图主义和马克思主义学派的对抗，呈现出"三足鼎立"的局面③。对这三种基本方法、主要观点和根本立场的理解和把握，成为 20 世纪和 21 世纪之交探索转形问题的新的争论的关键。

应该看到，类似于转形问题（也包括劳动价值论、剩余价值论）这样的争论，在西方马克思经济学的研究氛围中才能出现。在这种氛围下，对马克思经济学基本理论的质疑、反对乃至攻击才可能完全地暴露出来，西方主流经济学娴熟的数理经济方法也能得到广泛运用。这种氛围在当时苏

---

① Baumol W J. The Transformation of Values：What Marx "Really" Meant：An Interpretation ［J］. Journal of Economic Literature，1974：12（1）51 – 62.

② Itoh Makoto. The Value Controversy Reconsidered ［M］//Roberts Bruce，Feiner Susan. Radical Economics. Kluwer Academic Publishers，1992：59.

③ Itoh Makoto. The Value Controversy Reconsidered ［M］//Roberts Bruce，Feiner Susan. Radical Economics. Kluwer Academic Publishers，1992：53.

联和东欧国家的经济学界是不存在的。当马克思经济学受到过多的非学术性的"保护"时，就难以在直面各种理论和学派的交流、交融和交锋中推进自身的发展。当马克思经济学缺乏现代分析手段时，就难以在理论经济学质态研究向量化分析的转变中实现自身的时代化。在西方经济学学术氛围的复杂背景中，展示马克思经济学主要论题争论的思想史过程，是有利于澄清这一时期马克思主义经济学历史发展的深层意义。

这八个方面的基本理论，突出体现了 20 世纪西方资本主义经济关系发展对马克思主义经济学提出的新课题，如利润率下降理论、经济危机理论等研究，就体现了马克思主义经济学发展中"回到马克思""回到马克思经济学"的趋向。

四、 理解 20 世纪西方学者对马克思经济学 "比较" 问题的研究

20 世纪西方学者对马克思经济学的研究往往是与西方主流经济学或各种流行的经济学派的"比较"为重要特征的。在这一"比较"中，最引人注意的就是马克思和凯恩斯、斯拉法的"比较"。因此，在对 20 世纪西方学者关于马克思经济学研究的理解中，需要把马克思和凯恩斯、斯拉法的比较研究作为专门的问题加以探讨。对马克思与凯恩斯、斯拉法的"比较"，在很大程度上也是 20 世纪中叶开始的"沟通"马克思经济学主张的显著标识。因此，对这一"比较"研究的理解，对于洞悉 20 世纪西方学者"沟通"马克思经济学和主流经济学的过程、观点、理论倾向等问题有着重要的意义。

马克思经济学与凯恩斯经济学的关系问题，在 1936 年《就业、利息和货币通论》问世后不久就有探讨。1938 年，J. D. 威尔逊就发表文章，强调

马克思和凯恩斯之间存在"某种相似之处",认为凯恩斯的资本边际效率同马克思的利润率密切相关,不同的只是凯恩斯是以长期因素作为分析的中心论据①。1939 年,沃德发表的《马克思与凯恩斯的〈通论〉》② 一文,强调了研究马克思对凯恩斯乃至现代经济学理论分析和叙述分析的重要性,阐明了两者在消费不足观点上的"相似性",也指出了较之马克思的方法,《就业、利息和货币通论》在方法论上存在的相对肤浅及其主观主义倾向。更重要的是,沃德把马克思对资本主义的发展过程(日益增加的失业、垄断增强、危机、国际扩张)的成功预言,同凯恩斯缺乏这些预言相对照,说明凯恩斯的理论缺乏这些预见,势必使他不能将制度变迁因素融入研究视野中。沃德还对凯恩斯和马克思的总体分析方法和部分理论内容的异同作了比较。20 世纪 40 年代以后,马克思和凯恩斯的比较研究,成为西方学者对马克思经济学研究的重要论题。

在对"凯恩斯是如何看待马克思"问题的阐述中,霍华德与金曾经认为,凯恩斯在《就业、利息和货币通论》中三处提到过马克思,其中一处只是简单地承认马克思是"古典经济学"这一术语的首创者③;另一处凯恩斯描写了 1820 年以后,李嘉图经济学是如何成功地排除了总需求不足这一观点:"它只能偷偷摸摸地存在于下层,生活在卡尔·马克思、西尔维·奥·格塞尔和道格拉斯少校这些不入流社会中。"这显然是对马克思的不敬重、深有偏见的说法。在最后一处,凯恩斯断言,与马克思不同,格塞尔已经明确地否定了"古典假设"(即萨伊定律)。格塞尔这样做就使得马克思本人对古典经济学的批判变成多余的了;格塞尔的论著中包含了"对马克思主义的回答"。凯恩斯以游移不定的口气得出结论:"后世从格塞尔那

---

① Wilson John D. A Note on Marx and the Trade Cycle [J]. Review of Economic Studies, 1938 (5): 107 – 113.

② Ward E E. Marx and Keynes's General Theory [J]. Economic Record, 1939, 15: 152 – 167.

③ Keynes M. The General Theory of Employment, Interest and Money [M]. London: Macmillan, 1936: 3.

里得到的，将比从马克思那里得到的多。"①

在霍华德和金看来，凯恩斯对马克思并非一无所知，也不总是对马克思持蔑视态度。在 1920 年和 1921 年间或者 1921 年和 1922 年间，莫里斯·多布在当研究生时，曾在凯恩斯的房间里读到一篇论述马克思与剑桥政治经济学俱乐部的论文。多布回忆道，凯恩斯很赞许这篇论文，因为"他年轻时在一定程度上也喜欢非正统思想"②。凯恩斯在 20 世纪 20 年代以来的文章中，对马克思多有诋毁，提出过诸如"一个如此不合逻辑，如此空洞的教条怎么能对人的思想从而对历史事件有如此强烈和持久的影响"③ 的质疑，等等。但是，到 1933 年，大概在斯拉法的影响下，凯恩斯开始对马克思采取比较赞许的态度，在他关于古典货币理论的演讲中，婉转地提到马克思对实现问题的阐述，而且发现马克思和马尔萨斯在有效需求问题上的密切相似之处。特别是在写于 1933 年的《就业、利息和货币通论》第一稿中，凯恩斯对马克思作过近乎正确的理解。他认为："合伙经济和企业家经济之间的区别，同卡尔·马克思所作的大量观察有某种关系，——尽管其后他对这一观察的利用是相当不合逻辑的。他指出，在现实世界中，生产的本质并不像经济学家们通常所认为的那样，如 $W - G - W'$ 的情形，即把商品（或劳务）换成货币是为了获得另外的商品（或劳务）。这也许是私人消费者的观点，但不是商家的看法，后者认为是 $G - W - G'$ 的情形，即抛出货币换取商品（或劳务），是为了获取更多的货币。"凯恩斯接着指出，这一观点的意义在于：企业家对劳动力的需求依赖于生产预期的可获利性，而不取决于对人类需求的直接满足。在一个长脚注中，凯恩斯作了进一步阐述，G' "超过 G 的余额，是马克思的剩余价值的源泉。令人不解的是，在经济理论史上，那些数百年来以这种或那种形式用古典公式 $W - G - W$ 反对

---

① Keynes M. The General Theory of Employment, Interest and Money ［M］. London：Macmillan, 1936：355.

② Dobb M. Random Biographical Notes ［J］. Cambridge Journal of Economics, 1978 (2)：117.

③ Keynes M. The End of Laissez - Faire ［M］//Collected Works. London：Macmillan for the Royal Economic Society，IX, 1972：28.

G－W－G′公式的异教徒们，或者倾向于相信 G′总是并且必然超过 G，或者倾向于相信 G 总是并且必然超过 G′，这要取决于他们生活的时期哪一种思想在实践中占支配地位。马克思与那些相信资本主义制度必然具有剥削性的人断言，G′余额是不可避免的；然而，相信资本主义内在地具有通货紧缩和就业不足发展趋势的霍布森、福斯特、卡钦斯或道格拉斯少校则断言，G 余额是不可避免的。但当马克思补充说 G′持续增加的余额将不可避免地被一系列日益猛烈的危机或者企业倒闭和未充分就业所打断时，马克思正在逐渐接近不偏不倚的真理。可以推测，在这种情况下，G 一定会有余额。如果能够得到承认，我自己的观点至少可以有助于使马克思的追随者们和道格拉斯少校的追随者这两派达成和解，而不去理会那些不切实际空洞地相信 G 与 G′总是相等的古典经济学家们（按照凯恩斯对这一术语的独特用法，古典经济学家就是指萨伊定律的支持者）"①。

但是，凯恩斯对马克思经济学的赞许并没有持续下去。霍华德和金认为，1934 年，凯恩斯又认为马克思对资本主义历史命运的描述是不适合当时资本主义现实的。当年 11 月，他在一次广播讲话中指出："如果李嘉图经济学说破产了，马克思主义理论根基的一个主要后盾也将随之坍塌。"在同乔治·萧伯纳的通信中，他还坚持认为，马克思理论是建立在李嘉图学说（即萨伊定律起作用）基础之上的。他不屑一顾地把《资本论》比作《古兰经》，认为它们都是无用的教条，并抱怨说人们对于《资本论》的争议是"乏味的、过时的和学究气的"。凯恩斯的结论是："《资本论》在当代的经济价值（排除一些偶然的但却非建设性的和不连贯的思想火花以后）是零。"②

1969 年，美国激进的马克思主义经济学家保罗·马蒂克在《马克思和凯恩斯》一书中，试图根据马克思的理论来评价凯恩斯的理论。马蒂克认

---

① 霍华德，金.马克思主义经济学史（1929—1990）[M].北京：中央编译出版社，2003：92－93.
② 霍华德，金.马克思主义经济学史（1929—1990）[M].北京：中央编译出版社，2003：93.

为，"凯恩斯发展了马克思的理论，这种理论表明货币和财政政策能够保证停滞的资本主义经济实现充分就业。政府采用了凯恩斯主义的建议，在他们的国家实施了一些社会和经济稳定措施。因为这些努力被证明是成功的，一个古老的口号被修改为'我们都是凯恩斯主义者'"。马蒂克指出，"我的论点是，凯恩斯主义对困扰资本主义世界的经济问题的解决方法只具有暂时的有效性，而且使这些解决方法有效的条件正处在逐渐消解的过程中。由于这个原因，马克思主义的政治经济学批判不仅远没有丧失它的相关性，而且具有了新的重要性，因为它既有能力理解和超越'旧的'经济学，也有能力理解和超越'新的'经济学"，因此，"我将使凯恩斯主义的理论和实践接受马克思主义的批判，除此之外，我还将在马克思主义分析的帮助下详细说明政治和经济事件及其趋势"①。

对马克思和凯恩斯的比较研究在 20 世纪一直得到持续。1983 年，正值马克思逝世和凯恩斯诞生一百周年，凯恩斯主义者达德利·迪拉德还在《马克思与凯恩斯：百年评价》② 一文中，对马克思和凯恩斯将货币理论整合进的经济分析整体框架上的理论成就作出"比较"。他的这一研究之后多次受到来自马克思主义经济学家而非凯恩斯主义同伙的挑战③。

20 世纪 60 年代初，皮埃罗·斯拉法《用商品生产商品》一书出版以后，关于马克思经济学和斯拉法经济学的"比较"一时风行。霍华德和金认为："《通论》是资产阶级经济学的分水岭，但更是马克思主义政治经济学的分水岭。对传统经济学的'凯恩斯革命'，在很大程度上是流产了，凯恩斯结论中的任何激进主义都首先被同新古典理论的综合所窒息，并接着被新古典主义的反革命所击溃。凯恩斯本人对传统微观经济学的不懈坚持

---

① Mattick P. Marx and Keynes: The Limits of the Mixed Economy [M]. Boston: P. Sargent, 1969: 2.

② Dillard D. Keynes and Marx: A Centennial Appraisal [J]. Journal of Post Keynesian Economics, 1984, 6 (3): 421-432.

③ Dillard P B. On Keynes and Marx: Rejoinder [M] // Cunningham wood. Karl Marx's Economics: Critical Assessments: Vol. 8. Groom Helm, c1988: 20-27.

及其短期分析的局限，为上述两个过程助了一臂之力。……然而，只有当凯恩斯的理论被修订为长期分析，并在斯拉法的古典政治经济学复兴的情况下，凯恩斯的观点对马克思主义所具有的真正的重要性才变得明显起来。"①

有的西方学者认为，斯拉法在《用商品生产商品》中通过提出"标准合成商品"概念，企图恢复以劳动价值论为核心理论的古典经济学知识体系。斯拉法经济学不仅解决了古典价值理论中的遗留问题，更对边际主义的新古典资本及分配理论的批判奠定了理论基础。在这种学术氛围下，甚至像多布这样的"老牌"的马克思主义经济学家，也开始对斯拉法的新李嘉图主义的价值论表现出极大的兴趣，认为斯拉法经济学追随李嘉图的思路，重点研究的问题是：能否"发现一个不变的标准或价值尺度，使它在利润与工资的比例发生变化时不改变，李嘉图认为这个不变的价值标准是他那用'劳动'来计量的'绝对价值'；但又发现，当部门之间的资本比例（马克思的资本有机构成）不同时，运用这个单一尺度会发生困难。斯拉法的杰出贡献在于凭借他的标准商品，解决了这个问题"②。多布认为，有必要"沟通"斯拉法的价值论和马克思的价值论，从而在一种"牢固的逻辑基础上"，用"非教条式"的研究方法，恢复一种"李嘉图—马克思经济学的传统"，进而重新探讨马克思的价值理论、剩余价值理论和分配理论的逻辑结构。

斯蒂德曼 1977 年出版的《按照斯拉法思想研究马克思》一书提出的观点，引起了广泛的争论。一些学者欣然接受了该书的一些具体论断，另一些学者则尝试对斯蒂德曼的具体观点作出实质性的反批判。伊藤诚在《联

---

① 霍华德，金. 马克思主义经济学史（1929—1990）[M]. 北京：中央编译出版社，2003：103.

② Dobb M. Theories of Value and Distribution since Adam Smith：Ideology and Economic Theory [M]. London：Cambridge University Press，1973：263.

合生产：斯蒂德曼的遗留问题》① 一文中批判了斯蒂德曼的观点，并对围绕斯蒂德曼的一些观点展开的争论进行了评价。他认为，"斯蒂德曼的《按照斯拉法思想研究马克思》一书公开抨击了马克思的劳动价值论，支持斯拉法的价格理论。它发动了新的一轮有关价值问题的争论，并且在某种程度上难住了一些马克思主义者"②。尽管作出了这样的评价，伊藤诚还是从积极的角度看待这种论争的。他认为，"就像过去的价值争论常常表明的那样，这一场争论也为加深对马克思价值论的理解提供了大好机会"③。

在对马克思和斯拉法"比较"中提出的经济思想史的一个论题就是，对于古典政治经济学以来"经济剩余"的理论传统和范式的问题。霍华德和金对此所作的概括就是，"对马克思经济学和古典经济学家而言，政治经济学面临的基本问题就是对有关经济剩余的起源、数量大小和增长问题的研究"④。他们认为："对剩余的分析不仅是理解资本主义发展的关键，而且更重要的是，通过它可以真实地理解资本主义所有的经济结构，包括整个资本主义历史的、动态的发展脉络。"⑤ 古典经济学派的价值分配理论，在考察国民财富或社会产品在各个阶级中进行分配问题时，采用的是以"社会剩余"概念为中心的分析方法。该方法为从斯密到李嘉图以来的英国古典经济学家以及到后来的马克思所遵循，并由新剑桥学派的斯拉法所恢复和推崇。

在古典政治经济学家那里，作为对象的经济体系首先是一个整体，其

---

① Itoh Makoto. Joint Production: The Issues After Steedman [M] //Steedman Ian, Sweezy Paul. The Value Controversy, Verso Editions and NLB, 1981: 163.

② Itoh Makoto. Joint Production: The Issues After Steedman [M] //Steedman Ian, Sweezy Paul. The Value Controversy, Verso Editions and NLB, 1981: 163.

③ Itoh Makoto. Joint Production: The Issues After Steedman [M] //Steedman Ian, Sweezy Paul. The Value Controversy, Verso Editions and NLB, 1981: 163.

④ Howard M C, King J E. The Political Economy of Marx [M]. 2nd ed. London: Longman, 1985: 64.

⑤ Bradley I, Howard M C. An Introduction to Classical and Marxian Economy [M] //Bradley I, Howard M C. Classical and Marxian Political Economy. London: Macmillan, 1982: 6.

中存在着生产、交换、分配和积累等各种相互依赖和相互联系的关系，因此古典的剩余经济的分析方法也被称为"整体分析法"。正是由于这一经济体系的整体性的基本格局，才使得人们能够在古典经济学的一系列分析中清楚地看到其对价值、分配和增长的分析之间的联系。正如米克所指出的："对斯密和李嘉图而言，资本主义的'运动规律'这一宏观经济问题，看来是议程上的主要问题；整个经济分析——包括价值和分配的基本理论——有必要审慎地以此问题的解决为导向。"① 斯拉法经济学同马克思经济学一样，都属于同一"剩余范式"，具有相同的视角和方法论，进而斯拉法经济学似乎为马克思经济学提供了一个牢固的基础，使"剩余范式"得以发展，并使马克思经济学的真正洞察力得以建立。对"斯拉法主义者来说，马克思本人价值理论的重要性纯粹是历史方面的：它是李嘉图经济学衰微之后剩余范式得以保留和扩张的主要媒介"②。

在马克思和斯拉法的"比较"中，无论是从经济体系中的成本概念是客观的（即在生产中使用物品的数量）的角度看，还是从净产品或剩余产品是产出和消费之间差额的角度看，马克思都被看作是剩余方法和"剩余范式"的奠基人。波尔塔认为："在发展自己的剩余方法，并从以前的经济学家那里寻找发展这一方法的种子时，马克思对经济学的历史，特别是对重农主义和英国学派以及许多其他经济学家作出了强有力的解释。斯拉法说明了剩余概念可以推广得多远，以及在'不引入价格的扰动因素'的情况下也能够加以应用。斯拉法是通过纯粹是李嘉图式的语言（尽管他并没有分析李嘉图的分配问题……）而达到这一点的。斯拉法的研究有双重优点：（1）重新复活了马克思把古典经济学家视为剩余方法的先驱者的方式；（2）置身于有关价值的形而上学和剥削概念的教条式的争论之外。"③ 波尔

① Meek R. Economics and Ideology and Other Essay［M］. London：Chapman and Hall，1967：187.

② 霍华德，金. 马克思主义经济学史（1929—1990）［M］. 北京：中央编译出版社，2003：294.

③ Porta P L. Understanding the Significance of Piero Sraffa's Standard Commodity：A Note on the Marxian Notion of Surplus［M］//Cunningham Wood. Karl Marx's Economics：Critical Assessments：Volume 7. Groom Helm，c1988：75.

塔认为，斯拉法以这一研究方式"成功地将马克思的经济学概念变得更加精确，而且有力地抬高了马克思经济学的身价"①。同时，波尔塔也强调："认为斯拉法拒绝并认真地修正了马克思的概念体系是毫无根据的。斯拉法服务于马克思的分析目标，但是他不是穿着现代外衣的马克思。在斯拉法那里，没有马克思主义的新科学，也不存在对马克思的实质性批判。"② 波尔塔等人的这些观点自然受到不同观点的批评和反驳，但也对"沟通"马克思经济学和西方经济学的思潮起到推波助澜的作用。

其实，对斯拉法经济学和马克思经济学是否同属于"剩余范式"的探索，多布和米克在 20 世纪 70 年代初就提出过。他们这种"沟通"马克思和斯拉法的观点在当时就被看作是对马克思经济学的贬低。斯威齐就提出："马克思的理论确实是建立在李嘉图理论基础之上的，并且在多个方面发展了李嘉图的理论。但与李嘉图完全不同，马克思认为他的任务是建立对整个资本主义秩序全面的、不妥协的批判，包括对整个资本主义秩序的运动方式竭尽全力的、全面的、不妥协的批判。为了完成这一任务，他开辟了一个全新的领域，建立了一种既反对古典经济学又反对新古典经济学的传统。就我看来，使用李嘉图—马克思传统这种说法，既会误导资产阶级经济学家，也会误导马克思主义经济学家。……在多布看来，斯拉法就是他所说的传统在当代的化身，斯拉法著作书名本身就与马克思的方法截然不同。马克思没有着重考虑'用商品生产商品'，他的主题是用人类劳动生产商品。"③

20 世纪是马克思经济学自诞生以来经历的第一个完整的世纪。回眸百

① Porta P L. Understanding the Significance of Piero Sraffa's Standard Commodity：A Note on the Marxian Notion of Surplus［M］//Cunningham Wood. Karl Marx's Economics：Critical Assessments：Volume 7. Groom Helm, c1988：75.

② Porta P L. Understanding the Significance of Piero Sraffa's Standard Commodity：A Note on the Marxian Notion of Surplus［M］//Cunningham Wood. Karl Marx's Economics：Critical Assessments：Volume 7. Groom Helm, c1988：75.

③ Sweezy P M. Review of "Theories of Value and Distribution since Adam Smith：Ideology and Economic Theory"［J］. Journal of Economic Literature, 1974（12）：483.

年历史，经济思想史的不可否认的事实就是：作为一种指导思想，马克思经济学拓展为马克思主义经济学，既历经凯歌行进的辉煌岁月，也度过风雨如磐的艰难时辰，但却始终保持其强大的生命力和影响力。作为一种受过科学革命洗礼的经济思想，马克思经济学的影响范围更加广泛，既有过几度辉煌而展示其思想光彩，也受过多方"责难"并被宣布为"过时"，但却一再"复兴"，保持其思想活力和学术魅力。

（原载于《政治经济学评论》2015 年第 1 期）